KB217539

나를 살리는 회개

김양재 목사의 큐티강해
마태복음 5

나를 살리는 회개

지은이 **김양재**

QTM

이 책을 펴내며

부족한 종에게 마태복음의 다섯 번째 강해를 출간할 수 있도록 은혜를 베풀어 주신 하나님께 영광을 돌립니다. 바울은 그리스도 예수를 아는 지식이 가장 고상하여 모든 것을 배설물로 여겼다고 했습니다(빌 3:8). 배설물은 문자적으로 '깨끗하지 않은' 것입니다. 배설해야 하는 것입니다. 그리스도 안에서가 아니면 이 세상의 모든 것은 다 배설물입니다. 그러니 '나는 죄인이다'라고 고백하는 자가 인생에서 최고의 대박을 친 사람입니다.

자신이 얼마나 죄인인지를 아는 자만이, 철저한 자기 포기를 한 자만이, 자신이 얼마나 무기력한 상태인지를 아는 자만이 조금도 망설임 없이 예수님의 보혈의 한복판으로 뛰어들어 정결함을 입을 수 있습니다(행 4:12). 그러나 이것을 알기까지가 힘이 듭니다. 물이 없고 돈이 없어봐야 물 가운데 있으면서 드러나지 않았던 나의 실체가 드러나게 됩니다. 그렇게 나의 실체가 드러날 때 회개해야 합니다. 내가 얼마나 죄인이고 무력한 자인지를 깨닫고, 철저한 자기 포기를 통해 조금도 망설임 없이 예수님의 보혈의 한복판으로 뛰어들어야 합니다.

저는 최근 우리들교회 강단에서 요한계시록 강해를 마쳤습니다. 마태복음에서 예수님이 팔복에 대해 말씀하시는데, 신약의 마지막 말씀인 계시록에도 '칠복'에 대한 말씀이 나옵니다. 말씀을 읽고 듣고 기록한 것을 지키는 자, 인내로 믿음을 지키며 주 안에서 죽는 자, 벌거벗고 다니지 아니하여 자기의 부끄러움을 보이지 아니하는 자, 어린 양의 혼인 잔치에 청함을 입은 자, 첫째 부활에 참여하는 자, 예언의 말씀을 지키는 자, 그리고 마지막으로 두루마기를 빠는 자에게 복이 있다고 하십니다(계 22:14). 예수 믿는 우리는 팔복, 칠복 다 받았으니 얼마나 복이 있는 자입니까? 그중에서도 가장 큰 복은 '회개하여 죄 사함을 받는 복'입니다.

두루마기는 겉옷입니다. 우리 모두는 각자 다른 색깔의 겉옷을 입고 있습니다. 저도 평소엔 거의 입을 일이 없는 두루마기를 송구영신예배 때나 새해 첫 주일에 입습니다. 우리는 이렇게 겉을 치장하려고 합니다. 그러나 때로는 보기 싫게 얼룩진 두루마기도 있을 수 있고, 세상의 오물이 묻은 두루마기, 색이 바랜 두루마기도 있을 수 있습니다. 그런데 문제는 우리 스스로 그 색깔이 바랬는지, 오물이 묻었는지, 얼룩졌는지 모른다는 것입니다. 그러나 주님은 다 아십니다. 우리는 교만해서 겉으로 멋있게 차려입고 교양 있는 척하지만, 정작 중요한 자기의 더러움은 깨닫지 못합니다.

주님은 어떤 상황에서도 자신의 더러움을 알고 두루마기를 빠는 자들에게 복이 있다고 하십니다. '두루마기를 빠는' 적용은 육적인 수치를 잘 오픈하는 것입니다. 그러면 주님이 나의 영적인 수치를 가려주시기 때문입니다. '빠는'을 헬라어 원어로 보면 현재시제로 표현되어 있는데, 이것은 계속해서 반복적으로 빨아야 함을 의미합니다. 두루마기를 빠는 것은 쉽게 말해 '회개'입니다. 회개를 통해서만 구원을 얻는다는 것입니다. 그런데 더러워진 두루마기는 오직 예수 그리스도의 보혈로만 빨 수 있습니다. 그 예수님의 십자가 사랑이 내게 뚫고 들어와야 내 안에 선한 것이 없다고 고백할 수 있습니다. 이렇게 고백한 자만이 진정으로 자신의 더러운 수치가 가려지는 은혜를 입습니다. 그래서 인생의 더러움을 내어놓고 고백하는 것이 정결하게 되는 비결입니다.

회개는 인간이 경험할 수 있는 최고의 감정입니다. 뉘우치는 인생보다 더 아름다운 인생은 없습니다. 매주 온몸으로 회개하면서 자신의 죄를 고백해 주시는 성도들 덕분에 늘 회개가 넘치는 아름다운 공동체, 우리들교회 식구들에게 깊은 감사와 사랑을 전합니다.

2012년 12월

우리들교회 담임목사 김양재

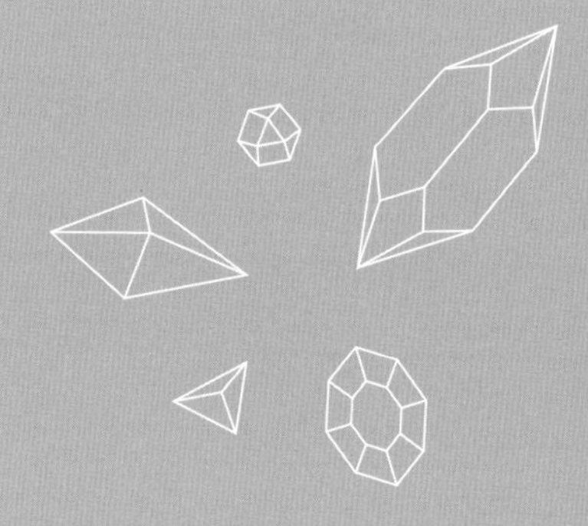

CONTENTS

PART 3 주의하라, 깨어 있으라

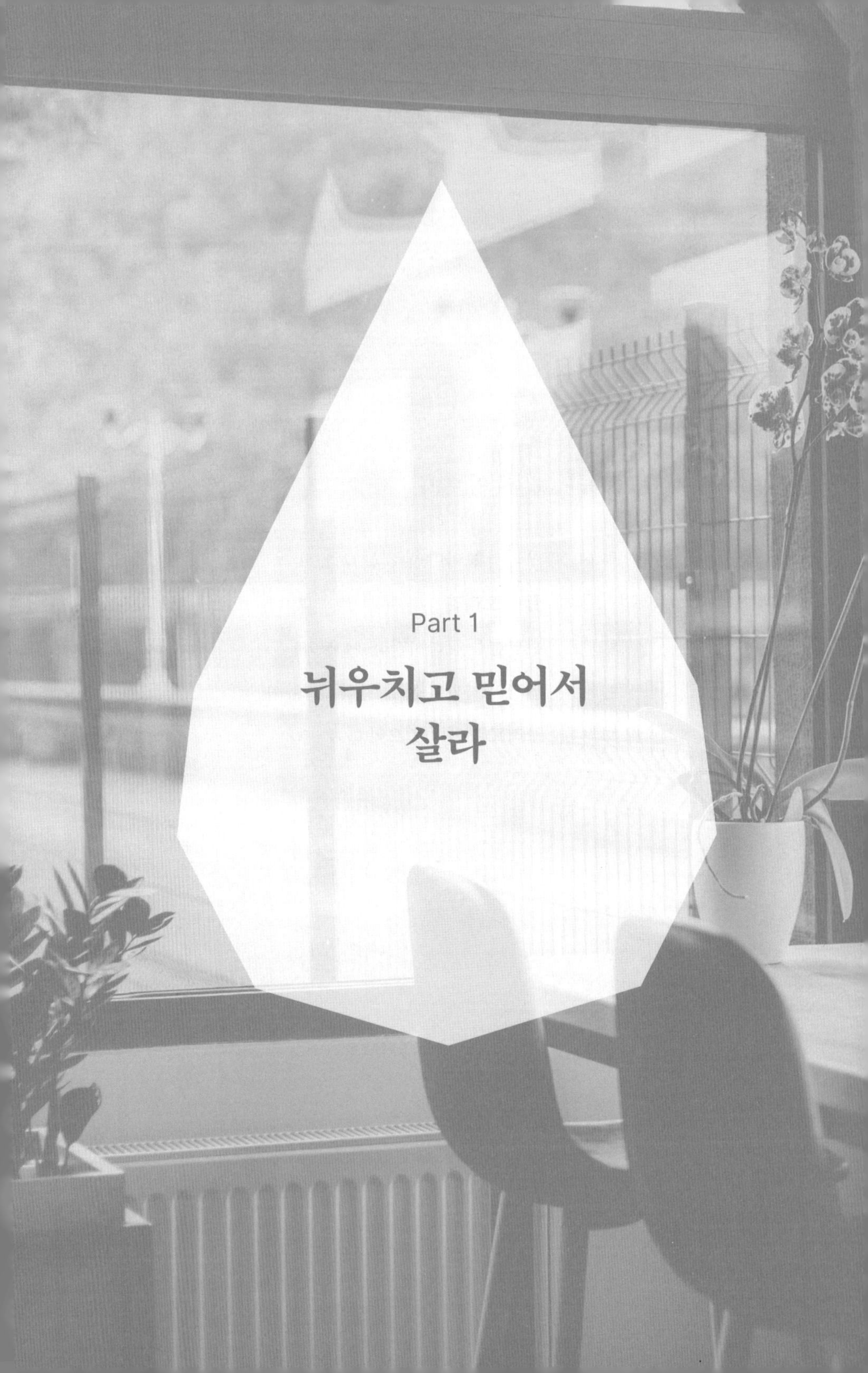

Part 1

뉘우치고 믿어서 살라

주가 쓰시겠다 하라

마태복음 21:1~11

하나님 아버지, 주가 쓰시겠다 할 때 즉시 보내고
쓰임받는 인생이 되길 원합니다.
순종의 길을 갈 수 있도록
말씀하여 주옵소서. 듣겠습니다.

"개천에서 용 났다"라는 말이 있습니다. 우리도 하나님을 믿고 다 개천에서 용 된 인생이 되었습니다. 그런데 누군가가 "개천에서 용 나면 용만 죽도록 고생한다"고 했답니다. 하지만 주가 쓰시는 인생은 억지로 고생하는 용이 아니라 자발적으로 쓰임받는 사람입니다. 우리도 이런 인생을 살아야 합니다. 모든 식구를 위해 죽도록 고생하는 용이 되기로 결단하기 바랍니다.

고정관념을 넘는 자를 쓰십니다

그들이 예루살렘에 가까이 가서 감람 산 벳바게에 이르렀을 때에 예수께서 두 제자를 보내시며_마 21:1

감람산은 다윗이 사랑하는 아들 압살롬의 반역으로 눈물을 흘리면서 건넌 기드론 시냇가에 있는 산입니다. 이 산에서 예수님의 사역이 시작되었고, 제자들이 예수님의 부활을 보았습니다. 마태는 메시아 사역 중 가장 중요한 십자가 사역을 6장에 걸쳐 기술하고 있습니다. 예수님이 메시아임을 숨기신 것은 십자가 사역을 방해할까 봐서였고, 주님의 교회에서 일꾼이 될 제자들을 조금이라도 더 훈련시키기 위함이었습니다. 그리고 이제 결정적인 메시아 사역이 감람산에서 시작됩니다.

예루살렘 시가지보다 200m 높은 800~900m의 감람산에 올라 예루살렘 시가지를 내려다보며 자신의 죽음을 객관적으로 바라보시는 예수님을 생각해 봅니다.

우리도 그렇습니다. 지금까지 환경이 인도해서 따라왔다고 해도 자발적으로 죽으러 가야 할 곳이 있습니다. 죽음까지 엿새가 남았다면 여러분은 무엇을 하겠습니까? 나의 죽음을 객관적으로 바라보며 무엇을 준비하겠습니까? 신앙은 죽음을 잘 준비하는 것입니다. 죽음은 슬프고 고통스러운 것이 아닙니다. 그 고정관념을 뛰어넘어야 합니다. 언젠가 죽음이 이르렀을 때 천국의 확신을 전하고 가야 합니다.

벳바게는 베다니 근처 마을인데 예수님이 사랑하시는 마리아와 마르다, 나사로의 가정이 있는 곳입니다. 벳바게는 유명하지 않지만 유명한 베다니 근처에 있습니다. 여기서도 우리는 고정관념을 넘어서는 주님의 마음을 생각해야 합니다. 예수님은 왜 나사로 가정을 쓰지 않으시고 두 제자를 쓰셨을까요? 말씀도 잘 듣고 공궤도 잘하고 죽었다가 살아난 나사로 대신 왜 부자 청년이나 부러워하는 제자들을 사용하셨을까요? 제자들과 마리아 가정의 차이가 무엇입니까? 주님을 사랑한다고 해도 나사로는 "주님의 제자가 되겠다" 하며 주님을 따르지 않았습니다. 죽었다가 살아났다고 다 제자가 되는 건 아닙니다. 제자들은 이상한 소리를 해도 끝까지 주님과 같이했습니다. 그래서 제자들을 끝까지 보내시며 경험하게 하시는 것입니다. 자신의 교회를 맡기려고 일거리, 전도거리, 양육거리, 상담거리를 끊임없이 주십니다.

그렇다고 마리아 가정이 쓰임받지 못한 것은 아닙니다. 문제 가정의 자녀들도 그렇습니다. 딴소리를 해도 쓰임받는다고 생각해야 합니다. '누구는 쓰고 누구는 안 쓰고'가 아닙니다. 순종하는 사람도, 딴소리하는 사람도 다 쓰십니다.

그렇다면 주님은 왜 두 제자를 보내셨을까요? 주가 쓰시는 사람은 혼자 가서는 안 됩니다. 서로 증인이 되어야 하기 때문입니다. 하지만 이성 간에 두 사람이 가는 것은 곤란합니다.

> 이르시되 너희는 맞은편 마을로 가라 그리하면 곧 매인 나귀와 나귀 새끼가 함께 있는 것을 보리니 풀어 내게로 끌고 오라_마 21:2

제자들에게 맞은편 마을로 가라고 하셨는데 이것 역시 고정관념을 뒤엎는 말씀입니다. 왜 마리아 집이 아니라 맞은편 마을의 나귀를 데려오라고 하실까요?

맞은편 마을, 생각지 않은 곳에 하나님께 쓰일 것이 있습니다. 당연히 마리아 가정이 쓰임받을 줄로 생각하지만 주님은 생각지 않은 곳에 제자들을 보내십니다. 그래서 항상 주님의 인도를 기다려야 합니다. '이 사람이 나를 돕겠지' 해서는 안 되고 오늘도 주님의 음성을 들어야 합니다. 동네 이름도 없는 '맞은편 마을'입니다.

맞은편 마을에 있는 것이 고작 자기 환경에 매여서 순종하는 나귀입니다. 주님은 지금 잘하는 사람보다 가능성이 있는 사람을 쓰십니다. 어

미가 매여 있어도 그 어미의 순종을 본 나귀 새끼를 쓰십니다. 어떤 환경에서도 내가 순종하는 것을 본 자녀들이 쓰임을 받습니다. 부모가 어떻게 이웃을 대하는지, 남편과 아내를 어떻게 대하는지를 보고 자란 자녀들을 생각지 않은 곳에서 사용하십니다. 세베대 아들의 어머니처럼 "주여, 주여" 한다고 쓰이는 게 아닙니다.

쓰임받으려면 잘 매여 있어야 합니다. 잘 매여 있는 것이 주님이 쓰시는 조건입니다. 평범하게 잘 묶여 있는 것이 평범을 넘어서는 비범입니다.

제48회 사법고시 최연소 합격자인 최승호 군은 개척교회 목사 아들로 시험 준비를 하는 동안에도 주일예배와 봉사를 빼먹지 않았다고 합니다. 교회 공동체에 잘 묶여 있는 것이 그래서 중요합니다.

그런데 여러분, 주님이 만약 제자들에게 "내가 탈 것을 알아서 준비하라"고 했다면 나귀 새끼를 끌고 왔겠습니까? 없는 주제에 또 황금 갈기가 있는 황금 마차를 준비하고자 했을 것입니다. 그런데 그런 걸 마련할 처지가 못 되니 인생이 안타깝고 서글펐을 것입니다.

주를 위해 드릴 게 없어서 슬픈 인생이 있습니다. 하지만 주님의 일은 주님이 준비하십니다. 주님의 말씀에 순종하고자 할 때 모든 것을 다 준비해 주십니다.

> 만일 누가 무슨 말을 하거든 주가 쓰시겠다 하라 그리하면 즉시 보내리라 하시니_마 21:3

제자들은 그저 "주가 쓰시겠다"는 말만 하면 됩니다. 내가 할 것이 없습니다. 말씀을 그대로 믿고 따르는 사람을 주가 쓰십니다. 주님이 쓰시겠다고 하면 그 누구도 어쩔 수 없습니다. 회사가 부도나고, 집안에 어려운 일이 생겨도 그렇습니다. 그 일을 주가 쓰시겠다고 하면 어떤 사건도 주님이 쓰시는 사건이 됩니다.

우리도 주님이 쓰시는 사람이 되어야 합니다. 그런데 우리는 날마다 "지금 돈이 필요하다, 지금 대학에 붙어야 한다, 올해 취직해야 한다" 하고 기도합니다. 어떤 교회는 교회 공동체에 잘 붙어서 신앙생활 잘 한 자매들보다 교회 온 지 얼마 안 된 자매들이 시집 잘 가는 것을 보고 교회 전체가 시험에 든 적이 있었답니다. 결혼이든 취직이든 지금 내 인생이 주님이 쓰실 것과 상관이 없기에 즉시 보내지 않으시는 걸 몰라서 그렇습니다. 결혼을 잘 하든 못 하든, 취직이 잘 되든 못 되든 주가 쓰시는가, 안 쓰시는가가 더 중요합니다. 제가 장로님, 권사님 댁으로 시집갔으니 얼마나 주가 쓰시는 결혼이었겠습니까? 하지만 제가 결혼하지 않았으면 지금보다 못 살았을 거라고는 생각하지 않습니다. 제가 결혼을 안 했다면 인간적으로 보았을 때 지금처럼 고생할 일도 없었을 것입니다. 그러니 결혼한 것만 가지고 잘했다, 아니다 할 수 없는 것입니다. 그러므로 지금 내 형편, 내 생각대로 "주님의 응답이다, 아니다" 하면 안 됩니다.

주가 쓰시면 나귀 새끼도 금보다 귀한 것이 됩니다. 왜냐하면 예수님이 타셨기 때문입니다. 우리 인생에서 쓸모없고 초라해 보이는 어떤 것도 주님께 내어놓으면 귀한 것이 됩니다. 나귀 새끼가 아무리 많으면 무엇합니까. 이 나귀만 쓰임을 받았습니다. 귀한 나귀 새끼가 되었습니다.

이스라엘의 전 총리인 골다 메이어(Golda Meir)는 자기 얼굴이 못생긴 것이 다행이라고 했습니다. 못생겨서 공부를 열심히 했기 때문이라는 겁니다. 또 수상의 자리에 있으면서 12년 동안 앓은 백혈병 때문에 하나님만 붙들고 직분을 감당했다고 합니다. 그녀는 인생에서 실망스러운 일은 곧 주님의 부르심의 증거임을 깨달아야 한다고 했습니다.

잘생기고 못생긴 것은 주가 쓰시는 것과 상관이 없습니다. 얼굴도 잘생겼는데 공부까지 잘하면 주님이 손보실 일이 많습니다. 그러므로 그런 걸 구하기 위해 기도할 필요가 없습니다.

◆ 죽음까지 엿새가 남았다면 나는 무엇을 하겠습니까? 주님께 쓰임받기 위해 나는 현실에 잘 매여 있습니까? 초라해 보이는 어떤 것도 주님께 내어놓으면 귀한 것이 됩니다. 나는 주님께 무엇을 내놓았습니까?

겸손한 자를 쓰십니다

4 이는 선지자를 통하여 하신 말씀을 이루려 하심이라 일렀으되 5 시온 딸에게 이르기를 네 왕이 네게 임하나니 그는 겸손하여 나귀, 곧 멍에 메는 짐승의 새끼를 탔도다 하라 하였느니라_마 21:4~5

주께서 쓰시는 인생은 말씀을 이루는 인생입니다. 예수님은 스가랴 9장 9절 말씀을 이루셨습니다.

"시온의 딸아 크게 기뻐할지어다 예루살렘의 딸아 즐거이 부를지어다 보라 네 왕이 네게 임하시나니 그는 공의로우시며 구원을 베푸시며 겸손하여서 나귀를 타시나니 나귀의 작은 것 곧 나귀 새끼니라"(슥 9:9).

우리는 개천에서 용 난 시온의 딸입니다. 우리 인생에 '네 왕', 즉 예수님이 임하면 겸손해져야 합니다. 그 겸손함으로 나귀, 곧 멍에 메는 짐승의 새끼를 타야 합니다.

그런데 우리는 준마를 타려고 애씁니다. '작은 차를 타면 체면이 서지 않는다' 하며 빚을 내서라도 큰 차를 타고 다닙니다. 주님은 준마 열 마리가 끄는 황금마차를 타도 부족한 분이십니다. 하지만 거기에 연연하지 않으셨습니다. 속이 꽉 차 있는 사람일수록 겉치레에 신경 쓰지 않습니다. 빈 수레가 요란한 법입니다.

주님은 섬기기 위해 멍에 메는 짐승의 새끼를 타고 예루살렘으로 들어가셨습니다. 우리도 섬기기 위해, 겸손하기 위해 멍에를 메야 합니다. 멍에를 메지 않으면 밭을 갈 수가 없습니다. 여러분의 멍에는 무엇입니까? 자녀입니까, 배우자입니까, 아니면 질병입니까? 이 모든 것을 주님의 멍에로 바꾸면 저절로 내가 겸손해집니다. 섬기지 못할 대상이 없습니다. 그리고 멍에 멘 나귀 새끼는 주님이 타셨기에 성경에 기록되었습니다. 오늘날까지 유명해졌습니다. 세상에서 아무리 '난다, 긴다' 해도 성경에 이름을 올리기 어려운데, 나귀 새끼는 성경에 올랐습니다. 그러니 우리가 나귀 새끼보다 못합니다. 하지만 내가 아무리 보잘것없어도 그렇습니다. 주님께 내어놓으면 주님이 쓰시는 가장 귀한 것이 됩니다.

나귀가 겸손함의 상징이 된 것은 멍에를 메었기 때문입니다. 돈의 멍에, 입시의 멍에, 건강의 멍에가 내 어깨를 짓눌러도 그 멍에로 인해 내가 겸손해지고 주가 쓰시는 인생이 된다면 나의 멍에야말로 축복의 통로입니다. 멍에를 메는 것이 겸손의 비결입니다. 겸손하면 주님이 쓰십니다. 그러므로 십자가가 축복입니다. 십자가가 곧 나의 멍에이기 때문입니다.

그러나 우리에게는 멍에를 결정할 권한이 없습니다. 우리를 사랑하시는 주님이 각자에게 딱 알맞은 멍에를 주십니다. 피하려야 피할 수가 없습니다. 나를 힘들게 하여도 결국에는 나의 거룩을 위해 수고하는 멍에입니다.

앞서 언급한 사시에 합격한 최승호 군은 다니엘서 3장 17~18절 말씀을 보고 나서 소망이 바뀌었다고 합니다.

"왕이여 우리가 섬기는 하나님이 계시다면 우리를 맹렬히 타는 풀무불 가운데에서 능히 건져내시겠고 왕의 손에서도 건져내시리이다 그렇게 하지 아니하실지라도 왕이여 우리가 왕의 신들을 섬기지도 아니하고 왕이 세우신 금 신상에게 절하지도 아니할 줄을 아옵소서"(단 3:17~18).

그는 이 말씀을 읽고 나서 사법시험 통과와 상관없이 주님을 사랑하리라는 소망을 일기장에 적어 놓고 매일 환기했다고 합니다. 그리고 4년 동안 응시했으나 계속 떨어지다가 드디어 합격하게 되었습니다. 그리고 최 군은 곧 하나님을 알리는 사람이 되었습니다. 인터뷰 때마다 하나님의 도우심을 강조한 것입니다. 이것이 선지자를 통해 하신 말씀을 이루시는 사건입니다. 붙고 떨어져서 쓰시는 게 아닙니다. 내 사건을 말씀으로 해석할 수 있으면 하나님께서 쓰십니다.

제자들이 가서 예수께서 명하신 대로 하여_마 21:6

주님은 늘 말씀하시는데 우리는 못 들었다고 합니다. "맞은편 마을로 가라", "나귀를 달라고 해라" 여러 명령을 하시고 약속하셔도 무슨 말인지 못 알아듣습니다. 머리가 나빠서 그렇습니까? 이것은 주님을 사모하는 마음과 직결되는 문제입니다. 성경을 아무리 읽어도 그대로 행하는 것이 어렵습니다. 하지만 말씀을 보고 주님의 명령을 들었으면 그대로 적용해야 합니다. 지금 머물고 있는 마을에도 나귀가 있을 법한데 맞은편 마을로 가는 게 얼마나 귀찮습니까. 나귀 주인에게 나귀를 달라고 하는 것도 그렇습니다. 그 말하기가 얼마나 어렵습니까? 게다가 내 주님이 초라한 나귀 새끼를 타는 게 얼마나 창피합니까? 그래서 우리는 명령한 대로 행하기가 어렵습니다. 아무리 성경을 많이 읽었어도 그렇습니다. 말씀대로 행하려면 어린아이 같은 마음을 가져야 합니다. 부자 청년은 아무리 말씀을 들어도 행하지 못합니다. 논리적인 사람이라면 어떻게 밑도 끝도 없이 맞은편 마을로 가겠습니까? 어떻게 창피해서 나귀를 타겠습니까? 그러니 분별하기가 어렵습니다.

최근 많은 성도가 이단의 꾐을 받아 교회를 옮기고 있습니다. 큐티를 오랫동안 했다니까 혹해서 그리로 쏠리고, 말씀 지식이 많아 보이니까 멋모르고 따라갑니다. 그러나 아무리 이러고저러고 해도 주님이 이상하다고 하면 그 말씀에 순종하는 게 제자들입니다. 내가 부자 청년이 좋고 변화산에 있고 싶어도 그렇습니다. 주님이 십자가가 축복이라고 하면 "네" 해야 합니다. 주님이 명하신 대로 행하는 것이 제자들입니다.

> 나귀와 나귀 새끼를 끌고 와서 자기들의 겉옷을 그 위에 얹으매 예수께서 그 위에 타시니_마 21:7

제자들은 주님이 가라고 하신 곳에 정말 나귀와 나귀 새끼가 있는 것을 봅니다. 너무 기쁜 나머지 나귀 새끼 위에 겉옷을 깔았습니다. 당시 '겉옷'은 곧 '재산과 명예, 지위'를 의미했습니다. 그러니 지금 제자들이 자신의 모든 것을 깐 것과 다를 바 없습니다. 이제 곧 주님이 로마를 제압하고 이스라엘의 왕이 될 것을 생각하니 겉옷이 아깝지 않았습니다.

> 무리의 대다수는 그들의 겉옷을 길에 펴고 다른 이들은 나뭇가지를 베어 길에 펴고_마 21:8

제자들이 벗으니까 백성이 따라서 합니다. 제자들이 본을 보이니까 백성도 겉옷을 벗었습니다. 속옷만 걸치면 부끄러울 텐데도 상관하지 않았습니다. 윗사람이 벗어야 아랫사람도 벗습니다. 교회 안에서도 중직자가 먼저 겉옷을 벗고 겸손한 태도를 보일 때 진실한 '목욕탕 나눔'이 이루어집니다. 영혼 구원을 위해 살고 있다면 반드시 이 말씀을 적용해야 합니다. 나 한 사람 겉옷 벗은 적용 때문에 하나님 나라가 임한다면 우리가 무엇인들 못 하겠습니까? 그런데 "내가 어떻게 겉옷을 벗냐, 보잘것없는 나귀를 타냐" 이러면 안 됩니다. 예수님은 말씀을 이루려고 나귀를 타셨습니다. 나귀도 초라하고 겉옷을 벗은 내 모습도 초라해 보이지만 내가 깔아드린 겉옷 위로 예수님이 지나가십니다. 예수님이 나귀 같은 나를 타시고, 나의 겉옷 위로 지나가시면 인생의 모든 것이 해결됩니다.

내 인생에 말씀을 이루려면 나귀 타는 적용, 겉옷을 까는 적용을 해야 합니다. 죽어도 못할 것 같지만 그것이 영적인 적용이며 구속사적인 적용입니다. 말씀을 이루는 삶입니다. 그러므로 이제 이 적용이 예루살렘에 돌풍을 일으킵니다. 적용하는 사람은 누구도 따라갈 수가 없습니다.

◆ 나의 멍에는 무엇입니까? 자녀입니까, 배우자입니까, 아니면 질병입니까? 그 멍에로 인해 주님이 쓰시는 인생을 살고 있습니까? 말씀을 이루기 위해 나귀 타는 적용, 겉옷을 까는 적용을 해야 할 것은 무엇입니까?

열광과 비난에 초연한 자를 쓰십니다

앞에서 가고 뒤에서 따르는 무리가 소리 높여 이르되 호산나 다윗의 자

손이여 찬송하리로다 주의 이름으로 오시는 이여 가장 높은 곳에서 호산나 하더라_마 21:9

사람들이 주님께 열광하며 "호산나 다윗의 자손이여!" 하며 소리칩니다. 지난 장(章)에서 본 맹인도 예수님을 '다윗의 자손'이라고 불렀습니다. 그런데 맹인들은 사람들이 "잠잠하라" 꾸짖는 환경도 굴하지 않고 기도했습니다. 하지만 이 사람들은 주님의 기적에 열광합니다. 기적을 보여주지 않으면 통곡합니다. 주기도문은 눈물과 애통으로 하는 것이지 박수치고 소리 지르고 열광하면서 하는 기도가 아닙니다. 기뻐하고 소리 지르며 하는 기도는 양육 잘 받고 삶에 변화가 있을 때 하는 것입니다. 주님께 무언가를 바라며 기복적인 소리를 지르는 것은 망하는 열심입니다. 그러니 이 무리는 일주일 뒤 예수님을 십자가에 못 박습니다. 이들이 그토록 주님을 원한 것은 구원이 아니라 로마에서 해방되는 것을 바랐기 때문입니다. 반면에 꾸짖음을 당하는 낮은 환경 가운데서도 간절히 기도한 맹인의 기도는 주님께서 응답해 주셨습니다. 신앙고백이 있는 열심이 구원을 이룹니다. 조용한 나귀 주인과 매여 있던 나귀 새끼와 같은 사람이 주님께 쓰임을 받습니다. 열광과 비난에 초연한 사람을 주님이 쓰십니다.

10 예수께서 예루살렘에 들어가시니 온 성이 소동하여 이르되 이는 누구냐 하거늘 11 무리가 이르되 갈릴리 나사렛에서 나온 선지자 예수라 하니라_마 21:10~11

생명의 변화가 일어나면 긍정적이든 부정적이든 소동이 일어납니다. 예수님을 좋아하는 사람도 있고 싫어하는 사람도 있습니다. 한쪽만 있으면 이상한 것입니다. 그런데 무리는 주님을 일컬어 '도무지 선한 것이 나올 수 없는 갈릴리 나사렛에서 나온 선지자'라고 합니다. 그래도 뭔가 기적을 보여 주니까 우리 고향 사람이라고 자랑합니다. 예수님이 뭔가 구원해 줄 것 같으니까 내 고향 사람이라고 합니다. 순수해 보이고 믿음 있어 보입니다. 하지만 그들은 일주일 후에 똑같이 주님을 죽였습니다. 부자든 가난한 자든 다 죄인입니다. 예수님이 베푸신 기적을 보고 내 소원을 구할 때는 열광하다가도 그것이 이루어지지 않으면 금세 등을 돌리는 것이 우리입니다. 또 나에게 은혜받고 좋아한다고 했던 사람들이 언젠가 나를 욕하고 비난할 수 있다는 걸 알아야 합니다. 그럴 때 소동하지 않고 겸손히 제자리를 지키는 자가 주가 쓰시는 사람입니다.

논산에서 자녀를 우리들교회 중등부에 보내는 분이 있습니다. 주일에 교회 가는 조건으로 토요일이면 공부하지 않아도 되고, 게임도 마음껏 하고 먹고 싶은 것 다 해 주고 있습니다. 새벽부터 밥해 먹이고 시외버스 타는 곳까지 바래다줍니다. 잘 때는 설교 테이프 틀어 주고 깨울 때도 설교 테이프를 틀어 줍니다. 엄마의 수고가 많습니다.

믿지 않는 남편이 뭐라고 할까 봐 영어예배에 간다고 둘러대고 보냅니다. 남편에게 매여 있으니 주일 새벽마다 자녀를 교회에 보내려고 정탐하고 엿봅니다. 군사 작전과 방불합니다. 아이가 게임으로 하루를 보내도 아깝지 않습니다. 그 어머니의 수고 끝에 이제 말씀이 들리기 시작하는지 이 아이가 교회 다녀와서 적용에 대한 이야기를 한다고 합니다. 엄마가 매여 있어도 이 나귀 새끼 아들이 쓰임받기를 원합니다. 가장 유명한 나귀 새끼가 될 줄 믿습니다. 멀어서 못 온다고 하는 다른 친구들이 이 아이가 논산에서 온다고 하면 입을 다물어 버립니다. 벌써 주님께 쓰임받고 있는 것입니다.

여러분은 내 인생에 엿새가 남았다면 뭘 하겠습니까? 주님처럼 내 죽음을 바라보고 있으면 칭찬과 비난에 연연하지 않고 담담하게 사명을 감당할 수 있습니다. 나귀 새끼처럼 겸손히 지금 허락하신 가정과 직장에 잘 매여 있으면 나의 모든 것이 주가 쓰시는 사람, 주가 쓰시는 사건이 됩니다. 초라한 나귀 새끼가 성경에 오르는 최고의 나귀가 된 것처럼, 내가 아무리 초라하고 보잘것없어도 주가 쓰시면 최고의 인생입니다.

◆ 주가 쓰시겠다며 보내도 이해할 수 없어서 순종하지 못합니까? 눈앞의 잘되는 것 때문에 소리 지르고 안 되는 것 때문에 통곡합니까? 남들의 열광에 흥분하고 남들의 비난에 상심합니까? 겸손히 지금 허락하신 환경에 매여 있어서 주가 쓰시도록 내어드리겠습니까?

말씀으로 기도하기

엿새 후에 십자가를 지고 죽어야 한다는 것을 알고도 자발적으로 죽음을 준비하신 예수님을 따라 제게 주어진 십자가의 멍에를 자발적으로 기쁘게 지기 원합니다. 나귀 새끼를 타신 주님의 겸손을 배우고, 열광과 비난에 일희일비하지 않는 믿음으로 나아가 주께 쓰임받게 하옵소서.

고정관념을 넘는 자를 쓰십니다(마 21:1~3).

죽음을 생각하면 슬프고 고통스럽습니다. 이렇듯 제게는 넘어서지 못하는 고정관념이 있습니다. 하지만 천국을 확신하며 죽음을 잘 준비하는 것이 믿음이라고 하십니다. 고정관념을 넘어, 초라한 나귀 새끼도 주께서 쓰시면 금보다 귀한 것이 될 줄을 믿습니다. 주께 쓰임받고자 날마다 말씀대로 믿고 따르며 지금의 환경에 잘 매여 순종하게 하옵소서.

겸손한 자를 쓰십니다(마 21:4~8).

예수께서 멍에 메는 나귀 새끼를 타고 예루살렘으로 들어가는 겸손과 섬김의 본을 보여 주셨음에도, 체면이 서지 않는다며 준마를 찾는 저의 욕심을 회개합니다. 제게 주어진 멍에를 잘 메는 것이 십자가 지는 섬김임을 깨닫게 하옵소서. 말씀을 이루고자 재산과 명예, 지위 등의 겉옷을 벗어 예수님 앞에 깔아드리는 적용을 하게 하옵소서.

열광과 비난에 초연한 자를 쓰십니다(마 21:9~11).

세상에서 잘되고 어려움에서 벗어나고자 기복적으로 "호산나!"를 외치며 주께 열광하는 것은 망하는 열심이라고 하십니다. 내 소원을 구할 때는 부르짖어 주님을 찾다가도 그것이 이루어지지 않으면 언제 그랬냐는 듯이 등을 돌리는 저의 완악함을 용서해 주옵소서. 칭찬과 비난에 연연하지 않고 담담히 사명을 감당하여 주께 쓰임받는 최고의 인생이 되게 하옵소서.

우리들 묵상과 적용

당대 신앙인인 저는 한국전쟁 중 가족을 북에 남겨두고 내려온 아버님과 남편을 납북으로 빼앗긴 어머님이 재혼한 가정에서 외아들로 태어났습니다. 두 분 다 전쟁으로 가정이 깨진 아픔이 있으셔서 그런지 제게 각별한 정성을 쏟으셨습니다. 저는 고등학교에 진학하고자 지방에서 서울로 유학을 가게 되었는데, 제가 들어간 곳은 기독교 학교였습니다. 그곳에서 저는 처음으로 성경을 접하고 수양회에 참석하면서 신앙이 생겼습니다. 이후 부모님의 바람과 제 욕심으로 의과대학에 진학했습니다.

대학에 들어가서 처음 6년 동안은 기쁘게 신앙생활을 하며 모든 일에 열심을 냈습니다. 결혼도 부모님의 반대를 무릅쓰고 교회에서 만난 자매와 성경에 손을 얹고 했습니다. 하지만 말씀을 삶에 적용하지 못하기에 겉과 속이 다른 삶을 살았습니다. 돌이켜보면 말씀을 조금이라도 삶에 적용하면서 살았다면, 성경이 말씀하시는 메시아가 어떤 분인지 알 수 있었을 것입니다(마 21:5). 그러나 주님이 어떤 분인지 잘 몰랐던 저는 제게 복 주시고, 왕과 정복자로 오시는 주님만 좋아했습니다. 그러다 전문의가 되고 시간과 돈이 생기니 제 본래의 모습이 드러났습니다.

"악하고 음란한 세대에 인간은 돈을 벌고자 악해지고, 돈을 벌고 나면 음란에 빠지게 된다"는 말씀처럼(마 12:39), 40대에 중반 종합병원 원장으로 취임하고 성공한 의사가 되고 나니 눈에 보이지 않는 예수님을 배반하고 말았습니다. 저를 인정해 주고 유혹하는 세상에 넘어가 외도에 빠지고 만 것입니다. 마치 예수님을 환호하던 무리가 후에 주님을 십자가에 못 박은 것처럼 말입니다(마 21:9, 27:23). 딸만 둘인 저는 대를 잇는다는 명목으로 외도 끝에 혼외 아들을 낳았고 그로 인해 저희 가정은 깨질 위기에 처했습니다. 그때는 겸손하여 나귀 새끼를 타신 예수님이 우리를 구원하시려고 십자가에 죽는 복종을 하기 위해 예루살렘에 들어가신다는 것을 몰랐습니다(마 21:10).

그러다 가정의 위기 가운데 주님의 전적인 은혜로 교회 공동체의 기도를 받으며 말씀 묵상 훈련을 받게 되었습니다. 그때 말씀을 적용하여 혼외 아들을 첩과 함께 내보내고, 그 후 14년간 매주 교회에서 새신자들에게 저의 수치스러운 죄를 고백해 오고 있습니다. 그런데 그러다 보니 소문으로만 듣던 예수님이 제 삶에 들어오시게 되어 저를 변화시켜 주신 주님을 눈으로 친히 보게 되었습니다. 주님이 왜 겸손히 나귀 새끼를 타셨는지 이제야 비로소 알게 된 것입니다(마 21:7). 하지만 저는 아직도 십자가 지는 것이 힘들 때가 있습니다. 그럴 때마다 예수님을 십자가에 못 박은 무리 중에 제가 속해 있음을 잊지 않고, 주가 쓰시는 나귀 새끼처럼 지금의 환경에 잘 매여 있겠습니다(마 21:2~3).

영혼의 기도

하나님 아버지, 제가 필요한 것이 주가 쓰실 것이 아니기 때문에 주지 않으시는 것을 모르고 시간과 물질을 제 마음대로 쓰면서 원망이 많습니다.

오늘 저의 멍에가 저를 겸손하게 하는 것임을 알았습니다. 주가 쓰시려고 제게 합당한 멍에를 주신 것임을 알았습니다. 멍에를 풀기 위해 저의 알량한 겉옷을 깔고 죽음에 이르는 겸손을 허락하여 주옵소서.

칭찬과 비난에 초연하지 못하고 간담이 녹고 정신을 잃습니다. 인정받는 것에 연연해서 어쩔 줄 모르고 일주일 뒤 주님을 못 박고 십자가가 싫어서 나는 살고 주님을 죽이는 우리를 불쌍히 여겨 주옵소서.

제자들이 주님의 명대로 행한 것처럼 오늘 주님이 주신 말씀대로 행하기를 원합니다. 나의 멍에가 주님의 멍에로 바뀌게 하시고, 내가 자녀와 직장에 매여 있어도, 환경이 풀리지 않아도 주님의 영으로 풀리길 원합니다. 예수님 이름으로 기도하옵나이다. 아멘.

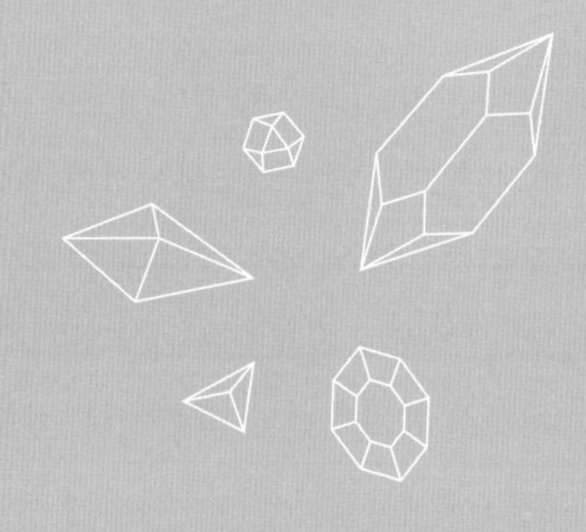

2

무엇이든 구하는 것은 다 받으리라

마태복음 21:12~22

하나님 아버지, 무엇이든지 믿고 구하는 것은
다 받으리라 하셨습니다.
어떻게 믿음의 기도로 응답받는 인생이 되는지
말씀하여 주옵소서. 듣겠습니다.

이 세상에서 제일 빠른 것은 빛이라고 합니다. 1초에 지구를 일곱 바퀴 반을 돕니다. 그런데 빛의 속도로 가도 도달하기까지 수십억 년이 걸리는 별도 있다고 합니다. 우주가 그렇게 광활합니다. 그런데 대기를 지나고 천체를 지나서 하나님의 보좌까지 직통으로 가는 방법이 있습니다. 아무리 빛의 속도로 가도 사람의 시간으로는 못 갑니다. 그런데 기도만 하면 하나님의 보좌 앞에 직통으로 갑니다. 우리가 이렇게 대단한 능력을 얻었습니다. 말씀의 능력과 하나님의 위력은 핵무기와도 비교할 수 없습니다.

그런데 오늘 “무엇이든지 믿고 구하는 것은 다 받으리라”고 하십니다. 이 말씀은 우리가 기도한 대로 다 이루어진다는 뜻은 아닙니다. 만일 그렇게 된다면 세상은 한두 시간 안에 다 망할 것입니다. “미국을 폭파시켜 달라”, “지구를 폭파시켜 달라”는 기도를 하는 사람도 있을 테니까요. 그렇다면 하나님의 보좌를 움직이는 기도, 구하는 것을 다 받는 기도는 어떤 것일까요?

먼저 내 죄를 둘러엎어야 합니다

예수께서 성전에 들어가사 성전 안에서 매매하는 모든 사람들을 내쫓으시며 돈 바꾸는 사람들의 상과 비둘기 파는 사람들의 의자를 둘러 엎으시고_마 21:12

베드로의 신앙고백 이후 예수님은 계속해서 "예루살렘에서 죽을 것이라" 하십니다. 예루살렘 성전에서 기득권을 가진 사람들의 부패 때문에 말로 해서는 안 되니 주님께서 죽으실 수밖에 없는 것입니다. 우리도 그렇습니다. 내 곁에 아무리 말해도 안 듣는 사람이 있다면 그 때문에 고난당하고 죽을 수밖에 없는 인생을 살아야 합니다.

그런데 사람들이 왜 성전에서 매매를 하게 되었을까요? 경건을 이익의 재료로 삼고 돈이 우상인 권력자들이 당시 유월절을 지키기 위해 모여든 무리에게 로마 황제의 얼굴이 새겨진 로마 화폐로 성전세를 내지 못하게 했습니다. 정작 자신들은 돈이 우상이면서 로마 화폐를 성전에 내는 것이 우상숭배라고 가르친 것입니다. 그러고는 로마 화폐를 성전 화폐로 바꿔 주며 부당한 이득을 취했습니다. 한편 이스라엘 사람들은 성전에 올 때 숫양과 숫염소, 비둘기 등을 제물로 가져와 바쳤는데, 그중 비둘기는 가난한 사람들이 바치는 제물이었습니다. 게다가 비둘기는 가져오기가 불편해서 성전 앞에서 비둘기를 사서 바치는 게 당시 일반적인 관례였습니다. 그런데 대제사장들이 원래 300~400원 하는 비둘기에 제사장 도장을 찍어서 3,000~4,000원에 팔아 폭리를 취했습니다. 하나님이 원하시는 것이 아니라 자기가 원하는 바를 성전을 이용해 취한 것입니다. 사업을 위해, 장사를 위해 큰 교회로 옮기는 사람들이 있습니다. 큰 교회의 많은 성도들만 대상으로 해도 돈이 될 것 같기 때문입니다. 이렇게 경건을 이익의 재료로 삼으면 안 됩니다.

> 그들에게 이르시되 기록된 바 내 집은 기도하는 집이라 일컬음을 받으리라 하였거늘 너희는 강도의 소굴을 만드는도다 하시니라_마 21:13

예레미야 7장 4절을 보면 당시 성전이 얼마나 부패했는지 알 수 있습니다. "너희는 이것이 여호와의 성전이라, 여호와의 성전이라, 여호와의 성전이라 하는 거짓말을 믿지 말라." 행위를 바르게 하지 않으면서 '여호와의 성전'이라고 부르짖는 거짓말에 속지 말라고 하십니다.

유다 국가 말기에 이스라엘 백성 사이에서는 성전 우상주의가 팽배했습니다. 성전에는 200만 명의 가난한 사람들이 모였지만 각자 형식적인 예배를 드렸을 뿐입니다. 루터의 종교개혁 당시 작은 마을에도 교회가 200곳이 넘게 있었지만 모두 형식적이었습니다. 주님은 교회가 기도하는 집이라고 하셨는데, 성전을 이용해 유익을 얻으려 하니 하나님의 시간과 재물을 도적질하는 강도가 아니고 무엇이겠습니까. 우리도 강도이며 도적의 소굴에 있을 수 있습니다.

기도의 집이 어떻게 강도의 소굴이 됩니까? 은행에서 돈을 강탈한 뒤 비밀 아지트로 도망가서 겨우 안도의 한숨을 쉬는 곳, 이곳이 강도의 소굴입니다. 100억 탈세하고 10억 헌금하러 교회에 와서 겨우 안도의 숨을 쉰다면 교회는 강도의 소굴이 됩니다. 일주일 동안 가족에게 별짓 다 하고는 교회 와서 안도의 숨을 쉰다면 그곳이 곧 강도의 소굴입니다.

이렇듯 성전에만 오면 회개하지 않아도 죄가 면제된다고 생각했기 때문에 겸손하게 나귀 타고 오신 주님이 분노하며 상을 둘러엎으신 것입니다. 내가 스스로 우리의 죄악을 둘러엎지 못했기 때문에 주님이 그리하신 것입니다.

예수님이 우리에게 임하시면 우리가 하나님의 성전입니다. 지금은 예루살렘 성전이 없는데, 만일 지금까지 남아 있었다면 전 세계에서 사람들이 몰려들었을 것입니다. 그래서 하나님은 성전을 없애 버렸습니다. 우리가 성전입니다. 우리 모두는 "당신이 곧 교회"라는 소리를 들을 수 있어야 합니다. 그런데 성전이 되어야 할 내 안에 더러운 것들이 가득 쌓여 있습니다. 돈을 좋아하고 악과 음란이 있고 술 담배를 즐기고 나쁜 생각, 나쁜 가치관을 잔뜩 쌓아놓고 기도하니 응답이 없습니다. 이렇게 더러운 성전을 나 스스로 둘러엎지 못하니 주님이 둘러엎으십니다.

그러므로 기가 막힌 일을 당했다면, 나 대신 주님이 둘러엎으셨음을 인정하고 감사해야 합니다. 100% 응답받는 조건은, 먼저 내 죄를 보는 것이고 그 죄를 깨끗이 둘러엎는 것입니다.

비둘기를 비싸게 팔아먹는 성직자도 문제지만 먼 데서 온답시고 미리 준비하지도 않고 성전 앞에서 비싸게 구입하는 태도도 둘러엎어야 합니다. 교회 오기 전에 미리 준비하십시오.

나를 둘러엎은 사건은 무엇입니까? 예수 믿는다면서 아직도 사주 보고, 제사 지내고, 결혼 날짜, 이사 날짜를 택일합니까? 예수님이 보고 계신데도 계속 악한 일을 합니까? 당신 옆에서 보는 사람이 있음을 기억하십시오. 회사에 가면 회사 사람들이 다 예수님입니다.

각자 둘러엎을 것이 얼마나 많습니까? 말씀으로 자기 죄를 보는 사람들이 모여 중보로 기도하면 위력이 있습니다. 그러나 먼저 더러운 자신의 죄를 깨끗이 해야 합니다. 더러운 죄를 덕지덕지 붙이고 중보하면 응답받기가 어렵습니다. 자녀와 배우자가 잘되기 위해서는 먼저 깨끗하게 내어 쫓고 둘러엎을 자신의 죄를 보아야 합니다.

◆ 하나님의 일을 한다면서 실상은 내 유익을 위한 일을 하고 있진 않습니까? 응답받는 조건은, 먼저 내 죄를 보는 것이고 그 죄를 깨끗이 둘러엎는 것입니다. 내가 둘러엎어야 할 것들은 무엇입니까?

약자를 위해 기도해야 합니다

맹인과 저는 자들이 성전에서 예수께 나아오매 고쳐주시니_마 21:14

내 죄를 보면 연약한 지체들이 보이기 시작합니다. 보이지 않던 사람들도 보입니다. 맹인과 저는 자는 성전에 있을 곳이 없어서 예수님께 나왔습니다. 우리들교회에도 힘든 사람들이 많이 옵니다. 그런데 마음대로 이혼했지만 받아 주는 교회가 없어서 성전 밖에 있는 분들이 있습니다. 출옥 후 교회에 가서 위로받고 싶은데 발붙일 곳이 없어서 성전 밖에 있는 분들이 있습니다. 이렇듯 성전 밖에는 정신적으로 육적으로 연약한 사람들이 있습니다. 맹인과 저는 자들이 구원받고자 성전에 가고 싶지만 가지 못하고 거리를 배회하는 것같이 교회 밖에 있는 사람들이 많습니다. 이것이 한국교회가 개혁되어야 하는 이유이기도 합니다.

케이 아더(Kay Arthur) 목사님의 남편은 폭력을 일삼는 사람이었습니다. 하도 괴롭고 힘들어서 다른 목사님에게 상담했더니 별거하는 것이 좋겠다고 했답니다. 그래서 아이들을 데리고 나와서 사는데, 남편이 허구한 날 찾아와서 걸핏하면 자살한다고 협박하고 괴롭혀서 더 힘들었다고 합니다. 그런데 어느 날 남편이 입버릇처럼 하던 말대로 자살로 생을 마감했습니다. 케이 아더 목사님은 자신이 남편을 끝내 받아 주지 않아 죽었다는 죄책감에 시달렸습니다. 그러다 괴로움을 이기려고 이 남자 저 남자 품에 안겼습니다. 이 과정에서 아이들이 엄마 아빠보다 더 큰 상처를 입었습니다. 이후 케이 아더 목사님은 그녀를 찾아온 하나님을 만나 치유되고 변화되어 프리셉트성경연구원의 창시자로서 하나님의 쓰임을 받고 있습니다.

목회자는 성도들에게 "별거하라, 이혼하라"는 말을 함부로 하면 안 됩니다. 케이 아더 목사님도 별거하라는 목사님의 말을 듣고 방황하지 않았습니까? 이 땅의 모든 교회가 맹인과 저는 자들이 모여드는 교회가 되기를 바랍니다. 지체 장애뿐 아니라 모든 연약한 자가 모이기를 바랍니다.

내 죄를 보면 귀히 여길 배우자가 보이고, 상처 입은 자녀가 보이고, 외로운 부모가 보이기 시작합니다. 내 죄를 보지 못하면서 누군가를 위로할 수 없습니다. 마냥 울어 주는 것으로는 오래 못 갑니다. 내 죄가 구체적으로 보여야 연약한 자를 돕고 상담할 수 있습니다. 내 죄를 봐야 남의 아픈 것 때문에 울어 주고 도와줄 수 있습니다.

기브온을 위해 여호수아가 싸워 주었지만, 기브온은 위장을 해서 이스라엘을 속였습니다. 결혼을 위해 학벌을 위장하고 재물을 위장하고 교회 다닌다고 마음에도 없는 약속을 합니다. 그런데 여호수아가 하나님께 묻지 않아서 속았습니다. 더 큰 죄인이 속은 사람이기 때문에 속인 사람을 용납해야 합니다. 왜 그래야 합니까? 기브온은 이스라엘에 속하고 싶어서 거짓말했습니다. 그처럼 남편이 예수 믿는 부인과 결혼하고 싶어서 위장했다면, 속았다고 분해하며 내쫓으면 되겠습니까? 슬플 때나 기쁠 때나 하나님이 짝지어 주신 것을 나눌 수는 없습니다.

여호수아도 그래서 기브온을 받아들였습니다. 그런데 기브온에 전쟁이 일어납니다. 폭력과 중독의 다섯 왕이 쳐들어온 것입니다. 여호수아는 이 다섯 왕을 물리치기 위해 하나님께 태양과 달이 머물게 해 달라고 기도했습니다. 그랬더니 응답받았습니다.

나를 속인 배우자와 겨우 살아 주려 했는데 알고 보니까 술 마시고, 담배를 피우고, 폭력을 일삼고, 바람을 피웁니다. 그 다섯 왕의 목을 내가 밟아 줘야 합니다. '차라리 빨리 죽어 버렸으면'이 아니라 '저 사람의 구원을 위해 내가 더 살아야 하는' 마음이 있어야 합니다. 기브온 같은 배우자를 위해 그를 괴롭히는 악과 싸우고, 그들의 구원을 위해서는 날이 길어야 합니다. 여러분은 여호수아처럼 이렇게 기도를 할 수 있습니까?

여호수아 10장 14절에 "여호와께서 사람의 목소리를 들으신 이같은 날은 전에도 없었고 후에도 없었나니 이는 여호와께서 이스라엘을 위하여 싸우셨음이니라"고 합니다. 하나님이 사람의 목소리를 들으신 일이 전에도 후에도 없다고 합니다. 이렇게 남을 위해 기도할 때 내 기도까지도 구하는 것마다 다 들어주실 줄로 믿습니다. 여호수아가 여리고와 아이를 칠 때는 이런 기도는 하지 않았습니다. 나를 속인 기브온을 위해서 기도할 때 응답을 받습니다. 나를 속인 배우자와 이웃을 위해 기도할 때 나의 개인적인 기도까지도 들어주십니다. 그러므로 기도 응답을 받으려면 연약한 자를 위해 기도하며 나아가야 합니다. 성전인 우리 마음에 이기적이고 더러운 것을 채워 놓고 기도하니까 응답이 안 되는 것입니다.

15 대제사장들과 서기관들이 예수께서 하시는 이상한 일과 또 성전에서 소리 질러 호산나 다윗의 자손이여 하는 어린이들을 보고 노하여 16 예수께 말하되 그들이 하는 말을 듣느냐 예수께서 이르시되 그렇다 어

린 아기와 젖먹이들의 입에서 나오는 찬미를 온전하게 하셨나이다 함을 너희가 읽어 본 일이 없느냐 하시고_마 21:15~16

또 한 번의 대조를 보여 주십니다. 대제사장과 서기관 대 어린 아기와 젖먹이의 대조입니다. 성전에 자리할 곳이 없던 맹인과 저는 자들이 예수님께 나아와 고침을 받았습니다. 내가 엄두도 못 내던 사람이 다른 교회, 다른 목장(소그룹 모임)에 가서 고침을 받았다면 마땅히 기뻐해야 합니다. 그런데 대제사장과 서기관들은 기뻐하기는커녕 오히려 자기 지위와 학식으로 '이상하다' 하고 노합니다. 여러분은 어떠십니까? 내 목장에는 목장 식구들이 잘 모이지도 않는데 다른 목장은 항상 모두 모입니다. 심지어 목원들의 상처가 치유되고 나날이 변화됩니다. 그러면 너무 기쁩니까? 제가 우리 교회 목자들에게 물었더니 그렇게 되면 자책감이 들고 싫어지고 분한 마음이 든다고 했습니다. "저 목자는 돈이 많아서 많이 먹이고 많이 베풀어서 그런다"고 합니다. 자기 탓으로 돌리지 않습니다. 저에게도 그런 대제사장과 서기관과 같은 마음이 있습니다.

처음 교회를 개척할 때는 이만큼 부흥되리라고 생각도 못 했습니다. 그런데 부흥되고 나니까 '우리들교회는 부흥이 되어야 하지 않나'라는 생각이 들었습니다. 그러니까 다른 교회가 부흥했다는 소식을 들으면 기분이 좋은 게 아니라 '내가 뭐가 부족한가?' 싶고 가슴이 떨렸습니다. 영혼 구원을 위해 교회 사역을 한다면서 왜 떨리는 마음이 있을까요? 사실 감사함이 더 많고 이런 마음은 가끔 들 뿐이지만 거룩으로 가는 길에 제 속에 둘러엎고 청소해야 할 것이 여전히 많기 때문입니다. 사역을 하나님께 맡기지 못하고 '내가 할 일', '내 것'으로 여기기 때문 아니겠습니까.

예전에도 그랬습니다. 누가 시험 잘 봤다고 하면 분한 생각이 들고,

누가 피아노를 잘 친다고 하면 속이 상했습니다. 제가 뒤늦게 신학을 공부하면서도 지각, 결석 한 번 안 한 것은, 복음에 방해되지 않으려는 마음도 있었지만, 큐티하는 사람이 우습게 보이는 것이 싫어서이기도 했습니다. 여전히 시기와 질투, 분이 남아 있는 저로 인해 성도들이 응답받지 못하면 어쩝니까. 그러므로 목회자가 거룩을 위해 깨어 있도록 기도해 주어야 합니다.

> 17 그들을 떠나 성 밖으로 베다니에 가서 거기서 유하시니라 18 이른 아침에 성으로 들어오실 때에 시장하신지라_마 21:17~18

예수님은 성전이 자기 집임에도 대제사장과 서기관을 떠나 베다니로 가셨습니다. 예루살렘에서 하룻밤도 머물지 않고 바로 베다니에 가서 주무시고 오셨습니다. 대제사장과 서기관들과는 인격적인 교제를 하지 않으신 것입니다. 우리도 신앙이 성숙할수록 악한 사람을 멀리해야 합니다. 그동안 경계만 했다면 이제는 끊어야 합니다. 내 곁에 악을 끊지 못하는 연약한 지체가 있어도 그렇습니다. 약자라고 한없이 중보만 해 줄 게 아닙니다. 그 연약한 지체가 악을 끊도록 경고해야 합니다. 이런 단호함이 있어야 약자를 위한 중보기도가 응답받습니다.

복음에 확신이 있는 분은 대제사장이나 서기관처럼 권위를 부리는 자에게도 단호합니다. 그래서 욕을 많이 먹습니다. 비난도 받습니다. 그럼에도 주님은 그들과 단 하루도 함께하지 않으셨습니다. 우리도 이제는 권위나 부리고 뇌물과 술과 마약, 게임과 도박 같은 악에 빠진 사람과는 관계를 멀리해야 합니다. 내가 죽기까지 엿새밖에 남지 않았다면 단호함을 보여야 합니다. 권위가 있다고 해서 그 앞에서 움츠러들고 주춤거릴 일이 아닙니다.

베다니에는 나사로와 그의 누이들인 마르다와 마리아의 집이 있습니다. 그곳으로 가신 것은 사랑하는 그들과 마지막 시간을 함께하기 위해서입니다. 예루살렘에서 3km를 걸어 그곳으로 가셨지만 아무에게도 폐를 끼치지 않으려고 제대로 잡수지도 못한 것 같습니다. 부자들이 많아도 머물 곳이 없지만, 가난한 집안에 가도 그렇습니다. 그들의 형편을 생각하면 오래 머물 수가 없습니다. 이렇게 나그네 같은 인생을 살 때 약한 자를 도우며 기도하는 삶을 살 수 있습니다.

주님은 이른 아침에 성으로 들어오셨습니다. 자기 집이 없으니 마음 편하게 늦잠을 주무실 수도 없습니다. 주님의 집인 예루살렘에서도 먹을 것이 없어 주님이 시장하십니다.

◆ 남편이, 아내가 귀히 보이지 않는 것은 내 죄를 보지 못하기 때문인 것을 압니까? 맹인과 다리 저는 자들이 우리 교회에 오는 것이 싫지 않습니까? 단호하게 끊어야 할 나의 악은 무엇입니까? 악인 줄 알지만 권위 있는 사람들과 함께하느라 끊지 못하는 것이 무엇입니까?

열매가 있어야 합니다

길 가에서 한 무화과나무를 보시고 그리로 가사 잎사귀 밖에 아무 것도 찾지 못하시고 나무에게 이르시되 이제부터 영원토록 네가 열매를 맺지 못하리라 하시니 무화과나무가 곧 마른지라_마 21:19

열매를 얻으려면 부지런해야 합니다. 이른 아침에 주님이 오셨으나 먹을 것이 없습니다. '내가 예수를 믿는데도 왜 항상 배가 고플까?'가 아닙니다. 배고픈 것도 훈련입니다. 내 삶의 모든 것이 훈련을 위해 쓰임받는 재료입니다.

무화과나무는 '가난한 자의 양식'이라는 별명을 가지고 있습니다. 관상용도 못 되고 목재로도 제구실을 못 합니다. 꽃은 없고 잎만 무성해서 오로지 열매 하나로 쓰임받는 나무입니다. 그런데 길가의 무화과나무에 열매가 없습니다. 지나가는 사람들의 허기를 채워 주는 구실을 전혀 하지 못한 것입니다. 하지만 이때는 무화과나무에 열매가 날 때가 아닙니다. 그럼에도 예수님은 잎만 무성한 무화과나무를 저주하십니다. 왜 그러셨을까요?

이 저주는 경건의 잎사귀만 있고, 열매가 없는 이스라엘 백성에 대한 경고입니다. 그들을 너무 사랑하기에 "지금 말 안 들으면 진짜 망한다" 경고하신 것입니다. 예루살렘 성전은 실제로 A.D. 70년, 로마의 디도 장군에 의해 무너졌습니다. 300만 명이 기아로 죽고 자기 자식을 잡아먹는 지경이 되었습니다. 주님은 이렇게 망하는 이적도 행하셨습니다. 얼마든지 흥하게도 하실 수 있는데 이들이 주님의 경고를 듣지 않았기 때문입니다. 그러므로 말 안 들으면 매를 든다는 경고가 있을 때 귀를 기울여야 합니다. 돌이켜야 합니다.

하나님은 우리에게도 열매를 맺으라고 건강과 재물, 재능의 잎사귀를 무성하게 주셨습니다. 교회에서 직분의 잎사귀도 주셨습니다. 그런데 정작 열매를 맺지 못합니다. 예수를 믿는 우리에게 가장 큰 열매는 영혼 구원입니다. 지나가는 사람들의 허기를 채워 주는 유용한 인생을 살아야 합니다. 직분을 가져도 전도하지 않으면 소용이 없습니다. 잎만 무성하고 열매가 없는 무화과나무일 뿐입니다.

우리도 그렇습니다. 예수 믿는 모양만 무성하고, 열매가 없으면 안 됩니다. 성경 좀 안다고 누구를 가르치는 짓 그만하고 이제는 전도해야 합니다. 열매가 있어야 합니다.

제자들이 보고 이상히 여겨 이르되 무화과나무가 어찌하여 곧 말랐나이까_마 21:20

베드로는 궁금한 것이 있으면 반드시 물어봅니다. "저 사람은 잎이 무성하고 믿음이 좋아 보이는데 어찌 말랐습니까?" 하고 묻습니다. 성경 공부 잎사귀, 금식기도 잎사귀가 무성해도 그렇습니다. 다른 사람을 살리는 열매가 없으면 그것이 곧 마른 믿음이요, 마른 인생입니다. 교회를 열심히 다니는데도 지체들이 다들 '저 집사는 왜 저렇게 말랐는가' 이상히 여기는 인생이 됩니다. 그러니 열매 없는 무화과나무처럼 길가에서 오고 가는 말에 상처만 받습니다. 칭찬과 비난에 연연해서 말라 죽습니다. 사건이 왔을 때 쉽게 무너집니다. 여러분은 어떻습니까? 과부라는 말에 부르르 떱니까? 가난하고 공부 못한다는 말에 파르르 떱니까? 그래서 말라 죽어 갑니까? 말씀으로 인생이 해석이 안 돼서 그렇습니다.

21 예수께서 대답하여 이르시되 내가 진실로 너희에게 이르노니 만일 너희가 믿음이 있고 의심하지 아니하면 이 무화과나무에게 된 이런 일만 할 뿐 아니라 이 산더러 들려 바다에 던져지라 하여도 될 것이요 22 너희가 기도할 때에 무엇이든지 믿고 구하는 것은 다 받으리라 하시니라_마 21:21~22

성전이 우상이 되어 의미 없는 예배를 드리러 들락거리면서 좋은 땅인 예루살렘을 불모지로 만들지 말고, 제발 제대로 믿으라고 하십니다. 내게 열매가 없음을 알고 회개하며 기도하면 주님은 우리의 기도를 들어주십니다.

믿음은 의심치 않는 것이며 틈이 없는 것입니다. 부부간에, 부모 자식 간에도 신뢰가 없으면 가정이 금세 무너집니다. 하지만 신뢰가 있으면 돈도 잘 벌고 자녀 교육도 잘됩니다. 상하 간에 동료 간에 신뢰가 있으면 직장도 잘됩니다. 사역자 간에 신뢰가 있으면 교회가 부흥합니다. 국민이 대통령을 신뢰할 때 나라가 잘됩니다.

지도자인 대제사장이 주님을 믿고 구하는 것이 아니라 기복적인 기도를 하니까 응답이 안 되는 것입니다. 저주받고 망하는 길로 가는 것입니다.

- 누군가 비난의 소리를 하면 걸리는 것이 무엇입니까? 그 소리를 어떻게 해석합니까? 나의 삶에 잎사귀만 무성하고 열매가 없습니까? 나에겐 어떤 열매가 있습니까?

◆◆◆

기가 막힌 일을 당했다면, 나 대신
주님이 둘러엎으셨음을 인정하고 감사해야 합니다.
100% 응답받는 조건은, 먼저 내 죄를 보는 것이고
그 죄를 깨끗이 둘러엎는 것입니다.

◆◆◆

말씀으로 기도하기

무엇이든지 믿고 구하는 것은 다 받은 줄로 믿으라고 하십니다. 그런데 이 말씀에 "아멘!" 하며 기복적인 기도만 하는 것이 우리의 모습입니다. 기도 응답을 받으려면 먼저 내 죄를 보아야 하고, 약자를 위해 기도해야 하며, 영혼 구원의 열매가 있어야 합니다.

먼저 내 죄를 둘러엎어야 합니다(마 21:12~13).

성전은 기도하는 집이라고 하시는데, 경건을 이익의 재료로 삼아 내 유익을 챙기고자 성전을 이용하는 죄악을 범했기에 기도 응답이 없었습니다. 내 몸이 곧 성전임을 기억하여 돈 좋아하고 악과 음란을 따르며 나쁜 생각과 가치관으로 가득한 저의 내면을 깨끗이 둘러엎게 도와주옵소서.

약자를 위해 기도해야 합니다(마 21:14~18).

맹인과 저는 자들처럼 누구보다 교회의 위로가 필요한 약자들이 교회 밖을 배회하지 않도록 그들을 받아줄 수 있게 하옵소서. 이를 위해서는 내 죄를 보는 것이 우선되어야 한다고 하십니다. 나 역시 죄를 끊지 못하는 연약한 자라는 것을 기억하게 하옵소서. 함께 단호히 악을 끊어 내는 적용으로 응답받는 기도를 하게 하옵소서.

열매가 있어야 합니다(마 21:19~22).

열매를 맺으라고 건강과 재물, 재능, 직분의 잎사귀를 무성하게 주셨는데, 영혼 구원의 열매가 없고 다른 사람을 살리는 열매도 없어 마른 믿음, 마른 인생일 뿐인 저를 불쌍히 여겨 주옵소서. 지금 말 안 들으면 매를 들 수밖에 없다 하시는 주님의 경고를 새겨듣고 속히 돌이키게 하옵소서.

우리들 묵상과 적용

부모님의 불화를 보며 성장한 저는 '결혼은 절대 행복할 수 없다'는 부정적인 생각이 굳어 있었습니다. 그러다 '전공 분야인 유아교육계에서 성공하려면 아이 낳고 키우는 경험을 해야 한다'며 서른이 다 되어 불신결혼을 했습니다. 그렇게 결혼을 자녀 양육 전문가가 되기 위한 관문으로 여기며 아이가 생기기를 간절히 기다렸지만 막상 아이는 생기지 않았습니다. 대신 시댁의 골치 아픈 문제들을 해결하며 살다 보니 저는 점점 지쳐 갔습니다. 그러다 결혼 4년 만에 어렵게 생긴 아이가 유산되고, 남편의 외도까지 알게 되자 그 핑계로 시댁의 무거운 짐을 내팽개치고 이혼했습니다.

이후 내 힘으로 할 수 있는 것이 아무것도 없을 때 저는 믿음의 공동체로 인도되었습니다. 예배가 회복되고 구속사의 말씀을 들으면서 불신결혼을 한 저의 죄가 깨달아졌습니다. 그제야 비로소 '야망으로 결혼하고 이기심으로 이혼한 나의 악을 주님이 둘러엎으셨구나'라고 인정되었습니다(마 21:12). 그리고 이혼의 상처로 '저는 자'나 다름없는 모습으로 예수께 나아오니 그때부터 주님이 저를 고쳐 주셨습니다(마 21:14).

이후 성전에서 "호산나!"라고 소리 지르는 어린이들과 같이 평강을 누리며 지내던 어느 날(마 21:15), 죽을 때까지 감추고 싶던 결혼 전에 행한 유부남과의 불륜을 공동체에서 고백하게 되었습니다. 죽어 마땅한 죄인임을 회개하며, 세상적으로 갖추고 있던 외양은 무성한 잎사귀에 지나지 않음을 고백했습니다. 그리고 40대 초반에는 자궁 적출로 영원토록 육적 열매를 맺지 못하는 몸이 되었습니다(마 21:19). 하지만 이로써 육적 자녀에 대한 미련이 사라지고 영적 자녀를 낳는 소망을 갖게 되었습니다. '이 땅에서 받는 형벌은 회개할 기회를 주시는 것이기에 축복'임을 믿고 간구한 저의 기도가 응답된 듯합니다(마 21:22). 이로 인해 날마다 기쁨의 찬미를 더하게 하시니 감사합니다(마 21:16).

영혼의 기도

하나님 아버지, 아직 기도 응답 못 받은 것은 둘러엎어야 할 악이 많기 때문임을 알았습니다. 제대로 살지 못하면서 설교하고 봉사하고 주일 성수한다고 안도의 숨을 내쉬며 성전을 강도의 소굴로 만든 것을 알았습니다. 나의 모든 악과 음란과 시기 질투와 술, 담배, 나쁜 생각, 나쁜 가치관들, 나쁜 언어와 폭력을 물리치지 못하니 끔찍한 사건을 주셔서 엎으시고 내쫓으셨습니다. 감사합니다. 우리에게 사건을 주신 하나님을 찬양합니다. 내 죄를 보기 시작하니 약한 지체들이 보이기 시작합니다. 연약한 남편과 아내를 보게 하시고 상처받은 가족의 아픔을 보게 하시며 괴로워하는 지체를 보게 하시고 체휼하게 하옵소서. 나를 속인 기브온을 위해 목숨을 내놓는 기도를 할 때 전에도 후에도 들은 적이 없는 기도로 응답해 주셨습니다. 남을 위해 기도할 때 나의 기도까지 응답된다는 것을 알기 원합니다. 빛보다 더 빠른 속도로 하나님의 보좌를 움직이길 원합니다.

성전에서 나온 맹인과 저는 자를 무시하는 마음이 있습니다. 불쌍히 여겨 주옵소서. 우리는 길가의 무화과나무가 되어서 가는 사람 오는 사람들의 양식이 되는 인생이어야 합니다. 그런데도 자녀와 물질, 직분의 잎사귀만 무성해서 열매를 맺지 못합니다. 그러므로 우수수 떨어져서 말라 죽을 수밖에 없습니다. 주님의 음성을 듣고 영혼 구원에 대한 애통함으로 열매 맺기를 원합니다. 예수님 이름으로 기도하옵나이다. 아멘.

3

참권위

마태복음 21:23~32

하나님 아버지, 참권위를 갖기 원합니다.
주님의 권위를 가지고 살도록
말씀하여 주옵소서. 듣겠습니다.

광해군 3년에 별시 문과에 합격한 서른세 명 앞으로 임금이 내는 마지막 책문(策問)이 걸렸습니다.

'나라를 다스리는 요령이 시급한 일을 잘 판단하는 데 있는데, 상황에 맞는 조치를 내지 못하면 아무리 동트기 전에 일어나 옷을 차려입고 부지런히 힘쓴다 해도 패망을 면치 못할 것이다. 그렇다면 가장 시급한 나랏일은 무엇인가?'

이에 대해 임숙영이라는 선비가 이런 답안을 내놓았습니다.

"임금의 자리는 하늘이 준 자리이고 다스리는 일은 하늘이 맡긴 직분이며, 받드는 것은 하늘이 맡긴 명령이고, 부지런히 노력하는 것은 하늘이 맡긴 뜻입니다. 우리 시대에 위로부터 아래까지 기강이 흔들리고 우리의 풍조가 무너지고 있습니다. 임금님의 잘못이 국가의 병입니다. 저는 급하고 근심하며 조심스럽고 두려운 마음으로 삼가 말씀드립니다."

광해군은 답안을 보고 당연히 진노했겠죠. 그런데 광해군이 권위가 있습니까, 임숙영이라는 선비가 권위 있습니까? 과연 권위가 무엇입니까?

복음을 삶으로 가르치는 것이 권위입니다

예수께서 성전에 들어가 가르치실새 대제사장들과 백성의 장로들이 나아와 이르되 네가 무슨 권위로 이런 일을 하느냐 또 누가 이 권위를 주었느냐_마 21:23

예수님은 성전에서 매매하는 사람들을 내쫓고 상을 둘러엎으며 성전이 강도의 소굴이 되었다고 꾸짖었습니다. 이렇게 성전을 깨끗이 하신 뒤 다른 곳으로 갔다가 사람들을 가르치러 다시 성전에 오셨습니다. 사랑이 아니면 이렇게 할 수 없습니다. 여기에 권위가 있습니다. 이미 예수님은 "가르치시는 것이 권위 있는 자와 같고 그들의 서기관들과 같지 않다"는 말을 들었습니다(마 7:29).

예루살렘 성전에서 철밥통 같은 기득권을 가지고 기능적인 권위를 누리던 대제사장과 백성의 장로들에게 예수라는 사람이 나타났습니다. 그들은 백성이 지켜보는 자리에서 "네가 랍비도 아닌데 무슨 권위로 가르치느냐"고 물으면서 예수님을 깔아뭉개려 합니다. 무시하면서도 관심이 많습니다.

앨빈 토플러(Alvin Toffler)는 권력이 시대 흐름에 따라 이동한다고 했습니다. 문명이 발달하기 전에는 힘이 권력이었다면, 문명이 발달하면서는 경제력이, 그다음에는 지식과 기술이 권력이 되었다고 했습니다. 그러나 그는 권력을 가졌어도 도덕성이 없으면 형편없는 것이라면서 영적인 권위는 이 모든 것을 넘어서는 것이라고 말했습니다.

대제사장과 장로들이 예수님께 물은 것도 그러한 관점에서입니다. 즉 "네 권위가 정치적인 것이냐, 사회적인 것이냐, 영적인 권위냐"는 것입니다. 권위를 누리던 대제사장과 장로들이 주님을 알아보지 못합니다.

그런데 그들은 재밌게도 예수님에게 "이런 일"이라고 말합니다. "네가 무슨 권위로 가르치느냐"가 아니라 "무슨 권위로 이런 일을 하느냐"고 묻는 것입니다. 그들은 그들 자신도 알지 못하는 사이에 예수님의 삶을 증거하고 있습니다. 예수님에게는 삶으로 나타난 열매가 있습니다. 예수님은 말로만 가르치신 것이 아니라 복음을 삶으로 가르치신 분입니다. 대제사장과 장로들이 겉으로는 예수님을 무시했지만 그들도 의식하지 못한 사이에 예수님의 삶을 인정하고 있음을 알 수 있습니다.

"붙으면 회개하고 떨어지면 감사하라", "속인 자보다 속은 내가 더 나쁘다", "나를 속인 기브온을 위해서 기도하면 응답된다" 등의 제가 전하는 설교도 모두 영적 권위가 있는 이야기입니다. 예수님의 말씀에 따라 살면 사탄이 일곱 길로 도망합니다. 하지만 때로는 총궐기하며 달려듭니다. 그처럼 대제사장들이 예수님을 향해 총궐기한 것입니다.

몇 년 전 유럽에서 열린 목회자 수련회에서 저를 강사로 초빙했습니다. 그런데 저의 이름만 보고 남자 목사인 줄 알았다가 여자인 제가 강단에 서자, 그 자리에서 비상회의가 열렸습니다. 여자인 저의 강의를 들을 것인가, 말 것인가가 그 회의의 주제였습니다. 회의 결과, 그들은 제게 "모든 존칭을 생략하고 단지 큐티선교회 대표 자격으로, 설교는 하지 말고 간증만 하라"고 했습니다. 유럽까지 가서 그런 일을 겪었으니 제가 제대로 수모를 당한 것입니다. 하지만 불러 주신 것만도 감사하다는 마음으로 강단에 섰습니다.

에스겔 1장부터 48장까지를 간증하면서 설교나 다름없이 말씀이 주시는 메시지를 다 담았습니다. 그러자 유학 생활로 힘든 목사님들이 많은 은혜를 받았는데, 어떤 분은 제가 여자라는 이유로 아예 귀를 막고 은혜를 받지 못했습니다. "네가 무슨 권위로 이런 일을 하느냐"가 그들의 마음인 것입니다. 이처럼 저는 여자라는 이유로 남자가 권위 있는 교계에서 수시로 무시를 당합니다. 하지만 저는 하나님께서 약한 자가 목회할 수 있음을 알리기 위해 저를 목회자로 세우셨다고 생각합니다. 제게는 그런 사명이 있습니다. 루터가 95개조 반박문을 쓴 것을 계기로 목숨을 걸고 종교개혁을 한 것처럼, 저도 큐티 사역한 것을 계기로 하나님의 사명을 받은 목회자가 되었습니다. 기능적인 권위와 영적인 권위는 다르다는 것을 알아야 합니다.

◆ 기득권을 누리면서 다른 사람을 무시하고 깔아뭉갭니까? 기득권과 안주하는 것에 마음이 뺏겨서 아무것도 못 합니까? 참권위는 복음을 삶으로 가르치는 것인데 나는 무엇으로 복음을 증거합니까? 무시를 당하더라도 끝까지 감당할 사명이 있습니까?

참권위는 결정의 근거가 하늘에 있습니다

예수께서 대답하시되 나도 한 말을 너희에게 물으리니 너희가 대답하면 나도 무슨 권위로 이 일을 하는지 이르리라_마 21:24

예수님의 방법은 배울 것이 많습니다. 제가 그때 화가 나서 자리를 박차고 나왔다면 어떻게 됐겠습니까? 하지만 저는 '호칭이 무슨 상관이냐!' 하고 참았습니다. 쓸데없이 노해서 감정적으로 대응하면 일을 그르칩니다. 상대의 실체를 파악하고 대처하지 못하면 말꼬리를 잡히기가 쉽습니다. 말꼬리를 잡히면 실수하고 내 실수에 관대해서 나를 합리화합니다. 악순환이 일어납니다.

여호수아는 자기 욕심 때문에 기브온이 위장하고 온 것을 파악하지 못했습니다. 반면에 라합은 자기 욕심이 없으므로 보잘것없어 보이는 이스라엘의 정탐꾼들을 알아볼 수 있었습니다. 그러므로 상대를 파악하지 못하는 것은 '내 욕심' 때문입니다. 예수님은 대제사장들이 자기를 죽이려는 것을 알고 있었습니다. 상대를 파악한 것입니다. 만일 대제사장들의 실체를 모르고 그들이 하는 말에 무조건 '옳다'고 했다면 올무에 빠지는 것입니다. 그래서 우리는 예수님의 지혜를 때마다 구해야 합니다.

> 25 요한의 세례가 어디로부터 왔느냐 하늘로부터냐 사람으로부터냐 그들이 서로 의논하여 이르되 만일 하늘로부터라 하면 어찌하여 그를 믿지 아니하였느냐 할 것이요 26 만일 사람으로부터라 하면 모든 사람이 요한을 선지자로 여기니 백성이 무섭다 하여 27 예수께 대답하여 이르되 우리가 알지 못하노라 하니 예수께서 이르시되 나도 무슨 권위로 이런 일을 하는지 너희에게 이르지 아니하리라_마 21:25~27

그들은 하나님을 너무 경외한 나머지 '하나님'이라는 명칭도 못 쓰고 '하늘'이라고 했습니다. 그들은 너무 경건합니다. 그래서 주님도 그들의 표현을 그대로 쓰셨습니다.

언젠가 '도덕주의의 덫에 걸린 권력'이라는 한 일간지의 칼럼을 읽으며, '도덕' 대신 '경건'을 넣어 읽어 보았습니다. 진정 경건한 사람은 결코 남에게 경건의 잣대를 들이대지 않습니다. 그 잣대로 늘 자신을 점검합니다. '경건적'인 사람입니다. 반면에 '경건주의적'인 사람은 경건의 잣대를 늘 남에게 들이댑니다. 그러면서 경건을 강조합니다. 경건의 모양만 있는 대제사장들이 그랬습니다.

요한은 예수님을 '하나님의 어린 양'이라고 평가했습니다. 그 요한에게 백성들이 세례를 받았습니다. 대제사장들과 백성의 장로들이 그 사실을 모를 리 없습니다. 그런데 예수님이 "요한의 세례가 어디에서 왔느냐?"고 물으시니 그들이 당황합니다. "하늘로부터 왔다" 하면 "왜 요한을 죽였냐?"고 할 것이고, "사람의 일"이라고 하면 백성들이 들고일어날 테니 어떤 대답을 해도 곤란하게 되었습니다. 그래서 그들은 정답을 알고도 "모른다"고 대답했습니다. 자기들의 권위를 지키려니까 사실대로 말하지 못하고 얼렁뚱땅 넘어가는 것입니다.

하지만 예수님은 그들의 속셈을 아시면서도 분을 내지 않으셨습니다. "너희가 모른다고 하니 나도 대답하지 않겠다" 하십니다. 그들이 원하는 답이 따로 있음을 알기에 지혜롭게 대답하십니다. 지혜는 내가 죄인임을 알 때, 교회에서 직분에 대한 야망이 없을 때, 욕심이 없을 때 하나님께서 주십니다. 내가 엎드려야 할 때와 나서야 할 때를 알게 하십니다.

우리가 성경을 수십 번 읽어도 그렇습니다. 무슨 결정을 할 때 주님께 여쭈지 않으면 주님도 "나도 너희에게 이르지 않겠다"고 하십니다. 그러므로 나의 생각이 하늘로부터 나오는지, 사람으로부터 나오는지를 분별해야 합니다. 하늘로부터 나올 때 지혜가 됩니다. 진정한 그리스도인은 자기 표준대로 살지 않습니다. 예수님이 표준이 되고, 인도자가 되어 주셔야 합니다.

니체는 인간에겐 권력 의지가 있다고 했습니다. 저의 손녀만 봐도 주변의 식구들이 무조건 예뻐해 주니까 권력을 아는 것 같습니다. 그래서 그 어린 녀석이 어떻게 해야 엄마가 꼼짝 못 하고 자기 말을 들어줄까를 궁리합니다. 밥을 굶기도 하고 떼를 쓰기도 하면서 엄마와 줄다리기를 합니다. 좀 더 자라서는 '엄마가 힘이 있나, 아빠가 힘이 있나'를 저울질합니다. 회사에 가면 누구 밑에 줄을 설까 궁리하고, 교회 와서도 설교보다는 누가 나한테 잘하나에 관심이 더 많습니다. 그래서 하나님은 "이는 사람의 마음이 계획하는 바가 어려서부터 악함이라"고 하셨습니다(창 8:21). 이 때문에 아이들을 어려서부터 말씀으로 키우는 것이 매우 중요합니다.

이 장의 서두에 언급했던 광해군이 "임금의 잘못이 국가의 병"이라고 한 임숙영을 과거에서 떨어뜨리려 했습니다. 그런데 놀랍게도 임숙영을 변호하는 신하들이 있었습니다. 그리하여 임숙영은 4개월 후 과거에 급제하였습니다. 사람을 두려워하지 않고 하늘로부터 나온 결정을 따른 결과입니다. 당시에도 죽음을 두려워하지 않고 하늘의 참권위를 따른 신하들이 있었습니다. 성경은 장식용 책이 아닙니다. 하늘로부터 온 결정을 하려면 하늘로부터 온 지도책인 성경을 봐야 합니다.

신대원에 입학한 우리들교회 청년이 이런 나눔을 했습니다.

> 하나님의 부르심을 받고 사역자의 길을 가기 위해 신학대학원 진학을 준비하게 되었습니다. 시험까지는 6개월 남짓한 시간이 남아 있었는데, 어떻게 시험을 대비할까 궁리하다가 한 신대원에 입시를 위한 스터디 그룹이 있다는 것을 알고 그곳에서 함께 공부했습니다. 그런데 함께 준비하는 입시생들이 하나같이 실력이 출중했습니다. 그들은 이미 교회에서 전도사로, 선교단체 간사로 활발하게 사역하고 있거나, 대학 때 신학을 전공해서 성경 지식이 뛰어났습니다. 그에 비하면 저는 청년부 목자로 섬기면서 큐티한 것이 제가 내세울 수 있는 전부였습니다. 제가 너무 초라해서 열등감을 느낄 수밖에 없었습니다.

하지만 주일과 수요예배 때 듣는 목사님의 설교는 제게 최고의 신대원 준비였습니다. 또한 금요일 목자모임과 토요일 중보기도 모임은 지친 나의 활력소였습니다. 그래서 어느 것도 공부를 위해 포기할 수 없었습니다.

그리고 시험을 치르는 날입니다. 마지막 논술 시험을 앞두고 있는데, 다들 밑줄을 쳐 가며 열심히 뭔가를 외우고 있었습니다. 예상 문제도, 모범 답안도 준비하지 않은 저는 그들의 모습을 보면서 걱정이 되었습니다. 하지만 어떤 주제가 나와도 이번 달에 큐티한 것을 가지고 쓰면 좋은 점수가 나올 것이라 믿고 시험에 임했습니다.

'1907년 평양 대부흥 운동의 역사적 의의를 설명하고, 이에 대비해서 현재 한국교회의 모습을 평가하고, 앞으로 어떻게 해야 제2의 평양 대부흥 운동이 일어날지 논하라.'

저는 여호수아서 큐티한 것을 생각하며 재빨리 답안을 써 내려갔습니다. 다음은 그 내용입니다.

* * *

세계열강의 수탈과 일제의 침략 야욕이 본격화된 1907년 당시에 하나님께서 평양 대부흥 운동을 허락하신 것은 마치 430년간 애굽의 노예로 살던 이스라엘 백성에게 출애굽을 허락하신 것과 같다. 가장 절망적일 때 하나님은 당신의 백성을 위로하고 구원하시기 위해 놀라운 기적을 행하시고, 모세와 같이 강력한 카리스마의 영적 지도자를 보내 주신다.

평양 대부흥 운동 100주년을 넘긴 지금의 한국교회는 과거의 부흥과 달리 침체의 길을 걷고 있다. 한국의 기독교인은 줄어드는 가운데 천주교인과 불교인의 숫자가 늘어나는 현실은 정말 안타까운 일이다. 현재 한국의 기독교가 약해지고 있는 것은 과거의 모습과 신앙에 계속 머물러 있기 때문이다. 이제는 출애굽과 광야 시대가 아니라 가나안 정복의 시대다.

제2의 평양 대부흥 운동이 일어나기 위해서는 한국교회 지도자들의 영성이 회복되어야 한다. 과거에는 치유와 기적을 보여 주며 카리스마가 넘치는 리더십을 발휘했다면, 이제는 수종자로서 묵묵히 섬기며 모세가 명한 율법을 다 지켜 행하는 여호수아와 같은 리더십이 필요하다. 교회 지도자 한 사람의 영성에 따라 한국교회가 쇠퇴할 수도 있고 부흥할 수도 있다. 모든 백성이 보는 가운데 여호와 앞에서 자기 신을 벗는 수종자 신학이 필요하다.

또한 이제는 평신도가 말씀으로 무장하고 훈련받아야 한다. 모세 당시에는 하늘에서 떨어진 만나, 메추라기를 먹고 모세만 따라다니면 되었지만, 가나안 땅 입성을 앞두고 백성이 모두 할례를 받았듯이 죄를 끊어 내는 말씀의 적용이 필요하다. 평신도가 기복신앙에서 벗어나 큐티로 훈련받고 자기 죄를 보고 죄를 끊어 내는 거룩의 적용을 할 때 한국교회는 다시 한 번 평양 대부흥 운동을 경험하게 될 것이다.

어떻습니까? 큐티를 하니까 이렇게 독창적인 답이 나옵니다. 이 청년은 총신대를 차석으로 합격해서 3년간 전액 장학금을 받고 입학했습니다. 그는 자신이 큐티를 안 하고 수요예배, 목장예배에 안 나왔으면 어떻게 이런 글을 썼겠느냐고 했습니다.

◆ 여러분의 모든 결정의 근거는 하늘로부터 온 것입니까? 지금까지 어떤 기준으로 상대를 바라보았습니까? 나의 욕심 때문에 라합처럼 알아보지 못하고 여호수아처럼 기브온을 받아들인 적이 있습니까? 어떤 일에도 감정적으로 대응하지 않고 지혜 있게 대처합니까?

권위는 말보다 행동입니다

28 그러나 너희 생각에는 어떠하냐 어떤 사람에게 두 아들이 있는데 맏아들에게 가서 이르되 얘 오늘 포도원에 가서 일하라 하니 29 대답하여 이르되 아버지 가겠나이다 하더니 가지 아니하고 30 둘째 아들에게 가서 또 그와 같이 말하니 대답하여 이르되 싫소이다 하였다가 그 후에 뉘우치고 갔으니 31 그 둘 중의 누가 아버지의 뜻대로 하였느냐 이르되 둘째 아들이니이다 예수께서 그들에게 이르시되 내가 진실로 너희에게 이르노니 세리들과 창녀들이 너희보다 먼저 하나님의 나라에 들어가리라 32 요한이 의의 도로 너희에게 왔거늘 너희는 그를 믿지 아니하였으되 세리와 창녀는 믿었으며 너희는 이것을 보고도 끝내 뉘우쳐 믿지 아니하였도다_마 21:28~32

이 본문의 첫째 아들은 지식과 봉사로 순종했습니다. 말은 잘하는데 애초에 갈 마음이 없습니다. 둘째 아들은 적어도 정직한 사람입니다. 뉘우치고 곧 회개하고 돌이켰습니다. 세리와 창녀라도 죄와 잘못을 뉘우치고 돌이키는 사람이 하나님 나라에 들어갑니다. 그날까지 우리가 할 일도 내 죄를 회개하고 돌이키는 것입니다.

우리들교회 목자인 어느 부부 집사님이 목장에서 '내가 물리쳐야 할 31가지'를 나누었습니다. 그중에서 남편이 아내에게 말한 것 몇 가지를 소개해 볼까 합니다.

-당신은 무슨 말을 하든지 결국 바람피운 것으로 결론을 내린다.

-쉬는 날이면 일을 시키는데 두세 가지를 몰아서 시킨다.

-나더러 TV 보지 말라면서 자기는 두세 시간씩 본다.
-내가 돈 벌어서 집이나 차를 사 주면 좋아한다.
-무슨 말만 하면 성경을 갖다 댄다. 어찌나 청산유수인지 말대꾸조차 할 수 없다.
-당신을 보면 기쁨이 없고 웃음이 사라진다.

남편의 말을 듣고 부인 집사님이 당장 회개하고 돌이켰다고 합니다. 이처럼 뉘우치는 인생이 가장 권위 있는 인생입니다. 믿음은 뉘우침이 선행되어야 하고 회개 없이는 어떤 것도 하나님을 기쁘시게 못 합니다.

우리 교회의 문제아였던 한 청년이 군대에 가서 이런 편지를 보내왔습니다.

> 한번은 고참의 이유 없는 욕설과 시비를 견디지 못하는 바람에 해서는 안 될 말들과 행동을 했습니다. 그래서 다른 고참들과 관계가 멀어졌습니다. 마음 같아서는 물불 안 가리던 10대 때의 행동으로 돌아갈 뻔했지만 멀리서 나를 응원해 주는 많은 분과 아버지, 어머니의 얼굴을 떠올리니 그럴 수 없었습니다.
> 그래서 죄송하다고 반복해서 말했지만 고참들은 냉랭하기만 했습니다. 다행히 동기들과 후임들은 제 편을 들어주었지만 변한 것은 없었습니다. 그래서 두 달 동안은 아무 말도 안 하고 동기들과 교회를 꾸준히 나가면서 하나님께 도움을 요청했습니다.
> 그러던 어느 날 저녁입니다. 저와 말다툼한 고참이 저를 불렀습니다. "지금은 군대가 너무 좋아져서 그렇지 옛날에는 이런 일은 생각도 할 수 없었다"면서 그럼에도 "나는 너를 용서하기로 했다"고 했습니다. 제가 이

유를 묻자, 단지 “네가 믿는 하나님을 나도 믿기 때문”이라고 대답했습니다. “하나님이 용서하셨는데 인간이 인간을 용서하지 않아서야 되겠냐” 하면서 이제 자기도 새로운 병영 생활을 만들어 보겠다고 했습니다. 순간 하나님의 도우심임을 깨달았습니다. 그리고 내 삶은 주님의 뜻대로 돌아가는 삶임을 깨달았습니다. 이제 금연을 통해 하나님의 성전을 지키겠노라고, 여러 지식을 익혀 전역 후에는 당당하게 변화된 삶을 살며 주님께 꼭 간증하겠노라고 다짐했습니다.

이제야 부모님께서 하신 말씀들이 마음에 와닿습니다. 이 마음이 절대 변하지 않도록, 가족의 건강을 위해 매일 기도합니다.

사랑하는 가족이 있는 자녀들은 망할 수가 없습니다. 부모는 자녀를 위해 눈물로 기도하면 됩니다. 인생의 후반전이 중요합니다. 어떤 인생을 살았을지라도 오늘 회개함으로 주님을 영접하면 주님도 나를 영접해 주십니다. 주님을 영접하는 권위가 가장 아름다운 권위입니다.

- 인생의 후반전이 중요합니다. 인생의 후반전을 위해 준비하고 있습니까? 세리나 창녀라도 지금이라도 뉘우치고 회개하면 하나님 나라에 들어갑니다. 나는 어떤 상황에서도 뉘우치고 회개합니까?

말씀으로 기도하기

말보다 행동하는 삶으로 가르칠 때, 하늘의 뜻이 담긴 말씀대로 결정할 때, 잘못을 뉘우치고 회개하여 돌이킬 때 우리에게 참권위인 영적 권위가 주어집니다. 죄를 회개하며 주님을 영접하면 주님도 나를 영접해 주십니다. 그것이 가장 아름다운 권위라고 하십니다.

복음을 삶으로 가르치는 것이 권위입니다(마 21:23).

예수님은 삶으로 나타난 열매가 있기에 사람들에게 권위 있는 자라는 말을 들으셨습니다. 말로만 가르치지 않고 복음을 삶으로 가르치셨기 때문입니다. 그것이 영적 권위라고 하십니다. 기득권과 기능적인 권위로 나보다 약한 사람을 깔아뭉개려는 악함을 버리고 예수님처럼 영적 권위를 모두에게 드러내며 살아가게 하옵소서.

참권위는 결정의 근거가 하늘에 있습니다(마 21:24~27).

내가 죄인임을 알고, 교회의 직분에 야망을 품지 않으며, 욕심을 내려놓을 때 주께서 주시는 지혜로 말미암아 내가 엎드려야 할 때와 나서야 할 때를 알게 된다고 하십니다. 주님을 삶의 표준 삼고 인도자 삼아서 하늘로부터 나오는 지혜로 살게 하옵소서. 상대를 파악하지 못하도록 분별력을 흐리는 '내 욕심'을 내려놓고 늘 성경을 가까이하여 '하늘로부터 온 결정'을 하기 원합니다.

권위는 말보다 행동입니다(마 21:28~32).

아버지의 부탁에 가겠다는 대답만 하고 가지 않은 첫째 아들보다 가기 싫다고 대답은 했지만 곧 뉘우치고 간 둘째 아들이 더 권위가 있다고 하십니다. 자기 잘못을 뉘우치며 회개하여 돌이켰기 때문입니다. 회개 없이는 하나님을 기쁘시게 할 수 없다는 것을 깨닫고 지금이라도 저의 죄와 잘못을 뉘우치고 돌이킬 수 있게 도와주옵소서.

우리들 묵상과 적용

영국에서 해외 근무를 할 때의 일입니다. 당시 작은 한인 교회를 다니다 보니 저는 생각보다 일찍 '구제봉사부장'이란 중책을 맡게 되었습니다. 인정 우상이 가득하던 저는 비록 하기 싫은 일이라도 일단 맡겨지면 잘 하려는 욕심이 있었습니다. 다행히 돕는 지체 덕분에 대내외적으로 그럴듯한 실적(?)도 내고 칭찬까지 들으니 제법 폼도 나고 일도 재미있었습니다. 그런데 해가 바뀌면서 사역 부서가 바뀌는 일이 있었습니다. 목사님이 제게 상의도 없이 바꿨을 리는 없고, 틀림없이 재정을 책임지고 있던 장로님이 결정한 일이라고 단정 지었습니다. 그리고 본문 말씀의 대제사장들과 장로들처럼 "그분이 무슨 권위로 이런 일을 결정하느냐"고 목사님께 따져 물었습니다(마 21:23). 그런데 목사님은 즉답을 피하시며 "당회의 결정이 어디서부터 오는 것인지 아느냐"고 제게 되묻는 것이었습니다(마 21:24~27). 부서가 바뀐 것이 화가 난 저는 이도 저도 다 하지 않겠다고 했습니다.

그렇게 불순종으로 시작된 그해는 정말 힘들었습니다. 특별한 이유도 없이 고객에게 외면당하고, 그로 인해 본사로부터 신뢰를 잃어 예상보다 일찍 귀국하게 되었습니다. 아마 그런 일이 없었다면 저는 교회도 계속 다니지 않았을 것입니다. 그러나 그런 고난 덕분에 '이제부터는 진짜 주님의 말씀에 순종하며 살겠노라'며 새로운 교회에 등록을 하고, 바쁜 시간을 쪼개서 양육도 받았지만, 제가 좋아하던 술을 끊는 것부터 너무 힘들었습니다. 여전히 제게는 승진이 하나님보다 더 중요하기에 상사와 고객이 주는 잔만큼은 피할 수가 없었습니다. "가겠나이다" 대답하고 가지 않은 맏아들처럼(마 21:29) 애초부터 술을 끊고 싶은 마음이 없었던 것입니다. 저는 또 한국으로 돌아와 제법 오랫동안 주일학교에서 고등부 교사를 했지만 솔직히 그렇게라도 하면 하나님이 승진을 시켜 주실 것 같아 순종하는 척했을 뿐입니다. 결국 승진은 고사하고 보직에서 해임되었는데, 그때 "그러므로 우리는 들은 것에 더욱 유념함으로 우리가 흘러 떠내려가지 않도록 함이 마땅하니라"라는 말씀에 '아멘'이 절로 나왔습니다(히 2:1).

본문 말씀의 맏아들처럼 실족할 수밖에 없는 인생인데, 말씀과 공동체 덕분에 흘러 떠내려가지 않았을 뿐입니다. 그렇게 뉘우친 둘째 아들처럼(마 21:30) 들은 말씀대로 공동체에 잘 붙어 있다 보니 자회사인 장애인 회사 대표로 복직되었고, 지금은 장애인 전문 복지재단에서 일하고 있습니다. 열악한 환경을 마다하지 않고 약자의 편에 서서 하나님의 사랑과 정의를 실천하는 직원들을 볼 때마다 도전을 받으며, 새로운 삶을 사는 기분이 듭니다(마 21:31). 보고도 끝내 뉘우쳐 믿지 아니할 뻔한 인생에서 건져 주신 것을 기억하며(마 21:32), 이제는 더욱 회개함으로 사명을 감사히 받고 기쁘게 순종하겠습니다.

영혼의 기도

주님, 우리는 권위를 좋아합니다. 그러나 주님은 참권위를 위해 성전을 둘러엎고 백성을 사랑하시므로 다시 들어가서 삶으로 복음을 가르치십니다.

우리는 둘러엎지도 못하고 엎고 나서는 다시 들어가지도 못합니다. 기득권과 안주하는 것에 마음이 빼겨서 아무것도 못합니다. 하늘로부터 오는 결정을 하고, 상대방을 잘 파악하며, 라합처럼 욕심이 없어야 하는데, 여호수아처럼 기브온을 받아들입니다. 기득권을 놓지 못하며 나는 살고 예수님을 죽이는 결정을 합니다. 나를 합리화하고 남은 틀렸다고 하는 비열함이 있습니다. 불쌍히 여겨 주시고 생명이 있는 의논을 할 수 있도록 역사하여 주옵소서.

말보다 행동이 앞서야 하는데 세리, 창녀도 간 천국을 못 갈까 두렵습니다. 어떤 상황에서도 뉘우치고 회개함으로 권위 있는 삶을 살게 하옵소서.

힘든 일을 대면했을 때 하늘로부터 온 결정을 하게 하시고 주님의 권위를 가지고 인생의 후반전을 담대히 살 수 있게 역사하여 주옵소서. 예수님 이름으로 기도하옵나이다. 아멘.

4

하나님 나라를 받을 자

마태복음 21:33~46

하나님 아버지, 하나님 나라를 받고 싶습니다.
하나님 나라에 참여하기 원하오니
마음을 열고 깨닫게 하여 주옵소서.
말씀하여 주옵소서. 듣겠습니다.

미국 풀러신학교와 영국 스코틀랜드의 에딘버러대학에서 목회학을 공부한 도널드 맥컬로우(Donald W. McCullough) 목사님은 신학을 가르치고 설교도 하면서 많은 저서를 남겼습니다. 그는 목사와 신학교 총장으로서 만족했고 감사하며 살았다고 합니다. 그런데 하나님의 은혜를 감사하며 누리는 것이 다인 줄 알았는데 머리로 아는 것과 가슴으로 아는 것이 다름을 알게 되었답니다. 25년간 하나님의 사랑에 대해 설교를 하고 책을 썼는데 직업을 잃고 나서야 이론이 아닌 구체적인 실체로서 하나님의 사랑을 느꼈다고 합니다. 그동안 그의 자존감의 근거가 직업에 있었음도 뒤늦게 깨달았다고 했습니다.

캠벨 몰간(Campbell G. Morgan) 목사님은 이 세상에서 가장 위대한 단어는 '하나님 나라'라고 했습니다. 그리고 하나님 나라의 실재적인 권위는 현재에 이루어지고 있다고 했습니다.

하나님 나라의 넓이와 깊이와 높이를 아는 것이야말로 굉장한 권위입니다. 현재의 삶에서 하나님 나라의 왕권을 수락하고 복종함으로 하나님 나라를 받는 자가 있고, 그렇지 못해 빼앗기는 자가 있습니다. 대제사장과 백성의 장로들은 알면서도 하나님 나라를 빼앗긴 사람들입니다. 하나님 나라를 받을 자가 누구일까요? 하나님 나라의 백성이 누구일까요?

이 세상은 세(貰)로 받은 것입니다

다른 한 비유를 들으라 한 집 주인이 포도원을 만들어 산울타리로 두르고 거기에 즙 짜는 틀을 만들고 망대를 짓고 농부들에게 세로 주고 타국에 갔더니_마 21:33

예수님이 예루살렘 성전에 들어가 둘러엎고 내쫓은 뒤 다시 말씀을 가르치시자 대제사장과 백성의 장로들은 "무슨 권위로 이런 일을 하느냐?"고 물었습니다. 그러자 예수님은 28절부터 두 아들의 비유를 하시고, 이어서 포도원 비유를 하십니다. 그들이 얼마나 알아듣지 못하면 이러시겠습니까? 이들에 대한 예수님의 양육 방법은 비유로 말씀하시고 반문하여 대답하게 하시는 것이었습니다. 대제사장과 백성의 장로 같은 경건주의자들에게는 "큐티하세요" 해서는 안 됩니다. 먼저 "큐티에 대해서 어떻게 생각하세요?" 하고 물어야 합니다. 그러면 그들의 진심이 나옵니다.

죽음을 앞둔 예수님이 양육하면서 부정과거 명령형으로 "들으라" 하신 것은 "반드시 귀를 기울이고 들으라"는 것입니다. 그들이 죽어도 말귀를 못 알아듣기 때문입니다.

중학교 2학년인 한 학생이 어느 날부터인가 친한 친구가 자기를 외면해서 잠도 못 잘 만큼 괴로웠다고 합니다. '하나님이 내게 무슨 말씀을 주시려고 이 사건을 허락하셨을까?' 싶어 큐티를 하다가 여호수아 18장에서 이스라엘 백성이 영적 게으름에 빠져 하나님이 주신 땅을 취하지 않은 사실을 발견하게 되었습니다. 그리고 그 말씀을 보며 친구가 자기를 외면할 때 아무것도 하지 않고 괴로워하기만 한 자신이 이스라엘 백성과 다를 바 없음을 알게 되었습니다. 그러고는 "지금 당장은 힘들지만, 친구와의 관계 고난이 곧 축복임을 믿고, 이제부터라도 영적 게으름에서 벗어나 꾸준히 그리고 열심히 큐티해야겠다"고 적용했습니다.

중학교 2학년도 들리는 말씀이 왜 대제사장과 장로들한테는 들리지 않는 겁니까? 기득권자, 배부른 자이기 때문입니다.

이 포도원의 비유에서 주인은 하나님이고, 포도원은 이스라엘이고. 농부는 유대 지도자들입니다. 그리고 곧 이어서 나오는 34절의 종들은 선지자, 37절의 아들은 예수 그리스도입니다.

하나님이 포도원을 만들고 산울타리로 두르고 즙 짜는 틀을 만들고 망대를 지으셨습니다. 돌밭 같은 나에게 열매를 거두도록 모든 준비를 해 주신 후 세(貰)를 주고 타국에 가신 것입니다.

> 34 열매 거둘 때가 가까우매 그 열매를 받으려고 자기 종들을 농부들에게 보내니 35 농부들이 종들을 잡아 하나는 심히 때리고 하나는 죽이고 하나는 돌로 쳤거늘 _마 21:34~35

농부에게 모든 조건을 마련해 주신 주님은 이제 열매를 내놓으라고 하십니다. 하나님은 절대 무리하게 요구하시는 분이 아닙니다. 그런데 농부들은 주인이 보낸 종들을 잡아서 때리고 죽이고 돌로 칩니다. 왜 그렇습니까? 모든 게 내 것인 줄 착각하고 하나님께 내어놓기 싫어서 그렇습니다. 하나님이 에덴동산을 만들어 풍성하게 하신 뒤 선악과 하나만 먹지 말라는 작은 요구를 하셨는데, 그것마저 욕심을 내는 것입니다. 십의 일조를 드리기 싫다는 겁니다.

우리도 예외가 아닙니다. "이 황량한 대지에서 열매만 나오면 모든 것을 드리겠다" 하고 서원했으면서도 열매가 무성해지면 입을 싹 닦습니다. 십일조 드리는 것이 아깝습니다. 처음에는 밥만 먹어도 감사했는데 시간이 지날수록 만사가 귀찮습니다. '일주일에 한 번 예배드리면 그만이지' 하고, 수요예배, 목장예배 드리는 것도 귀찮고, 주일마다 봉사하는 것도 피곤하기만 합니다. "대학에만 보내 주시면, 돈만 벌게 해 주시면, 병만 고쳐 주시면 모든 것을 드리겠다" 서원하지만, 막상 얻고 나면 다 내 능력으로 그리된 양 착각합니다. 여러분은 어떻습니까? 시간의 십일조, 재물의 십일조, 감정의 십일조를 하십니까?

"……그들에게 정의를 바라셨더니 도리어 포학이요 그들에게 공의를 바라셨더니 도리어 부르짖음이었도다"(사 5:7).

대제사장과 백성의 장로들에게 포도원에 대한 책임을 주셨는데 도리어 포악을 부립니다. 이 세상의 모든 학벌과 재능, 재물, 부귀는 하나님이 달라고 하실 때 드리기 위한 것입니다. 우리의 모든 것을 세로 주셨기에 하나님은 달라고 하실 자격이 있습니다.

어느 안수집사 내외가 아들의 결혼을 5년 동안 반대했습니다. 며느리 될 처녀의 아버지가 목사로서 독실한 기독교 집안인데 종갓집 종손인 자기 아들과 결혼하면 제사를 드리지 않으려 할 것 아니냐는 게 반대 이유였습니다. 그런데 사실 제사는 핑계이고 며느리 될 처녀의 직업이 성에 차지 않아서였습니다. 이런 분을 안수집사로 뽑으니 한국교회에 문제가 생기는 것입니다. 이런 사람을 대제사장과 장로로 뽑았으니 이스라엘이 온전할 수 없습니다. 교회가 타락하면 경건한 일꾼들이 핍박받게 마련입니다.

그런데 우리는 시간이 지나면 하나님께 세로 받은 것을 내 것인 줄로 착각합니다. 영적으로 홀로서기 하라고 잠시 타국에 가시며 맡긴 것인데, 그것으로 육적인 홀로서기를 해서 집도 사고 자식도 잘 키우고 잘 먹고 잘살게 되면 아무것도 빼앗기고 싶지 않습니다. 다 자기 능력 덕분인 줄 착각합니다. 그러니 먹고살 것이 넉넉해서 절대 굽실거리지 않고 군림하려고만 드는 것은 축복이 아니라 저주입니다. 지위와 권력과 부를 가진 자들은 누구의 말도 듣지 않습니다. 지위와 권력과 돈으로 모든 것을 해결하려 듭니다. 그러므로 육적인 홀로서기는 절대 좋은 것이 아닙니다.

집도 좋고 아들도 좋고 배우자도 좋기만 한데 어떻게 내놓겠습니까? 그것들을 우상 삼아 꽉 붙들고 있으니 "내놓으라" 하면 울고 때리고 돌로 치며 놓지를 않는 것입니다.

하지만 하나님은 내가 스스로 놓지 못하니 배우자를 바람피우게 해서, 자식이 가출하게 해서 내놓으라고 하십니다. 그럴 때면 내 욕심으로 내놓지 못해서라는 걸 알아야 하는데 그저 울고 때리고 돌로 치며 악한 짓을 합니다. 상대방을 죽여서라도 붙든 것을 내놓지 않습니다. 인간의 악이 한계가 없어서 포도원 농부들처럼 죽이는 것도 서슴지 않습니다.

> 다시 다른 종들을 처음보다 많이 보내니 그들에게도 그렇게 하였는지라_마 21:36

주인은 인내심을 가지고 다른 종들을 또 보냅니다. 그러나 내 욕심에 사로잡힌 사람일수록 말씀이 안 들립니다. 권면하고 권면해도 듣지 않습니다. 오히려 더 화를 냅니다. 종들을 잡아 심히 때리고 죽이고 돌로 치는 포도원의 농부들이 그렇습니다.

우리는 청지기입니다. 품질이 좋든 나쁘든, 열매가 많든 적든 하나님이 달라고 하시면 드려야 합니다. 그런데 우리는 품질 좋은 아들이 신학 한다고 하면 잡아 때리고 돌로 칩니다. 그러면서 품질 나쁜 아들은 "주님이나 쓰세요, 너는 신학이나 해서 평생 복음 전하며 살아" 하며 얼른 드립니다. 품질이 좋으면 못 드리고, 품질이 나쁘면 얼른 드리는 악이 우리에게 있습니다.

다음은 프레드릭 뷰크너(Frederick Buechner)의 회고록에서 발췌한 내용입니다. 거식증에 걸린 딸을 둔 아버지의 심정이 잘 드러나 있습니다.

> 내가 아비 노릇을 할 수 있는 유일한 길은 딸을 돌보는 것이었고, 필요하다면 천지를 움직여서라도 딸의 건강을 되찾아 주는 것이었지만 나는 그 일을 할 수 없었다. 내게는 딸의 건강을 찾아 줄 지혜도, 능력도 없었다. 이렇게 한 인간을 변화시킬 능력은 우리 중 누구도 없다. 만일 있다면 그것은 끔찍한 능력, 설령 상대의 유익을 위해서라고 해도 결국 상대의 인격을 침해하는 능력이다. 정신과 의사는 내게 "당신은 딸을 고쳐 줄 수 없다"고 했다. 내가 딸을 위해 할 수 있는 최선은, 뭔가 해 보려는 시도를 중단하는 것이었다. 마음속으로는 그 말이 맞는 줄 알면서도 절박한 간섭의 광기, 뭔가 해 보려는 광기가 그치질 않았다. 내 모든 말과 행동은 자유를 얻겠다는 딸의 결의를 더 굳혀 줄 뿐이었다. 딸은 다른 모든 것 중에서도 특히 내게서 자유로워지려 했다. 딸이 다시 건강해질 수 있는 길은 자신의 자유로 건강을 선택하는 것뿐이었다. 아비로서 내가 할 수 있는 최선은 뒤로 물러나 딸에게 그 자유를 주는 것이었다. 딸이 그 자유로운 삶 대

신 죽음을 택할 수도 있다는 모험을 감수하면서 말이다.

여러분에게 문제 많은 자녀나 배우자가 있다면 어떻게 하시겠습니까? 내 손으로 확 뜯어고치겠습니까? 그런다고 고쳐질까요? 하나님이 고쳐 주시기 전에는 아무것도 할 수 없습니다. 광기 부리며 간섭한다고 될 일이 아닙니다. 내가 할 수 있는 최선은 뒤로 물러나는 것입니다. 하나님께 의탁하는 것입니다. 기도하는 것입니다.

에스겔 18장 23절에 "내가 어찌 악인이 죽는 것을 조금인들 기뻐하랴 그가 돌이켜 그 길에서 떠나 사는 것을 어찌 기뻐하지 아니하겠느냐"라고 합니다. 하나님은 악인이 그냥 죽는 것을 바라지 않으십니다. 돌이켜 하나님께 돌아오기를 바라십니다. 그러므로 우리는 한 영혼을 천하보다 귀히 여기시는 주님을 믿고 기다려야 합니다. 그런데 내가 하려니까 자식을 잡아 때리고 죽이는 겁니다. 그 노력을 다 내려놓아야 합니다.

• 나는 주인인 주님이 달라고 하실 때 기꺼이 드립니까? 품질이 너무 좋아서 주님께 드리기 아까운 것은 무엇입니까? 내가 스스로 드릴 수 없어 주님이 거둬 가신 것이 있습니까? 건강입니까, 재물입니까, 가족입니까?

죽기를 작정한 하나님의 사랑을 알아야 합니다

후에 자기 아들을 보내며 이르되 그들이 내 아들은 존대하리라 하였더니_마 21:37

이런 세상을 위해 누가 자기 아들을 구원의 대속물로 보낼 수 있겠습니까? 하나님은 자기 아들을 보내면 존대하리라는 희망을 품으셨습니다. 하지만 농부들이 아들을 죽일 것도 알았습니다. 그럼에도 그 아들을 포도원으로 보내셨습니다. 끝까지 희망을 놓지 않고 세상을 위해 아들을 보내는 것, 이것이 곧 주인이 할 일입니다.

스위스에서 어떤 관광버스 기사가 운전하다가 갑자기 브레이크가 파열되는 사고를 당했습니다. 마침 내리막길을 달리고 있었고 그 길의 끝은 낭떠러지였습니다. 그래서 핸들을 틀려는데 거기에 마침 한 아이가 아무것도 모른 채 놀고 있습니다. 한쪽은 낭떠러지이고 한쪽은 어린아이가 놀고 있습니다. 아이를 죽이겠습니까, 낭떠러지로 가겠습니까? 여러분은 어떤 선택을 하겠습니까?

기사는 낭떠러지 대신 아이를 죽이기로 마음먹고 핸들을 틀었습니다. 그런데 그 아이는 바로 기사의 아들이었습니다. 백성에 대한 사랑으로 아들을 죽이고, 그래서 많은 백성이 살아나는 것, 이것이 하나님의 사랑입니다. 내가 너무 안 믿으니까 나를 위해 죽은 아들을 보고 믿으라는 겁니다. 예수 그리스도는 우리에게 주신 마지막 메시지입니다. 그러기에 그분을 영접하지 않으면 우리 인생은 끝입니다. 낭떠러지로 갑니다. 예수님을 영접하지 않은 대제사장과 백성의 장로들에게도 영원한 끝이 기다리고 있습니다. 하지만 이들의 속마음 좀 보십시오.

> 38 농부들이 그 아들을 보고 서로 말하되 이는 상속자니 자 죽이고 그의 유산을 차지하자 하고 39 이에 잡아 포도원 밖에 내쫓아 죽였느니라_마 21:38~39

당시 '부재지주'라는 법이 있었습니다. 주인이 오랫동안 부재 상태이고 상속자가 없으면 종이 주인의 것을 차지할 수 있게 한 법입니다. 그러니까 상속자가 있더라도 죽여 버리면 종이 주인의 소유를 차지할 수 있는 것입니다. 대제사장과 장로들이 그랬습니다. 세로 받은 포도원에서 영원히 살 줄로 착각하고 서로 의논을 합니다. 그런데 그 결론이 아들을 죽이는 것입니다.

그러면 포도원 주인이 올 때에 그 농부들을 어떻게 하겠느냐_마 21:40

예수님은 농부가 악하다고 답을 주지 않으시고, 질문을 통해 대제사장과 장로들이 대답하도록 하십니다. 상대방이 스스로 자기 죄를 시인하도록 이끄십니다. 이러한 예수님의 교육 방법을 배워야 합니다.

그들이 말하되 그 악한 자들을 진멸하고 포도원은 제 때에 열매를 바칠 만한 다른 농부들에게 세로 줄지니이다_마 21:41

대제사장과 장로들은 스스로 자신들이 악한 자라고 대답합니다. 예수님을 죽이려고 트집을 잡으려다가 오히려 자신들의 악함을 시인한 것입니다. 말씀을 알기만 하는 것과 은혜받아 깨닫는 것은 다릅니다.

내가 감사하지 못하니까 있는 것까지 뺏길 날이 옵니다. 십의 일조를 아까워하면 십의 십조를 뺏깁니다. 구제도 봉사도 자원해서 해야 하는데 안 하니까 집도 가져가고 배우자와 자식과 부모를 다 가져가십니다. 그럼에도 우리는 하나님이 가져가시면 기분부터 상합니다. 하나님을 원망합니다.

내 자녀의 품질이 좋으면 어떻고 나쁘면 어떻습니까? 그들은 내 것이 아니라 하나님의 것입니다. 그리고 천국에 가면 그들을 나의 자녀로 만나지도 않습니다. 애초에 내 것이 아닌데 자녀들을 객관적으로 보면 얼마나 좋겠습니까?

◆ 나를 위해 죽어 주신 예수 그리스도가 여러분의 마지막 메시지입니까? 내가 살기 위해 예수님을 돌로 쳐서 죽이지는 않습니까? 내가 광적으로 집착하는 것은 무엇입니까? 세로 받은 것을 영원히 내 것이라 착각하며 주인의 아들을 죽이지는 않습니까?

열매 맺는 자가 하나님 나라의 백성입니다

42 예수께서 이르시되 너희가 성경에 건축자들이 버린 돌이 모퉁이의 머릿돌이 되었나니 이것은 주로 말미암아 된 것이요 우리 눈에 기이하도다 함을 읽어 본 일이 없느냐 43 그러므로 내가 너희에게 이르노니 하나님의 나라를 너희는 빼앗기고 그 나라의 열매 맺는 백성이 받으리라_마 21:42~43

"건축자가 버린 돌이 집 모퉁이의 머릿돌이 되었나니 이는 여호와께서 행하신 것이요 우리 눈에 기이한 바로다"라고 시편 118편 22~23절 말씀으로 설명하십니다. "너희는 대제사장과 장로들이 아니냐, 이것을 읽지 않았느냐?" 물으시며 성경은 그대로 이루어진다고 말씀하십니다.

머릿돌은 초석은 아니지만 건축자의 이름이 새겨지는 마지막 완성

품입니다. 예수님은 머릿돌이 되기 전에 버려지셔야 했습니다.

건축가는 전문가라서 어떤 돌이 좋은지 잘 압니다. 그런데 그런 건축가도 가치를 알아보지 못하고 버리는 돌이 있습니다. 대제사장과 장로들이 그랬습니다. 성경의 전문가, 교회의 전문가인 그들이 그래서 하나님 나라를 빼앗겼습니다. 아무것도 모르는 백성이 하나님 나라를 받았습니다. 우리에게도 버리고 싶은 돌이 적지 않습니다. 그런데 하나님은 전문가들이 버린 돌로 머릿돌을 세우십니다. 내가 버리고 싶은 형편없는 식구들이 바로 나의 머릿돌이요, 예수님인 것을 알아야 합니다. 그들이 아니라면 내가 어떻게 하나님을 알겠습니까? 내가 어떻게 머릿돌이 되겠습니까? 세로 받은 내 식구 내 자녀가 마냥 좋기만 하면 내가 어떻게 하나님 나라를 얻겠습니까? 내가 이 세상을 세로 받았다는 걸 알게 하기 위해서 내 식구들이 수고하는 겁니다. 가족은 나의 구원을 위해 하나님이 묶어 준 사람들입니다.

그런데 우리는 외모를 취하기 때문에 공부 잘하고 잘되는 게 좋습니다. 형편없고 보잘것없는 사람은 버리고 싶고 상대하고 싶지 않습니다. 그러나 인생에서 산전수전을 다 겪으면 외모로 취하는 안목이 아니라 하나님의 안목이 생깁니다. 결혼 전에 명품만 걸치고 다니던 사람들은 결혼 후 그것이 십자가가 됩니다. 만일 남자가 명품을 좇는 사람이라면 아내가 그것을 어떻게 봐줄 수 있겠습니까? 제 남편은 결혼 전에 데이트하면 매일 칼국수만 먹었습니다. 그때는 어쩌면 저렇게 짠돌이일까 했는데, 돌아보니 남편은 성실한 사람이었습니다. 그래서 제가 남편이 죽은 뒤에도 굶지 않고 살 힘이 생겼습니다.

도널드 맥컬로우 목사님은 이렇게 말합니다.

때로 우리가 할 수 있는 최선은 뒤로 물러나 타인의 자유를 존중하는 것이다. 알코올의존자의 부인은 남편에 대해 변명해 주고 싶은 강한 유혹을 물리치고 대신 남편이 허우적거리도록, 심지어는 스스로 택한 삶 속에 빠져들어 가도록 내버려 두어야 할지도 모른다. 마약을 밀거래하는 아들의 아버지는 훈계도 그만두고, 거처를 제공하는 것도 그만두고, 감옥에서도 그만 빼내고, 변호사 비용도 그만 내주어야 할지도 모른다. 남편은 아내의 행복을 보장해 주는 불가능한 임무에서 손을 떼야 할지도 모른다. 어떤 인간도 타인에게 그렇게 해 줄 수는 없음을 깨달아야 한다. 때로는 더 이상 당신 책임이 아닐 때가 있다. 행여 이전에 그랬다 하더라도 말이다.

인간이 할 수 있는 일에는 한계가 있다. 책임의 한계를 존중할 때 우리는 다른 사람들에게 소중한 자유를 주는 것이다. 좋은 쪽으로든 나쁜 쪽으로든 스스로 알아서 살아가는 자유다. 곤경에서 헤어날 길을 스스로 찾는 자유도 포함된다. 스스로 찾아낸 길만이 진정한 치유와 성장에 이르는 길인지도 모른다.

과잉 의존이나 과잉 독립의 양극단을 피하여 강인하면서도 민감하고 적극적이면서도 배려할 줄 아는 사람이 되도록 상대방을 도와주려면, 때때로 우리는 뒤로 물러나야 한다. 그리고 결과가 어느 쪽으로 나오든 상대방과 소통을 지속하며 진실을 말해 주고 이해해 주고 끝까지 지지해 주어야 한다.

이것은 어려운 만큼이나 커다란 해방이기도 하다. 모든 일에 책임감을 가진다면 스스로 하나님이 되거나 미칠 각오를 해야 한다. 당신이 만일 스스로 하나님이라고 생각한다면 이 책을 내려놓고 바로 정신과를 찾아가기 바란다. 그러나 자신이 하나님이 아닌 줄 알면서도 여전히 모든 일에 책임을 지려 한다면, 그것이 얼마나 철저히 불가능하고 미련한 일인지 알기 바란다. 그렇지 않으면 당신도 정신과 의사가 필요할 것이다. 하나님을 제외하고는 누구도 만인의 안전과 건강과 행복과 성취라는 짐을 감당할 수 없다. 단 한 사람에게라도 그것을 보장해 주려 한다면, 진미를 즐기는 사자처럼 금세 불안이 당신을 찢어 놓을 것이다.

이 메시지처럼 당신이 배우자와 자녀를 책임지고 지구 끝까지 광기어린 간섭을 하며 스스로 하나님이라고 착각한다면, 당신은 정신과 의사를 찾아가야 합니다. 도널드 맥컬로우 목사님은 "나는 다 관두고 내 아들만 책임질 거야" 하는 사람에게도 불안이 사자처럼 엄습해서 그를 찢어 놓을 거라고 했습니다. 하지만 우리는 아무것도 할 수 없는 주제임에도 불구하고 가만히 있는 것이 너무 어렵습니다. 홍해 앞에서 그리하셨듯이 "여호와께서 너희를 위하여 싸우시리니 너희는 가만히 있을지니라" 하시는데(출 14:14) 그게 어렵습니다.

이 돌 위에 떨어지는 자는 깨지겠고 이 돌이 사람 위에 떨어지면 그를 가루로 만들어 흩으리라 하시니_마 21:44

돌 위에 떨어지는 자는 유대인입니다. 돌 위에 떨어지면 깨져서 회개하고 돌아올 가능성이 높습니다. 반면에 돌이 그 위에 떨어진 사람은 이스라엘의 지도자입니다. 돌이 그 위에 떨어지면 가루가 되어 돌아올 수 없습니다. 영원한 심판인 것입니다.

십자가와 가장 반대되는 말은 '자기 자랑'입니다. 자기를 자랑하는 사람이 교회에 많으면 갈등이 많습니다. 신앙생활의 정수는 십자가입니다. 환상을 보고 예언을 하고 치유의 능력을 가진 것이 최고의 은사입니까? 최고의 성도는 주님을 위해 자기 주제를 알고 자기 자리에서 십자가를 지는 사람입니다. 십자가를 잘 지는 사람은 돈, 학벌, 외모가 없어도 존경받을 수밖에 없습니다. 가만히 있어도 하나님께서 소문을 내주십니다.

> 대제사장들과 바리새인들이 예수의 비유를 듣고 자기들을 가리켜 말씀하심인 줄 알고_마 21:45

대제사장들과 장로들이 예수님의 비유가 자기들을 가리켜 하신 말씀인 줄 알았다고 합니다. 그러나 정말 대단한 발견을 했는데도 그것이 은혜가 되지 않습니다.

> 잡고자 하나 무리를 무서워하니 이는 그들이 예수를 선지자로 앎이었더라_마 21:46

내가 전도하고 양육한 사람들이 나를 보호해 줍니다. 나 때문에 살아난 사람들이 나를 위해 생명을 내놓을 수 있기 때문입니다. 직분이 좋고 가르치는 게 좋아서 다른 사람을 살리는 일에 관심이 없으면 대제사장이 되고 맙니다. 영혼을 살리는 일에 관심이 없으면 그저 가르치기 좋아하는 대제사장의 삶을 살게 되는 것입니다.

저는 얼마 전 우리들교회 청소년부의 주보를 보고 눈물이 났습니다. 어떤 아이가 열심히 공부했는데 시험을 못 봤다고 합니다. 그런데 공부도 하지 않은 다른 친구가 시험을 잘 봐서 속상했습니다. 그러다 '하나님은 중심을 보는 분이므로 성적의 결과가 아니라 열심히 공부한 과정을 보실 것'이라고 생각해 최선을 다한 것에 만족하기로 했다고 적용했습니다. 또 다른 아이는 공부도 안 하고 찍었는데 시험을 잘 봤다고 합니다. 그런데 문득 우연하게 잘 풀린 일 때문에 교만하면 아이 성 싸움(수 7장)에서 지게 된다는 걸 깨닫고 매 순간 최선을 다해야겠다고 적용했습니다. 아침마다 말씀 묵상을 해도 자꾸 잊어버려서 손바닥에 적용거리를 적어 놓고 친구들을 전도하겠다는 아이도 있었습니다. 집에서 맏이인 어떤 아이는 동생을 야단치고 때려 줬는데, 자신이 르우벤 지파임을 깨닫고, 감추어진 죄를 보고 회개하고 돌아오면 유다처럼 된다는 하나님의 사랑을 알았다고 했습니다.

청소년 아이들도 이렇게 말씀을 잘 듣는데, 잘난 대제사장과 장로들은 말씀이 들리지 않아서 시기하고 질투하기에만 바쁩니다. 교만해서 나는 맞고 너는 무조건 틀리다고 말합니다.

버린 돌이 머릿돌이 된 것처럼 없었으면 좋을 사람, 하찮은 사람, 괴로운 사건을 통해 나를 머릿돌 되게 하셨다면 그들도 머릿돌이 되게 하실 것을 믿고 기도하십시오.

나의 광기 어린 간섭으로는 아무것도 할 수 없음을 알고 식구들의 모습을 그대로 인정하면서 나가서 망하더라도 스스로 옳은 길을 택할 수 있도록 하십시오. 여러분은 그저 그들이 언제든지 찾아올 수 있도록 끝까지 사랑하며 기도하며 기다리십시오.

◆ 나를 머릿돌이 되게 하는 버려진 돌이 무엇입니까? 성경의 전문가라서 오히려 하나님 나라를 빼앗기지는 않았습니까? 나는 가르치는 일에 관심 있습니까, 생명을 살리는 일에 관심이 있습니까? 나의 광기 어린 간섭으로는 아무것도 할 수 없음을 깨닫고 식구들의 모습을 그대로 인정합니까?

◆◆◆

하나님은 악인이 그냥 죽는 것을 바라지 않으십니다.
돌이켜 하나님께 돌아오기를 바라십니다.
그러므로 우리는 한 영혼을 천하보다 귀히 여기시는
주님을 믿고 기다려야 합니다.

◆◆◆

말씀으로 기도하기

내가 누리는 모든 것은 하나님이 내게 잠시 맡기신 것임을 깨달아야 하나님 나라를 사모하게 됩니다. 그러나 저는 하나님 나라보다 세상 나라에 더 관심을 두며 이 땅의 것을 내 것이라 여길 때가 많습니다. 제가 하나님의 청지기라는 사실을 꼭 기억하게 하옵소서.

이 세상은 세(貰)로 받은 것입니다(마 21:33~36).

세상의 학벌과 재능, 재물, 부귀 등은 하나님이 세로 주신 것임에도 내 것이라 착각해서 하나님께 드리기 싫어하는 욕심을 봅니다. 품질이 좋은 것은 내 것, 품질이 나쁜 것은 하나님 것이라고 여기는 악함도 있습니다. 제가 주인이 아니라 청지기임을 기억하며 하나님이 달라고 하실 때 기꺼이 드릴 수 있게 하옵소서.

죽기를 작정한 하나님의 사랑을 알아야 합니다(마 21:37~41).

하나님은 사람들이 예수님을 죽일 것을 아시고도 세상을 위해 아들을 보내 주셨습니다. 믿음 없는 저를 위해 아들을 죽이기로 선택하신 하나님의 크신 사랑을 머리로만 아는 것으로 그치지 않고 마음으로 깨닫기 원합니다. 예수 그리스도가 마지막 메시지임을 기억하게 하옵소서.

열매 맺는 자가 하나님 나라의 백성입니다(마 21:42~46).

내가 버리고 싶은 형편없는 식구들이 바로 내 머릿돌이요, 예수님이라고 하십니다. 세상 욕심을 버리지 못하는 내게 이 세상이 세로 받은 것임을 알려 주고자 그들이 수고하기 때문입니다. 외모로 판단하며 자랑하는 저의 악함이 돌 위에 떨어져 깨지길 원합니다. 그래서 저의 주제를 알고 제가 선 자리에서 주님을 위해 십자가를 지며 구원의 열매를 맺게 하옵소서.

우리들 묵상과 적용

하나님이 제게 맡겨 주신 포도원은 "영적 후사로 잘 키워 좋은 열매를 맺으라"고 주신 두 딸이 있는 저희 가정입니다(마 21:33). 하지만 저는 아이들을 제 야망을 위해 육적 후사로 키우고자 애쓰는 엄마였습니다. '경쟁에서 이겨 성공하는 게 하나님께 영광을 돌리는 것'이라는 잘못된 세상 가치관에 사로잡혀 있었기에 특별한 아이로 키우고자 자녀 교육에 열심을 냈습니다. 어릴 때부터 큰딸에게는 공부 외에도 미술, 영어, 피아노, 바이올린, 발레 등 각종 예체능 교육을 시켰는데, 아이가 놀고 있으면 제가 다 불안할 지경이었습니다.

한번은 딸아이가 또래에 비해 체중이 좀 많이 나가는 것 같아 살을 빼게 하려고 수영을 가르쳤습니다. 아이는 오히려 수치심을 느끼며 수영장에 가기를 싫어했지만, 저는 마치 수영선수를 키우는 것처럼 개인 교습까지 받게 했습니다. 하지만 딸은 "수영장 냄새도 맡기 싫다"면서 지금까지도 절대 수영을 하지 않습니다. 또 음대를 목표로 피아노와 첼로를 오랜 시간 공부했지만 결국 음대에 진학하지 못하게 되자 악기를 만지지도 않습니다. 그러나 저는 아이에게 지나치게 간섭하고, 제 욕심에 차지 않으면 아이에게 화를 심하게 냈습니다. 때로는 아이를 때리기까지 하며 제 생각을 강요했습니다(마 21:35). 이런 저 때문에 큰딸은 결국 모든 의욕을 상실해 버리고 무기력한 아이가 되었습니다.

큰딸을 통해 제 욕심을 이루지 못하니 이번에는 작은딸에게 집중했습니다. 급기야 중학생인 작은딸을 캐나다로 유학 보내고, 저도 함께 따라갔습니다. 영어를 제대로 가르쳐 국제적인 인재로 키워볼 요량으로 야심 찬 계획을 세운 것입니다. 하지만 친구와 놀기 좋아하고 꿈 많던 작은딸은 영어로 공부하느라 엄청난 스트레스를 받았습니다. 그러다 머리카락도 빠지고, 같이 점심 먹을 친구가 없어 불안해하며 외로운 시간을 보냈습니다. 제 욕심을 채우려고 아이들에게 그렇게 무거운 짐을 지우고, 남편은 서울에서, 큰아이는 지방대학에서, 저와 작은아이는 캐나다에서 지내며 온 가족이 흩어져 살았습니다(마 21:44). 그럼에도 저는 "잘한다, 잘한다"는 노래만 불렀습니다.

결국 주인이 열매를 거두려고 종을 보낸 것처럼(마 21:34), 보다 못한 하나님이 남편의 실직 사건으로 저희 가정에 찾아오셨습니다. 남편의 실직으로 갑자기 경제적 지원이 끊어지니 작은아이와 저는 유학을 포기하고 서울로 돌아왔고, 저는 믿음의 공동체에 속하게 되었습니다. 말씀이 들리면서 인생의 목적이 거룩임을 모르고 성공과 행복을 추구하느라 가족을 힘들게 한 죄가 깨달아졌습니다. 이제는 딸들도 같은 공동체 안에 들어와 자신의 힘들었던 경험을 나누면서 주일학교 교사로 사명을 감당하고 있습니다. 저와 두 딸이 세상의 헛된 소망을 버리고 오직 산 소망 되시는 주님 안에서 진정한 안식을 누리며 가게 하시니 감사합니다(벧전 1:3).

영혼의 기도

하나님 아버지, 나를 포도원으로 인도해 주셨는데 이제 때가 되어 열매를 찾으실 때 가진 것이 다 제 것인 줄 알고 내놓지 못합니다. 제가 하나님의 것을 제 것인 줄 착각하기에 주님은 자녀를 힘들게 하고 아프게 하고 배우자를 힘들게 하셔서 달라고 하십니다. 그런데 저는 그것이 해석이 안 되어 가족을 잡아 때리고 죽이고 돌로 칩니다.

자녀와 가족을 위해 제가 할 수 있는 일은 아무것도 없습니다. 망해서라도 돌아오게 해 달라고 기도하기도 어렵고 가만히 있기도 어렵습니다. 광기 어린 간섭으로는 안 된다는 걸 알면서도 내려놓지 못합니다.

주님은 하나님의 마지막 메시지입니다. 주님을 거절하면 끝입니다. 나를 위해 죽어 주신 독생자 예수님을 영접하기 원합니다. 말씀도 알고 상속자의 유산도 알지만 날마다 나는 살고 예수님을 죽이는 의논을 합니다. 나는 맞고 당신이 틀렸다고 합니다. 그래서 이혼을 하겠다고 합니다. 사랑이 무엇인지 몰라서 방황하는 지체들을 불쌍히 여겨 주시고 이제 열매 맺어서 천국을 받기 원합니다. 건축자의 버린 돌이 머릿돌이 되었다고 하셨는데 없었으면 좋겠고 죽기를 바라는 그 식구들의 수고로 제가 머릿돌이 되었습니다. 내가 전도하고 살린 사람이 나를 보호할 것을 믿사오니 세상에 대한 기대를 끊고 하나님만 사랑하기를 원합니다. 버린 돌이 모퉁잇돌이 된다는 것을 믿고 어떤 경우에도 하나님 나라를 받는 자가 되기를 원합니다. 예수님 이름으로 기도하옵나이다. 아멘.

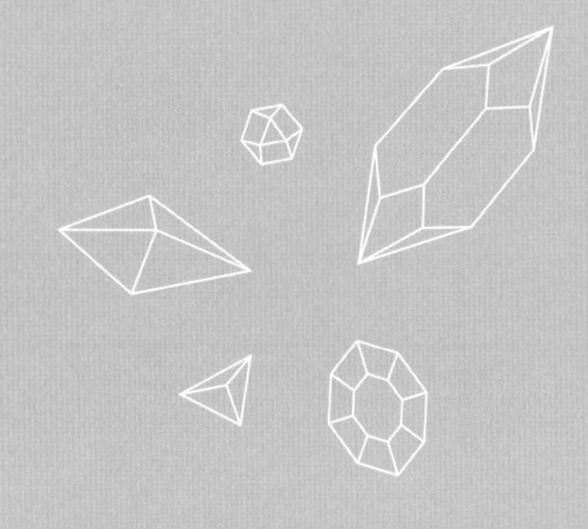

Part 2

회개에 합당한 열매를 맺으라

혼인 잔치

마태복음 22:1~14

하나님 아버지, 주님이 베푸신 혼인 잔치에
참여하기 원합니다.
이 잔치가 내 것이 되기 원합니다.
말씀하여 주옵소서. 듣겠습니다.

하나님 나라에 초청하셨지만 오기를 싫어해서 아예 안 오는 사람이 있습니다. 왔지만 말씀이 안 들리는 사람도 있고, 힘들어도 누리는 사람이 있습니다. 우리는 모두 하나님께서 택한 백성이 되기를 바라는데 그러려면 하나님이 베푸신 잔치에 들어가야 합니다. 혼인 잔치가 내 것이 되어야 합니다. 어떻게 해야 잔치에 들어갈 수 있을까요?

먼저 하나님의 의도를 알아야 합니다

1 예수께서 다시 비유로 대답하여 이르시되 2 천국은 마치 자기 아들을 위하여 혼인 잔치를 베푼 어떤 임금과 같으니 3 그 종들을 보내어 그 청한 사람들을 혼인 잔치에 오라 하였더니 오기를 싫어하거늘_마 22:1~3

혼인 잔치는 천국을, 임금은 하나님을, 종들은 선지자와 사역자들을, 종들이 초청한 사람은 이스라엘의 믿는 사람들을 의미합니다. 하나님이 선지자들을 통해 이들을 천국 잔치에 초청했는데 거절했다는 것입니다. 이들이 자기 일을 성실히 하느라 못 온 게 아니라 하나님이 어떤 분인지 몰라서 안 갔습니다. 자신들을 위해 베푼 잔치가 얼마나 근사한지 몰라서 안 간 것입니다. 요셉이 형들을 초청해서 잔치를 베풀었으나 형들은 동생 요셉이 애굽의 총리인 줄 몰라서, 그 잔치가 어떤 것인지 몰라서 기뻐하지 못했습니다. 하나님이 누구신지 모르는 죄가 가장 큰 죄입니다. 하나님이 누구신지를 몰라서 이 잔치에 내 자녀가 오기를 싫어하고, 내 부모가 안 오는 겁니다. 그렇다면 우리가 어떻게 해야 하나님에 대해 알려 줄 수 있습니까?

앞서 21장에서 대제사장과 백성의 장로들이 예수님에게 "무슨 권위로 이런 일을 하느냐"고 묻자, 예수님은 두 아들 비유와 포도원 비유를 말씀하셨습니다. 그리고 세 번째로 혼인 잔치 비유를 하십니다. 앞의 두 비유가 '책임'에 대한 말씀이었다면 세 번째 비유는 '특권'에 대한 말씀입니다. 대제사장과 백성의 장로들은 숱한 경고를 외면했어도 안 망했고, 망하지 않고 있으니까 기득권자가 되었습니다.

나라는 영토와 주권, 백성이 있어야 하고 통치가 있어야 합니다. 그런데 하나님 나라는 어떻습니까? 하나님의 통치, 절대적인 주권이 있는 곳입니다. 보이지 않는 하나님의 주권에 대한 절대 복종은 보이는 이웃에 대한 절대적인 섬김으로 나타나야 합니다. 주님은 "마음을 다하고 목숨을 다하고 뜻을 다하여 주 너의 하나님을 사랑하고, 네 이웃을 사랑하라" 고 하셨습니다(마 22:37~39). 이 말씀은 곧 '하나님과 인격적으로 만난 사람들은 하나님을 사랑하게 되고 그러면 이웃을 사랑하게 된다'는 말씀입니다. 사랑은 억지로 하는 게 아닙니다. 그런데 이스라엘이 어찌했습니까?

하나님이 이스라엘을 출애굽시키시고 구원해 주시고…… 그토록 사랑하셨는데 이스라엘은 하나님 외에 왕을 섬기고 우상을 섬기고 영육 간에 간음했습니다. 하나님이 통치하시는 그의 나라를 외면했습니다.

호세아서 1장은 그럼에도 하나님이 이스라엘을 얼마나 사랑하시는지를 잘 보여 주고 있습니다. 호세아의 아내 고멜은 간음의 정도가 창녀보다 더 심해서 임신한 채로 집을 나갔습니다. 호세아의 자녀인 로루하마는 '사랑받는 자가 아니다', 로암미는 '내 백성이 아니다'라는 뜻을 가지고 있습니다(호 1:6, 9). 얼마나 문제가 많았으면 이런 이름을 주셨겠습니까? 그럼에도 여호와께서는 "너희는 살아 계신 하나님의 아들들이라 할 것이라"고 하셨습니다(호 1:10). 그런 이스라엘을 향해 "내가 네게 장가 들어 영원히 살되 공의와 정의와 은총과 긍휼히 여김으로 네게 장가 들며"라고 하셨습니다(호 2:19). 우상을 섬기고 하나님을 떠났어도 장가들어 살겠다고 하신 것입니다. 영원히 나를 신부로 삼아 주시고 함께하실 예수님을 보내 주신다는 뜻입니다. 이것은 곧 내가 인격적으로 주님을 만난다는 의미이기도 합니다. 어떤 상황에서도 내가 주님의 신부가 되면 모든 문제가 해결된다는 것을 혼인 잔치의 비유로 말씀하신 것입니다.

도무지 사랑하기 힘든 가족과 같은 이스라엘이지만 결코 포기하지 않으시고 잔치까지 베푸시며 "내게로 돌아오라" 하시는 하나님이십니다. 그러므로 내 자녀, 내 배우자가 아무리 호세아의 아내 같고, 호세아의 자녀들 같아도 그렇습니다. 애통함으로 그들을 하나님이 베푼 혼인 잔치로 초청해야 합니다. 우리에게는 다른 사람을 돌아오게 하는 사명이 있음을 잊지 말아야 합니다.

◆ 나는 어떻게 청함을 받았습니까? 눈물을 흘리는 배우자와 부모의 기도가 있

었습니까, 아니면 내가 그들을 청했습니까? 하나님이 초청한 잔치가 열리는데 세상일이 바빠서 거절합니까? 나에겐 하나님의 통치가 있습니까? 주님은 나의 신랑이시고, 나는 주님의 신부인 것을 압니까?

초청은 거절해도 심판은 거부할 수 없습니다

4 다시 다른 종들을 보내며 이르되 청한 사람들에게 이르기를 내가 오찬을 준비하되 나의 소와 살진 짐승을 잡고 모든 것을 갖추었으니 혼인 잔치에 오소서 하라 하였더니 5 그들이 돌아 보지도 않고 한 사람은 자기 밭으로, 한 사람은 자기 사업하러 가고 6 그 남은 자들은 종들을 잡아 모욕하고 죽이니 _마 22:4~6

당시 이스라엘에서는 혼인 잔치 초청을 두 차례에 걸쳐서 했습니다. 한 번은 잔치를 알리기 위해서 찾아가 청하고, 두 번째는 당일이나 하루 전에 예복을 들고 가서 청했습니다. 그러면 초청받은 사람은 몸을 씻고 기름을 바르고 참석해야 했습니다. 그런데 이들이 처음에도 싫다고 하고 두 번째도 돌아보지 않았습니다. 돌아보지 않은 이유가 자기 밭과 자기 사업 때문입니다.

하나님께서 포도원을 세로 주셨는데 오랫동안 주인이 나타나지 않으니까 내 것인 줄로 착각했습니다. 그렇게 죄를 짓고도 별일이 없으니까, 탈세해도 별일이 없으니까, 이제는 완전히 자기 밭이 되었고 자기 사업이 되어 버렸습니다. 그러고는 영혼을 맡길 상대를 찾지 않고 육신을 맡길 상대만 찾습니다. 자기중심적인데다 정욕 때문에 현실적인 것만 추

구합니다. 스스로 '믿음 좋다' 여기는 대제사장과 서기관들의 모습입니다. 하나님의 것으로 특권층이 되어서 진짜 돌아봐야 할 천국 잔치에는 관심이 없습니다. 주인의 것을 내놓으라는 종들을 잡아 죽이더니 급기야 잔치에 오기를 청하는 종들까지 잡아서 모욕하고 죽입니다. 천국 잔치에 관심이 없는 사람이 "부활은 없다" 하고 주장한 사두개인이라면, 종들을 잡아 죽인 사람은 성경 박사들입니다.

자기 밭이 있고 사업을 하는 자들이 주인의 종들을 죽이기로 마음먹고 있는데, 죽기를 선택하고 이들에게 가는 종이 있습니다. 여러분은 죽이는 사람이 되겠습니까, 죽는 사람이 되겠습니까? 우리는 당연히 죽기로 작정해야 하는데 그렇지 못해서 주님께 죄송합니다.

빅터 프랭클(Viktor Frankl)은 유대인이라는 이유로 2차 세계대전 당시 유대인 수용소인 아우슈비츠에 갇혔다가 살아남은 사람입니다. 그는 자신의 책 『죽음의 수용소에서』에서 그곳에서의 경험을 다음과 같이 기록하고 있습니다.

> 강제 수용소에 살던 우리는, 자신의 마지막 빵 한 조각을 다른 사람들에게 건네주고 그들을 위로하면서 막사를 나간 사람들을 기억한다. 그들은 적은 숫자일지는 몰라도 인간에게서 모든 것을 빼앗아 가도 한 가지만은 빼앗을 수 없다는 것을 충분히 보여 주었다. 그것은 인간이 가진 자유 가운데 마지막 것, 즉 주어진 일련의 환경 속에서 자신의 태도를 선택하는 자유, 자기 자신의 방법을 선택하는 자유다.
>
> 사실 강제 수용소에서는 늘 선택해야 할 것들이 있었다. 날마다 시시각각으로 결정을 내려야 했으며, 그 결정은 우리한테서 우리의 자아와 내적 자유를 뺏겠다고 위협하는 힘들에 굴복할 것이냐, 저항할 것이냐를 판

가름하는 것이었다. 그것은 또한 우리가 환경의 노리개가 되느냐, 환경을 다스리느냐를 판가름하는 것이었다.

마지막 남은 빵 한 조각을 다른 사람에게 주고 죽으러 가는 사람을 누가 막을 수 있겠습니까? 이것이 바로 선택의 자유입니다. 하나의 선택은 마음의 습관이 되고 시간과 삶에 어떤 요인보다 큰 영향을 미칩니다.

어느 학원에서 명문 고등학교에 가려면 서둘러 서울 강남으로 주소지를 옮겨 놓으라고 했답니다. 이 말을 들은 어떤 집사님이 "우리는 크리스천으로서 그런 일을 하지 않습니다"라고 했답니다. 이런 선택이 쌓여서 습관이 되고 능력이 되는 것입니다. 하나님의 말씀은 살아 있고 활력이 있어서 혼과 영과 및 관절과 골수를 찔러 쪼개기까지 합니다(히 4:12). 만물이 벌거벗은 것처럼 드러납니다. 전에는 말씀을 적용하기 힘들었는데 점점 쉬워집니다. 이것이 능력입니다. 이것이 시간을 소비하는 것이 아니라 투자하는 것입니다. 오늘 큐티 말씀을 읽고 묵상한 것이 그대로 투자되어 필요할 때 적용으로 꺼내 쓸 수 있습니다.

우리는 날마다 선택을 해야 합니다. 죽으러 가면서도 빵을 내어 주며 위로의 선택을 할 때 영원한 유산이 됩니다. 죽이는 선택을 하겠습니까, 죽는 선택을 하겠습니까?

임금이 노하여 군대를 보내어 그 살인한 자들을 진멸하고 그 동네를 불사르고_마 22:7

하나님 나라의 잔치에 초청을 받았으나 거절한 그들은 결국 망했습니다. 예루살렘이 초토화되고 배가 고파 자식을 잡아먹는 끔찍한 진노를 겪었습니다. 그럼에도 안 돌아오는 이스라엘입니다. 우리 중에도 진멸을 당하고 동네를 불살라도 안 돌아오는 사람이 있습니다. 하지만 그들은 자유 의지로 초청을 거부할 수는 있어도 그 결과인 심판까지 거부할 수는 없습니다.

성 어거스틴(St. Augustine)은 그의 설교에서 '내가 과연 하나님을 사랑하는가'를 테스트해 보라고 했습니다.

> 하나님께서 당신에게 다가와 이렇게 말씀하신다고 생각해 보십시오. "네가 원하는 것은 무엇이든 주겠다. 세상 전부라도 말이다. 네게 불가능한 것은 없고, 죄가 될 것도 없으며, 금지된 것도 없다. 너는 죽지도, 고통받지도 않을 것이다. 네가 원하지 않는 어떤 것도 갖지 않을 수 있으며, 원하는 것은 항상 갖게 될 것이다. 단 한 가지만 빼고 말이다. 너는 나의 얼굴을 영원히 보지 못하게 될 것이다."

어거스틴은 이런 질문으로 말을 맺었습니다.

> 마음이 싸늘해졌습니까? '너는 나의 얼굴을 영원히 보지 못하게 될 것이다'라는 말을 들었을 때 당신의 마음속에 돌았던 그 싸늘함은 당신 안에 있는 가장 귀한 것입니다. 그것은 하나님을 향한 순수한 사랑입니다.

◆ 하나님의 것으로 육신의 만족을 위해 힘씁니까, 영혼 구원을 위해 힘씁니까? '모든 것을 다 가질 수 있어도 내 얼굴을 보지는 못할 것이다'라는 하나님의 말씀을 듣고도 돌이키지 못하는 죄가 무엇입니까? 죽으러 가면서도 빵을 내어 주는 위로의 선택을 하겠습니까?

청함에 응할 사람을 찾아다녀야 합니다

이에 종들에게 이르되 혼인 잔치는 준비되었으나 청한 사람들은 합당하지 아니하니_마 22:8

초청해서 전도했는데도 하나님께는 합당하지 않을 수 있습니다. 제자들도 아직 성령을 받지 못해서 누구를 청해야 할지 몰라 자기 밭이 있고 사업으로 바쁜 사람들을 청했습니다. 있는 사람은 청하는 사람을 무시하고, 없는 사람은 있는 사람만 쫓아다니며 무시를 당합니다. 전도한다면서 가진 자, 있는 자들을 찾아가니까 무시당합니다. 시간 낭비, 감정 낭비가 됩니다.

전도한 사람들이 한 명도 교회에 등록하지 않을 수 있습니다. 그런데 전하지 않아도 제 발로 오는 사람들이 있습니다. 인생이 힘들어서 찾아오는 것입니다. 자기 밭, 자기 사업이 있는 사람만 찾아다니며 전도하는 것은 시간 낭비일 때가 많습니다. 그런데 학벌과 지식, 재산, 사업 때문에 듣지 않는 사람이 배우자이고 부모라면 돌아올 때까지 기다려야 합니다. 그들은 돌아보지도 않을뿐더러 모욕하고 죽이려고 달려듭니다. 그렇더라도 우리는 그들을 위해 눈물로 기도해야 합니다.

9 네거리 길에 가서 사람을 만나는 대로 혼인 잔치에 청하여 오라 한대
10 종들이 길에 나가 악한 자나 선한 자나 만나는 대로 모두 데려오니 혼인 잔치에 손님들이 가득한지라_마 22:9~10

슬픔의 네거리, 부도의 네거리, 질병의 네거리, 오갈 데 없는 네거리

에 가면 청할 사람들이 있습니다. 누가복음은 그들을 가난한 자, 몸 불편한 자, 맹인, 저는 자들이라고 했습니다(눅 14:21). 한 번만 오면 천국의 산해진미를 다 준다고 해도 자기 밭이 있고 사업을 하는 사람은 절대로 오지 않습니다. 하나님이 세로 주신 것이기에 내 것이 아닌데도 돌아보지도 않고 죽이도록 미워합니다.

닐 콜(Neil Cole)은 그의 저서 『오가닉 처치』(Organic Church)에서 좋은 땅을 찾는 방법을 소개했습니다.

> 자기 지역에서 좋은 땅을 찾으려는 사람들에게 다음과 같은 조언을 해 주고 싶다.
>
> 첫째, 지역의 보안관이나 경찰을 찾아가는 것이다. 이들은 자기 지역에서 좋은 토양이 어디에 있는지 알아내는 일을 담당하는 공공의 일꾼들이다. 이들은 다툼이 가장 많이 일어나는 술집이며 동네 꼬마들이 어슬렁거리는 골목, 마약을 파는 거리, 가정 폭력이 빈번한 가정을 훤히 꿰고 있다.
>
> 내가 이 단순한 방법을 권했더니 애틀랜타의 한 교회 개척자가 그대로 따랐다. 경찰관은 그에게 예로부터 마약 거리로 알려진 곳으로 가보라고 했다. 이에 그와 아내는 뜨거운 가슴으로 기도하면서 이 지역을 거닐기 시작했다. 그러자 기적과도 같이 곧 교회가 열렸고, 인근 지역까지 교세가 확장되었다.
>
> 둘째, 지역 신문에서 파산이나 폐점에 관한 기사를 찾는 것이다. 기사를 발견하면 어떻게든 당사자의 전화번호를 알아낸다. 그리고 전화를 걸어 안타까운 마음을 전하고 기도를 해 주겠다고 제안한다. 그러면 기도가 일으키는 기적에 놀라게 될 것이다.
>
> 셋째, 인근의 중독 치료 모임 장소를 알아내는 것이다. 이 방법은 아무에

게나 맞지 않다. 자신이 중독 경험이 있는 사람에게 아주 적격이다. 금연 장소인 교회 등에서 모이는 모임은 추천하고 싶지 않다. 담배 연기가 자욱하고 어두컴컴한 곳을 찾아가는 것이 좋다. 거기에는 스스로 죄의 노예이며 하나님의 개입 없이는 그 죄를 극복할 수 없다고 인정하는 죄인들이 모여 있다. 그들은 죄의 사슬에서 풀려나기를 간절히 원하고 있다. 한마디로 좋은 땅이다.

넷째, 들어주는 귀와 기도하는 입술을 가지고 산부인과 응급실이나 심지어 근처 낙태 시술 병원으로 찾아가는 것이다. 낙태 반대 피켓 따위는 던져 버리고, 크나큰 낙심 가운데 은혜와 용서를 구하는 여성들에게 그리스도의 심장으로 달려가는 것이다. 생명의 소중함을 외치는 열심이 지나쳐 기독교계가 소망과 구속의 메시지로 어루만지는 일을 등한시하는 것 같아 안타깝다.

좋은 땅은 어디에나 있다. 우리가 눈을 열기만 하면 그것을 찾을 수 있다.

제가 집사 시절에도 말씀을 묵상하고 깨달은 걸 전하면 힘든 사람들만 "집사님, 맞아요!" 하고 좋아했습니다. 잘난 사람들은 이해를 못 하는데 힘든 분들은 좋다고 합니다. 우리 모두는 이렇게 좋은 땅을 찾고자 하는 열심이 있어야 합니다. 이 사람들을 어떻게 인도하겠습니까? 다니엘 셀리그먼이 《포브스》지에 기고한 논문 '나와 모니카'(Me And Monica)에 실린 글을 소개하겠습니다.

보통 사람들은 평생 1만 5천 명을 알고 지낸다고 한다. 나이와 돈이 많을수록 그 숫자가 늘어난다. 1만 5천 명을 시작으로 세계 인구 63억 명과 연결을 시도하면 불과 여섯 단계만 거치면 모든 사람과 연결된다. 물론 당신은 내 친구 캐럴 데이비스를 모르겠지만 혹시 안다면 당신과 나 사이는 두 단계다. 데이비스는 주위에 아는 사람이 참으로 많다. 실제로 세상은 그녀 같은 사람들을 통해 연결된다. 하나님은 특별한 사람들을 방대한 관계망 속에 놓으셨다.

이 이론은 이런 식이다. 내가 아는 남자에게 배다른 여동생이 있다. 대학에서 그 여동생의 사촌을 가르친 교수는 한 광신도를 낙제시킨 적이 있다. 그 광신도는 오사마 빈 라덴이 어디에 있는지 안다.

이 이론대로라면 CIA가 못 찾을 사람은 없다. 하지만 문제는 여섯 사람의 연결 고리를 찾지 못하면 이론은 통하지 않는다는 것이다. 아쉽게도 정확한 연결 고리 여섯 사람을 찾는 것은 불가능하다. 그러나 그렇다고 연결 고리가 없는 것은 아니다. 단지 우리가 그것을 알 수 없을 따름이다. 우리로부터 한두 단계만 거치면 세상에서 가장 강력한 사람이나 가장 인기 높은 사람이 있다.

이 모든 연결 고리들을 모두 아는 존재가 딱 한 분 하나님이시다. 단순한 몇몇 관계를 통해서 세상 사람들을 모두 연결시키실 수 있다. 나는 강연할 때마다 가까운 친구나 가족을 통하지 않고 홀로 그리스도를 영접한 사람이 있으면 손을 들어 보라고 한다. 이를테면 이런 경우다. 운동장에 군중이 모여 있기에 야구 경기가 벌어지는가 싶어 들어간다. 표 없이도 들여보내 주기에 들어가 보니 빌리 그레이엄의 부흥 집회가 열리고 있었다. 거기에서 영접기도를 하고 구원을 받는다.

전쟁터에서 낯선 사람이 두꺼운 성경책을 건넨다. 무심코 그것을 윗도리 주머니에 넣었다. 이윽고 전쟁이 벌어지고 총알에 맞았는데 그 성경책 덕분에 살았다. 성경책을 꺼내 펴서 보니 총알이 요한복음 3장 16절에 멈춰 있었다. 신기해서 그 구절을 읽고는 구원을 받는다.

약간 과장된 이야기이긴 하지만 이처럼 우연히 그리스도를 영접하는 경우는 드물다. 강연을 하면서 혼자 구원을 받은 사람이 있는지 물어보면 기껏해야 한두 사람이 손을 든다.

다음으로 나는 친한 친구나 친척, 동료의 신실한 증거 때문에 그리스도를 영접한 사람이 있으면 손을 들어 보라고 한다. 그러면 나머지 사람들 모두가 손을 번쩍 든다. 나는 그들에게 다시 묻는다. "이처럼 관계가 훨씬 효과적인데 왜 우리는 전도 행사를 계획하는 데 급급한 걸까요?"

1세기에 복음은 단 한 세대 만에 세상 전체로 퍼져 나갔다. 그 비결은 관계였다. 신약에서는 관계 공동체를 일컫는 말로 그리스어 '오이코스'(oikos)를 자주 사용한다. 오이코스는 기본적으로 가정이나 식구를 뜻하는 단어다. 오이코스는 사람들이 사는 집과 교회가 만나는 집이라는 물질적 개념뿐 아니라 신자들 모두가 하나님의 식구라는 추상적 개념까지 포함한다.

피를 나눴어도 믿음의 가족이 아니면 진정한 오이코스라고 할 수 없습니다. 저는 교회를 개척하기 전에는 큐티만 전했습니다. 큐티가 전부라고 생각해서 한 것이 아닙니다. 그런데 놀랍게도 그것이 일대일 관계 전도가 되고 목장에서도 관계 전도를 하게 되었습니다. 일대일 양육을 통해 평생의 기도 후원자를 얻게 되었습니다. 목장 모임을 통해 나를 위해, 내 남편을 위해 눈물로 기도해 줄 사람들이 늘어났습니다. 그리고 그 오이코스가 교회가 되었습니다.

주 안에서 진정한 오이코스를 이루려면 관계 전도를 통해 네거리에 있는 사람들을 데려와야 합니다. 부끄러운 식구들도 데려와 감사하며 오이코스를 이루어야 합니다.

세상에서 제일 어려운 관계가 사돈인데 제 딸이 결혼하고 수년이 흘렀습니다. 그런데 결혼하고 지금까지 눈살 찌푸릴 일이 없습니다. 사돈과 만나면 좋은 친구, 천국 그 자체입니다. 같은 말씀을 보고 같은 말씀을 나누니까 제가 무슨 설명을 하려고 애쓸 필요도 없습니다. 정말 하나님이 주신 선물입니다.

- 나는 자기 밭, 자기 사업이 있는 사람을 찾아다니며 전도합니까, 인생이 힘든 사람을 찾아다닙니까? 가정과 직장에서 힘든 사람들에게 전도하고 잔치에 초청합니까? 나는 부도의 네거리, 이혼의 네거리, 외도와 가출의 네거리에서 주님밖에 바라볼 곳이 없어서 이제는 주님의 청함에 응하게 해 달라고 기도합니까?

의의 예복을 입어야 택함을 받습니다

> 11 임금이 손님들을 보러 들어올새 거기서 예복을 입지 않은 한 사람을 보고 12 이르되 친구여 어찌하여 예복을 입지 않고 여기 들어왔느냐 하니 그가 아무 말도 못하거늘 13 임금이 사환들에게 말하되 그 손발을 묶어 바깥 어두운 데에 내던지라 거기서 슬피 울며 이를 갈게 되리라 하니라 14 청함을 받은 자는 많되 택함을 입은 자는 적으니라_마 22:11~14

당시에는 손님을 청할 때 청하는 쪽에서 예복을 미리 보내 잔치에 입고 오게 했습니다. 본문에서 주님은 예복을 입지 않은 한 사람을 주목하십니다. 입고 오라고 예복을 주었는데 안 입고 오는 것은 보통 실례가 아닙니다. 하나님은 예수 그리스도를 믿음으로 우리에게 의의 예복을 허락하셨습니다. 그 예복을 입음으로 하나님의 택한 자로 천국에 들어가게 하셨습니다. 그러나 가난한 마음이 없는 사람, 자기 밭과 사업이 있는 사람은 보내 준 예복을 못 입습니다. 가난하고 겸손한 마음으로 예복을 입어야 하는데 죄를 고백하지 않아 예복을 입을 수 없습니다.

죄를 고백하지 않고 회개하지 않는 한 사람을 주님이 보십니다. 죄를 고백하고 회개하기 원하시며 "친구여" 하고 불러 주십니다. 하나님은 이 한 사람이 택함을 받아 그리스도의 신부로 올림받기를 원하십니다.

예복을 안 입은 사람은 아무 말도 못합니다. "지금이라도 입겠습니다" 하면 되는데 교만해서 아직 입을 필요를 못 느끼는 겁니다. 여러분은 지금이라도 입고 오겠다고 "아멘" 하시기 바랍니다. 그렇지 않으면 어둠에 내던져져 슬피 울며 이를 갈 수밖에 없습니다. 오스왈드 챔버스(Oswald Chambers)는 『주님은 나의 최고봉』에서 다음과 같이 썼습니다.

> 안절부절못하는 것은 항상 죄로 결말이 난다. 우리는 염려와 근심이 얼마나 지혜로운지를 말해 준다고 생각하지만, 사실 그것은 우리가 얼마나 사악한 사람인지를 말해 준다. 고민은 자기 마음대로 하겠다는 결정에서 시작된다.

그러므로 자기 밭, 자기 사업이 있다고 안심하면 안 됩니다. 슬피 울며 이를 갈 날이 올 수 있습니다. 여전히 음란과 음란물 중독과 힘든 싸움을 한다는 어느 성도가 이런 고백을 했습니다. "속임수를 써 가면서까지 구원받기 원한 기브온의 애절한 기도 응답이 자신에게도 이루어지기를 바란다"고 했습니다. 저는 이런 고백이 의의 예복을 입는 고백이라고 생각합니다. 이런 고백이 청함에서 택함으로 올림받는 고백입니다. 청함받은 자는 많아도 택함받은 자는 소수라고 했습니다. 그걸 생각할 때 내 죄를 보는 회개의 예복, 믿음으로 구원을 얻는 믿음의 예복, 나를 의롭다고 칭해 주시는 칭의의 예복을 입어야 합니다.

◆ 주님은 나 한 사람을 보고 계십니다. 나는 의의 예복을 입고 하나님의 신부로 살고 있습니까? 나는 가난한 마음으로 내 죄를 고백합니까? 나는 믿음의 예복, 의의 예복, 죄 고백의 옷을 입고 있습니까?

말씀으로 기도하기

자기 밭, 자기 사업에만 관심을 쏟는 사람은 하나님이 베푸신 천국 혼인 잔치에 참여하기를 거절합니다. 자유 의지로 초청을 거절할 수는 있지만 그 결과인 심판까지 거부할 수는 없기에 속히 의의 예복을 입고서 천국 잔치에 참여해야 합니다.

먼저 하나님의 의도를 알아야 합니다(마 22:1~3).

하나님이 천국 잔치에 나를 초대하시는데, 그 가치를 모르기에 세상 일을 핑계로 가기 싫어하는 저의 어리석음을 봅니다. 예수님을 인격적으로 만나 그분의 신부가 되면 어떤 문제도 해결된다는 사실을 기억하게 하옵소서. 하나님이 나의 구원을 위해 베푸신 천국 혼인 잔치임을 깨닫고 기쁨으로 그 초청에 응하게 하옵소서.

초청은 거절해도 심판은 거부할 수 없습니다(마 22:4~7).

하나의 선택은 습관이 되어 삶에 큰 영향을 미친다고 하는데, 자기 중심적인 저는 정욕을 채우느라 영적인 것을 멀리하고 현실적인 것만 찾곤 합니다. 주님의 초청을 거부하다가 심판에 이르지 않도록 지금부터 하나님의 초청에 응하여 영적인 것을 우선하는 선택을 하기 원합니다.

청함에 응할 사람을 찾아다녀야 합니다(마 22:8~10).

학벌과 지식, 재산, 사업 등 가진 것이 많아 복음을 받아들이지 않는 배우자와 부모, 자녀가 있습니다. 그들의 구원을 위해 함께 눈물로 기도하며 기다려 주는 믿음의 공동체를 허락해 주셔서 감사합니다. 부도와 이혼, 질병, 외도, 가출 등의 사건 속에 힘들어하는 그 한 사람을 찾아가 천국 복음을 전해 줄 수 있도록 저의 지경을 넓혀 주옵소서.

의의 예복을 입어야 택함을 받습니다(마 22:11~14).

하나님의 천국 잔치 초청에 응하려면 회개의 예복, 믿음의 예복, 칭의의 예복을 입고 주 앞으로 나아가야 한다고 하십니다. 교만한 저는 죄를 고백하기 싫어 예복을 입지 않으려고 할 때가 많습니다. 가난하고 겸손한 마음을 허락하셔서 죄를 고백하고 회개하며 지금이라도 의의 예복을 입고 주 앞으로 나아가게 하옵소서.

우리들 묵상과 적용

예수님의 혼인 잔치 비유에서 어떤 임금이 그 종들을 보내어 그 청한 사람들을 잔치에 오라고 합니다(마 22:1~3). 이처럼 딸은 초등학교 2학년 때 제게 교회에 같이 가자고 간청했습니다. 하지만 저는 "천장에 달린 메주를 믿지, 주님은 안 믿는다"며 딸의 말을 무시하고 거절했습니다. 또 권사님이신 장모님의 반복되는 전도에도 저는 복음 듣기를 거부했습니다(마 22:4~5). 대신 어머니가 절에서 가져다준 부적을 의지해 일 중독자로 바쁘게 살았습니다.

하지만 이런 저를 하나님은 그냥 내버려 두지 않으셨습니다. 임금이 노하여 군대를 보내어 그 살인한 자들을 진멸하고 그 동네를 불사른 것처럼, 딸이 이단에 깊이 빠지게 되는 사건이 찾아온 것입니다(마 22:7). 이 일로 저희 부부는 1년 반 동안 이단과의 전쟁을 치렀습니다. 그리고 영의 세계가 있음을 확신하게 된 저는 교회에 출석하여 세례를 받았습니다. 하지만 예배와 말씀에 집중하기보다 사람들에게 인정받는 것을 더 중요하게 여겼습니다. 내 열심으로 각종 봉사를 하며 잘못된 신앙의 여정을 가고 있었습니다.

그러던 중 하나님의 은혜로 이단에서 나와 신앙을 회복한 딸이 저를 큐티하는 공동체로 인도해 주었습니다. 이후 저는 아내와 함께 부부 소그룹 모임에 참석했는데, 말씀으로 내 죄를 보지 못하니 내 수치를 인정하고 고백하기가 너무 힘들고 싫었습니다. 그저 아내가 제게 머리 숙이기만을 바라며 소그룹 모임을 아내를 심판하는 장소로 이용하려 했습니다. 그럼에도 하나님은 내 안의 어둠을 몰라 빛도 모르는 죄인 중에 괴수로 살아온 저를 아내와 딸의 수고로 회개의 예복을 입게 하시고 소그룹 리더로까지 세워 주셨습니다(마 22:12). 이제는 지난날의 잘못을 회개하며 내가 만난 주님을 다른 사람에게 전하는 사명을 잘 감당하겠습니다.

영혼의 기도

하나님 아버지, 제가 무엇이관대 주님께서 제게 장가드시겠다고 천국 잔치에 저를 불러 주십니까. '내 백성'이 아니고 '사랑하는 자'가 아닌 문제 자녀이고 음란한 부인인데, 호세아의 아내 같은 저한테 장가들어 주님이 영원히 살겠다고 하십니다. 아무 조건 없이 주님을 믿기만 하면 주님이 나를 사랑하고 인내한다고 하십니다. 나를 안타깝게 청하시는데, 제가 그 청함을 받아들이는 자가 되기를 바랍니다.

이전에는 주님만이 왕이었는데 주님께서 베풀어 주시니 자기 밭과 사업이 생겼습니다. 이제는 힘든 사람들을 돌아보기 싫고 목장에 가서도 밭과 사업에만 자꾸 신경이 쓰입니다. 그런 저 자신을 합리화하기 위해 주님이 보내신 종들을 모욕하고 서슴없이 죽입니다. 믿음은 나중에 가지면 된다고 합니다. 그런 저를 사랑하셔서 내 밭과 사업을 불사르고 진멸하시니 감사합니다. 이제는 네거리에서 청함받기를 원합니다. 이 네거리에서 힘든 사람들을 불러 모으기 원합니다.

아직도 회개하지 못하고 의의 예복을 입지 못하는 부끄러움이 있지만 마음에 찔림과 싸늘함이 있게 하시니 감사합니다. 믿음의 고백을 할 때 택함받은 자의 반열에 들어갈 줄 믿습니다. 예수님 이름으로 기도하옵나이다. 아멘.

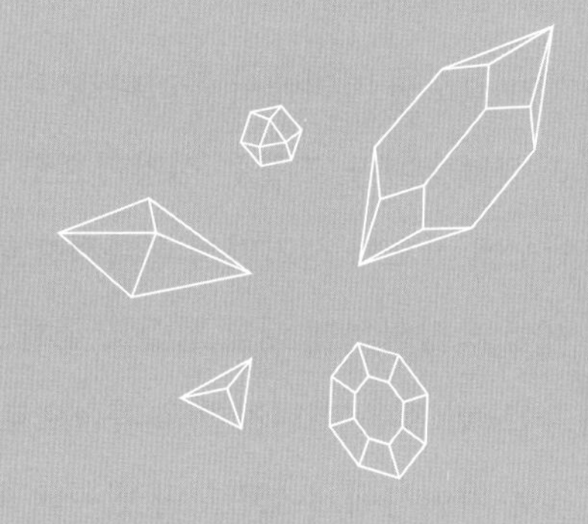

하나님의 것은 하나님께

마태복음 22:15~22

하나님 아버지, 하나님의 것을
하나님께 드리라고 하십니다.
무엇이 하나님의 것인지 알게 하시고
기쁜 마음으로 순종하게 하옵소서.
말씀하여 주옵소서. 듣겠습니다.

10원이라도 탈세한 것이 있으면 자리에서 물러나겠다고 했던 한 고위 공직자의 탈세 사실이 드러났습니다. 그분은 신앙인으로 바르게 살았지만 세무사의 소득신고 액수에 착오가 생기면서 결과적으로 탈세를 한 것이 되었습니다. 그분은 세금도 정확하게 내고 십일조 생활도 누구보다 정직하게 했다고 합니다. 의도한 것은 아니지만 결과적으로 법을 어기게 된 것입니다. 가이사의 것은 가이사에게 꼬박꼬박 냈는데 왜 이런 일이 생길까요? 하나님께 바치지 못한 것이 있어서일까요? 이런 일이 나에게 일어난다면 어떻게 적용하겠습니까? 하나님의 것을 하나님께 바치려면 어떻게 해야 할까요?

말의 올무에 걸리지 말아야 합니다

15 이에 바리새인들이 가서 어떻게 하면 예수를 말의 올무에 걸리게 할

까 상의하고 16a 자기 제자들을 헤롯 당원들과 함께 예수께 보내어 말하되…… _마 22:15~16a

바리새인과 헤롯 당원들은 하나가 될 수 없는 물과 기름과 같은 존재입니다. 바리새인은 율법적인 근본주의자이고, 헤롯 당원은 당시 로마 권력을 옹호하던 현실주의자입니다. 이들이 평소에는 서로를 미워하다가 나라에 난리가 난 것도 아닌데 예수님 죽이는 일에 하나가 됐습니다.

'올무'는 새를 잡을 때 사용하는 것으로, 여기서는 '사람을 고소하기 위해서 만드는 함정'을 의미합니다. 한마디로 덫을 놓고 기다리는 겁니다. 이들은 덫을 놓고 상의했습니다. 또한 본문의 '상의, 의논'을 뜻하는 헬라어 '심블리온'은 신약에 여덟 번 나옵니다. 마태복음에서 한 번, 마가복음에서 일곱 번이 나오는데 모두 예수님을 대적하는 데 사용되었습니다. 바리새인들은 예수님이 죄에 대해 아무리 지적해도 회개하고 돌이키기는커녕 오히려 예수님을 죽이려 했습니다.

이들은 눈에 보이는 권위와 재물을 믿고 예수님을 자신들의 권위 아래에 두기 위해서 말의 올무에 걸려고 찾아왔습니다. 대통령도 총리도 남편도 시부모도 그들을 다스리는 분은 하나님인데, 사람은 세상 권위를 가질수록 하나님의 통치를 안 받으려 합니다. 오히려 하나님을 자기 발아래 두려 합니다. 하지만 성도에게는 올무가 있다는 걸 알아야 합니다. 호시탐탐 올무에 걸릴 일이 있다는 걸 알고 예비해야 합니다. 바리새인과 헤롯 당원들이 예수님을 말의 올무에 걸리게 하려고 상의했듯이, 예수 믿는 우리에게도 말의 올무에 걸릴 일이 날마다 있는 것입니다.

21장에서 대제사장과 백성의 장로들이 "무슨 권위로 성전을 둘러엎느냐"고 항의는 했지만 그들은 예수님께 말로 이길 수 없었습니다. 오히려 압도당하자 그 후부터는 전면에 나서지 않았습니다. 대신 바리새인들은 자기 제자들과 헤롯 당원들을 보냈습니다. 야비하지 않습니까?

그런데 앞서도 말씀드렸듯이 바리새인과 헤롯 당원은 원수지간입니다. 올무에 걸리게 하는 사람들이 첫 번째로 하는 일이 원수끼리 한마음이 되는 겁니다. 평소에는 서로 사이가 좋지 않으면서 예수 믿는 사람을 욕할 때는 너무 쉽게 한마음이 되어서 잡으려고 합니다. 말의 올무에 걸리게 하려고 사탄은 이렇게 갖은 방법으로 우리를 모략합니다.

선해 보이는 동생과 착한 척하는 동서가 힘을 합하여 예수 믿는 여러분을 올무에 건다면 어떻게 하시겠습니까? 이때 "날 잡아 잡수" 하고 올무에 걸릴 이야기만 해서야 되겠습니까? 호시탐탐 나를 노리는 사탄을 이기려면 많이 기도하고 말씀으로 대적할 수 있도록 예비해야 합니다.

인생은 말의 실수가 거의 전부라고 해도 과언이 아닙니다. 신앙이 건강하지 못할 때 올무에 걸립니다. 매사에 남의 탓을 하는 사람은 올무에 걸릴 수밖에 없습니다. 어떤 일에도 남을 탓하지 않고 내 잘못을 인정하는 것이 올무에 걸리지 않는 비결입니다.

◆ 내 죄를 지적할 때 회개하지 않고, 지적한 사람을 죽이려고 누군가와 상의하지는 않습니까? 세상은 예수님을 자기 권위 아래 두려고 하지만 예수님만이 참권위인 것을 믿습니까? 나는 말의 올무를 놓는 사람입니까, 아니면 거기에 걸리는 사람입니까?

사람을 외모로 취하지 말아야 합니다

사탄은 누구도 빠져나가지 못하도록 용의주도하게 계획을 짜고 수단 방법을 가리지 않고 공략합니다. 이때 아무런 대책이 없으면 100퍼센트 당하게 마련입니다.

> ……선생님이여 우리가 아노니 당신은 참되시고 진리로 하나님의 도를 가르치시며 아무도 꺼리는 일이 없으시니 이는 사람을 외모로 보지 아니하심이니이다_마 22:16b

바리새인의 제자들과 헤롯 당원들이 이번에는 예수님을 칭찬하는 새로운 방법으로 나옵니다. 왜 그런 걸까요? 강한 자는 칭찬에 약하기 때문입니다. 그러니 어떻게 해서든 예수님을 올무에 걸려고, 마치 예수님과 한편인 것처럼 입에 침도 안 바르고 예수님을 칭찬하는 것입니다. 하지만 문제는 이 칭찬이 진짜가 아니라 가짜라는 점입니다. 아부에 불과한 것입니다.

그렇다면 칭찬과 아부를 어떻게 분별합니까? 평소에 예수님과 이들이 말씀의 교제가 없었다는 것이 분별의 기준입니다. 예수님이 좋다면서 어떻게 교제가 없을 수 있겠습니까? 하지만 그들은 예수님과 교제하지 않았습니다. 왜 그렇습니까? 예수님이 무시하기 딱 좋은 목수의 아들이기 때문입니다. 목수의 아들이라는 타이틀은 그들에게 죽을 때까지 무시의 근거가 되었습니다. 우리의 관계도 마찬가지입니다. 평소에 교제가 없다가 갑자기 나타나 칭찬하는 것은 칭찬이 아닙니다. 사랑의 격려와는 차원이 다른 겁니다.

시사주간지《타임》의 수석 편집장인 리처드 스텐걸(Richard Stengel)은 자신의 책『아부의 기술』에서 아부에 대해 이렇게 설명합니다.

"자기 자신이 유리한 입장에 놓이게 하기 위해 다른 사람을 높이는 현실 조작이자 미래의 좋은 결과를 기대하고 행하는 의도적인 거래다."

그래서 누군가로부터 아부를 받으면 생리학적으로 세로토닌이 뇌에 기분 좋은 생화학 반응을 일으켜서 요동을 친다고 합니다. 대장 침팬지도 그렇답니다. 힘이 약한 침팬지가 자기 등을 긁어 주면 세로토닌 수치가 막 올라간다고 합니다. 그리고 리처드 스텐걸은 이 책에서 이른바 '아부의 황금률'을 권했는데, 요약하자면 '그럴듯하게 하라', '없는 곳에서 아부하라', '누구나 아는 사실을 칭찬하지 말라'입니다. 칭찬하더라도 새로운 사실로 칭찬하라는 것입니다. 칭찬과 부탁을 같이 하지 말고, 여러 사람에게 같은 칭찬을 되풀이하지 말라고도 했습니다.

또한 미국의 철학자 랄프 에머슨(Ralph Emerson)은 아부를 이렇게 정의했습니다.

"아부를 싫어하는 사람은 아무도 없다. 아부란 자신의 비위를 다른 사람이 맞춰 줘야 할 만큼 자기가 중요한 인물임을 보여 주기 때문에 아부를 싫어하지 않는 것이다."

그래서 인류 역사상 아부 때문에 처벌받은 사례는 없다고 합니다. 우리도 예외가 아닙니다. 아부인 줄 알면서도 몸서리치게 좋아합니다. 이 아부에 다 넘어갑니다. 더구나 우리는 가난해서, 학벌이 없어서, 못생겨서 이 사람 저 사람을 꺼립니다. 그 이유가 사람을 외모로 보기 때문입니다. 그래서 다 돈의 올무, 학벌의 올무, 외모의 올무에 걸립니다.

하지만 주님은 외모로 보지 않고, 아무도 꺼리지 않으시기에 아부의 올무에 걸리지 않으셨습니다. 바리새인의 제자들과 헤롯 당원들이 아무리 듣기 좋은 말을 해도 거기에 넘어가지 않으셨습니다. 오히려 예수님은 “너희는 너희 아비 마귀에게서 났으니 너희 아비의 욕심대로 너희도 행하고자 하느니라 그는 처음부터 살인한 자요 진리가 그 속에 없으므로 진리에 서지 못하고 거짓을 말할 때마다 제 것으로 말하나니 이는 그가 거짓말쟁이요 거짓의 아비가 되었음이라”고 하셨습니다(요 8:44).

바리새인들에게는 진리에 설 수 있는 원리는 외모로 취하지 않는 것이라고 스스로 이야기했지만 정작 그들은 외모로 사람을 취했습니다. 진리가 그 속에 없으니 거짓과 아부를 일삼습니다. 제풀에 올무에 걸릴 수밖에 없습니다. 그들은 결국 자신들의 간계를 드러냅니다.

그러면 당신의 생각에는 어떠한지 우리에게 이르소서 가이사에게 세금을 바치는 것이 옳으니이까 옳지 아니하니이까 하니_마 22:17

그들의 질문은 그 자체로는 악하지 않습니다. 그러나 그 동기가 악합니다. 당시 로마에 세금을 내는 일은 매우 민감한 문제였습니다. 로마는 거둔 곡물의 10분의 1과 술과 기름의 5분의 1을 소득세로, 순이득의 100분의 1을 소위 인두세로 내게 했습니다. 인두세는 노동자 하루 품삯에 해당하는 한 데나리온입니다. 식민지 백성이 황제의 권위를 인정하고 황제를 섬기는 표시로 낸 것이 인두세였습니다.

그런데 유일신을 믿는 유대인들은 황제에게 세금을 바치는 것에 대해 몹시 반감을 가졌습니다. 그래서 바리새인은 반체제적인 활동으로 납세를 거부했습니다. 하지만 현실주의자이며 체제 옹호자인 헤롯 당원은 철저하게 세금을 납부했습니다. 그러니 예수님이 “세금을 내라” 하면 바리새인들이 들고일어나서 예수님더러 “신앙을 버렸다”고 비난할 것이고, “내지 말라”고 하면 헤롯 당원들이 들고일어나서 “로마의 반역자”라고 예수님을 몰아세울 것입니다. 바리새인과 헤롯당이 이 올무에 예수님을 빠뜨리려는 것입니다.

예수를 믿을수록 우리 삶에도 이처럼 어려운 문제들이 생깁니다. 예수 믿으면 만사형통이고, 아이들이 공부 잘하고 시집 장가 잘 가고 취직이 잘 될 줄 알았는데, 그렇지가 않습니다. 다 잘된다고 해서 좋은 것도 아닙니다. 그러니 시험에 듭니다. 하지만 믿음은 어려운 문제를 하나하나 풀어 가면서 성장하는 것입니다. 이를 통해 가족이 구원받고 하나님의 나라가 확장됩니다. 사건을 많이 통과할수록 큰 졸업장을 받게 될 줄로 믿습니다.

◆ 사람을 외모로 보는 탓에 어떤 시험을 당했습니까? 나는 외모로 사람을 판단하기에 아부와 칭찬에 넘어갑니까? 원수가 하나 되어 나를 올무에 넘어뜨리려 할 때 그들의 악한 의도와 행위가 보입니까?

예수님의 방법을 배워야 합니다

그렇다면 이 기막힌 문제를 예수님은 어떻게 해결하셨습니까?

> 예수께서 그들의 악함을 아시고 이르시되 외식하는 자들아 어찌하여 나를 시험하느냐_마 22:18

외모를 보는 자들은 예수님을 시험하게 되어 있습니다. 주님은 그들의 악함을 아셨습니다. 그들이 당신을 시험하는 줄 아셨습니다. 그래서 올무에 걸리지 않으셨습니다.

제 남편은 집으로 누군가 전화 오는 걸 싫어해서 집에 남편이 있으면 저는 전화를 얼른 끊었습니다. 그런데 제가 가끔 받기 싫은 전화도 남편 핑계를 대면서 끊곤 했습니다. 동기가 악했던 겁니다. 우리가 흔히 곤란하면 기도해 본다고 하지만 기도하지 않잖아요. 마찬가지로 동기가 악한 겁니다.

남들이 욕할 때 잠잠하고, 칭찬할 때 외식하지 말라고 하는 것이 지혜입니다. '내가 화를 내면 지는 거야, 이건 시험당하는 거야' 하며 올무에 걸려들지 않는 것이 지혜입니다.

외식함을 분별하려면 먼저 내가 외식하지 않아야 합니다. 내가 외식하기 때문에 분별이 안 됩니다. 왜 사건 해석이 안 됩니까? 외식하기 때문입니다. 외모로 사람을 보기 때문에 성경도 안 깨달아지고 깨달아도 적용을 못 합니다. 세상의 학벌과 지위를 너무 좋아해서 분별이 안 되는 겁니다. 그러면 하나님의 것을 하나님께 드리기 위해 우리가 할 수 있는 최선은 무엇일까요?

세금 낼 돈을 내게 보이라 하시니 데나리온 하나를 가져왔거늘_마 22:19

데나리온은 당시 은으로 만들어진 동전입니다. 이 동전으로 품삯을 주고받고 세금을 냈습니다. 그러니 그들이 가지고 있을 법한 데나리온을 보여 달라고 하신 것입니다. 그런데 이 동전의 한 면에는 로마 황제 가이사의 형상과 '만민의 주 신성한 아들 디베료 가이사'라는 글이 부조되어 있었습니다. 그러니 데나리온을 가지고 있다는 건 이미 가이사를 왕으로 인정하고 있다는 의미입니다. 기가 막힌 대응입니다.

그들이 데나리온 하나를 가져오자 이제 예수님은 그들에게 그 데나리온에 부조된 형상과 글이 누구의 것이냐고 물으십니다.

> 20 예수께서 말씀하시되 이 형상과 이 글이 누구의 것이냐 21 이르되 가이사의 것이니이다 이에 이르시되 그런즉 가이사의 것은 가이사에게, 하나님의 것은 하나님께 바치라 하시니_마 22:20~21

그들이 예수님이 치신 올무에 걸려들었습니다. 돈에 세종대왕이 그려져 있어도 우리는 그 돈을 세종대왕의 것이라고 하지 않습니다. 그 돈은 자기 것이지요. 그런데 이들이 너무 율법적이다 보니 이원론적으로 생각했습니다. 그들은 대답을 통해 가이사의 통치를 인정하고 있음을 고백한 셈이 되었습니다. 예수님은 그렇다면 한 국가의 통치를 받는 자로서 세금의 의무를 다해야 하기에 바치라고 말씀하십니다.

2천 년 동안 가장 많은 오해를 일으킨 본문이 바로 이 본문이라고 해도 과언이 아닙니다. 우리는 항상 "가이사냐, 하나님이냐" 이렇게 이원론으로 생각하지만 주님은 창조적인 대답을 하셨습니다. 주님이 임기응변으로 이렇게 말씀하신 게 아닙니다. 국가와 하나님에 대한 성도의 올바른 자세를 말씀하신 것입니다.

내가 하나님의 형상대로 지음받은 자로서 하나님께 드려야 하지만 가이사도 하나님의 것이기 때문에, 세금을 낼 때 하나님께 드리는 마음으로 내라는 것입니다. 인생도 세금도 자녀도 모두 하나님의 것입니다. 모든 것이 하나님의 통치 아래 있기 때문에 하나님이 세우신 국가와 질서에도 순종해야 합니다.

악한 정부라고 세금을 내지 않는 건 잘못된 것입니다. 세금을 내야지 최소한 질서 유지가 되지 않겠습니까? 이런 질서가 무너지면 약한 자들의 고통이 더 가중되기에 세금을 내야 한다고 말씀하신 것입니다. 성도가 이중장부를 가지고 탈세하는 것은 죄입니다. 이 세상 모든 것이 하나님의 것임을 인식하라는 것입니다.

우리는 분별하되 순종해야 합니다. 악한 남편이라도 그를 위해 기도하되 순종해야 합니다. 이 땅의 잣대가 아니라 하나님의 의의 잣대로 분별하고 순종해야 합니다. 말의 올무에 걸리지 않으려면 내가 한 말에 책임을 져야 합니다. 주님은 궁지에 빠질 위험에서 말씀을 잘 적용하여 원수의 입을 다물게 하셨습니다.

그들이 이 말씀을 듣고 놀랍게 여겨 예수를 떠나가니라_마 22:22

놀랍게 여겼다는 것은 초자연적인 일을 본 것처럼 충격을 받았다는 뜻입니다. 이처럼 하나님의 말씀을 들으면 충격을 받고 반응해야 합니다. 죽은 자들은 피리를 불어도 춤추지 않고 가슴을 치지 않는다고 했습니다(마 11:17). 믿는 사람은 세상이 놀랄 만한 말과 행동을 해야 합니다. 예수님은 헤롯당에도, 바리새인에도 동조하지 않았습니다. 하나님 나라의 공동체는 자기주장이 없고 서로 섬기는 공동체입니다. 그런 희생과 섬김의 모습을 보이는 것이 하나님 나라에 속한 우리의 특권입니다.

◆ 나는 부조리해 보이는 윗질서에 순종합니까? 가이사도, 가족도, 재물도 모두 하나님의 것임을 믿습니까? 하나님이 세우신 국가와 질서에 순종하겠습니까? 하나님의 것을 하나님께 바치기 위해 내가 할 수 있는 최선은 무엇입니까?

말씀으로 기도하기

남들이 나를 욕할 때 잠잠하고, 나를 칭찬할 때 외식하지 않고 분별하는 것이 예수님의 지혜입니다. 우리가 말의 올무에 자꾸 걸리는 것은 늘 외모로 판단하기 때문입니다. 모든 것이 하나님의 것임을 인식하고 하나님이 세우신 질서에 순종하기 원합니다.

말의 올무에 걸리지 말아야 합니다(마 22:15~16a).

저는 말실수가 많아 자주 말의 올무에 걸립니다. 신앙이 건강하지 못하고 매사에 남을 탓하기 때문입니다. 어떤 일에도 남을 탓하지 않고 내 잘못을 인정하는 것이 올무에 걸리지 않는 비결이라고 하십니다. 늘 말씀으로 내 죄를 보며 회개함으로, 나를 올무에 걸리게 하려는 사탄을 대적할 수 있게 하옵소서.

사람을 외모로 취하지 말아야 합니다(마 22:16~17b).

외모로 사람을 판단하다가 칭찬과 아부에 쉽게 넘어가 돈의 올무, 학벌의 올무, 외모의 올무에 걸리는 저를 불쌍히 여겨 주옵소서. 가이사에게 세금을 내는 문제처럼 골치 아프고 어려운 문제들이 찾아오지만, 그때마다 외모를 보지 않고 말씀으로 분별하며 하나하나 풀어 나갈 수 있게 도와주옵소서.

예수님의 방법을 배워야 합니다(마 22:18~22).

가이사의 것과 하나님의 것을 이원론적으로 나누다 보니 종종 치우친 생각을 하곤 합니다. 세상 모든 것이 다 하나님의 통치 아래 있기에 하나님이 세우신 국가와 질서에도 순종하게 하옵소서. 비록 정부가 하는 일이 내 맘에 들지 않더라도 정직히 세금을 내고, 배우자와 자녀가 나를 힘들게 해도 그들을 위해 잠잠히 기도하며 섬길 수 있게 하옵소서.

우리들 묵상과 적용

자가면역질환으로 면역 억제제를 복용하던 딸이 임신을 준비하다가 폐출혈로 죽을 뻔한 일이 있었습니다. 속상해하는 딸 부부를 보는 것이 마음 아팠지만, "믿음으로 부부가 하나 되면 육의 자녀와 관계없이 영적 자녀로 인해 기쁨을 누릴 수 있다"는 설교를 듣고, '자식을 정 원하면 입양하면 되고, 자식이 없으면 없는 대로 표징의 인생을 살겠지'라고 생각했습니다(겔 24:24). 딸도 "'인생의 목적은 행복이 아니라 거룩이고, 믿는 자는 사명을 가지고 자녀를 낳고 키워야 한다'는 마음가짐으로 임신을 준비했지만, 결국은 행복한 가정을 갖고 싶어서 마음이 조급했다. 그래서 이런 연단이 주어진 것 같다"고 고백했습니다.

그런 일을 겪은 지 2년 후 "면역 억제제를 끊어 보자"라는 담당 의사 선생님의 말을 듣자 딸은 또다시 아기를 갖고 싶은 마음에 들떴습니다. 그러나 의사 선생님은 딸아이의 건강에 문제가 생길 것을 염려하여 "되도록 임신 준비 기간을 최소화해야 하기에 인공수정과 시험관 아기 시술도 염두에 두라"고 했습니다. 그러자 딸은 '인공수정을 해야 하나, 자연 임신을 기다려야 하나' 하고 고민했습니다.

저는 인공적인 방법으로 임신을 시도하는 일은 창조 원리에서 벗어나는 것이기에 하지 말아야 한다고 생각했습니다(마 22:17). 하지만 한편으로는 '인공수정을 해도 다 임신에 성공하는 것도 아니고, 어차피 하나님이 허락하셔야 임신되는 것이니 괜찮지 않을까?' 하는 생각과 '어차피 딸의 나이가 너무 많으니 자연 임신에만 의존할 수 없다'라는 이중적인 자세를 취했습니다. 시술을 하라고 하면 믿음이 없다고 할 것 같고, 하지 말라고 하면 딸 부부의 아픔을 체휼하지 못하는 무정한 엄마라는 말을 듣는 것이 두려웠습니다. 솔직히 그런 말의 올무에 걸리는 것도 두려웠습니다(마 22:15).

그런데 문득 "고민될 때에는 구원을 목적에 놓고 생각하면 답이 나온다"는 목사님의 말씀이 떠올랐습니다. 딸이 임신을 위한 노력 때문에 목숨이 위험했던 일을 생각하면 가슴이 아프지만, 사위 입장에서는 그래도 할 수 있는 것은 다 해 봐야 이 문제를 내려놓을 수 있을 것 같다는 생각이 들었습니다. 딸은 "여호와의 성전을 세워야 하는데, 아이를 낳고 싶어 나의 판벽한 집을 지으려는 마음이 더 컸다"고 회개했습니다(학 1:4). 딸이나 저나 말씀을 사모함으로 이렇게 죄를 깨닫게 하시니 참으로 감사합니다. 십자가의 희생으로 최고의 해결책을 보여 주신 예수님처럼, 저도 십자가를 길로 놓고 가겠습니다. 자녀가 하나님의 것임을 알아 구원을 위해 어떻게 분별하고 순종해야 할지 공동체에 물으며 가겠습니다(마 22:21). 어려운 일이 있을 때마다 제가 결코 믿음이 있어서가 아니라 주시는 은혜로 안식을 얻게 되는 것임을 깨닫게 하시는 하나님, 감사합니다.

영혼의 기도

하나님 아버지, 가이사의 것은 가이사에게, 하나님의 것은 하나님께 드리기 위해 우리가 말의 올무에 걸리지 않기 원합니다. 내가 말의 올무에 걸리는 것은 외모로 사람을 보기 때문이고 그렇기에 꺼리는 게 많습니다. 끊임없이 하나님의 것을 부르짖으면서도 마음속에 꺼리는 게 많습니다. 내가 남의 탓을 하기 때문에 날마다 말의 올무에 걸립니다. 상처가 많고 건강하지 못해서 올무를 주고받고 합니다. 외모로 사람을 보기 때문에 시험당함을 깨닫지 못하고 분을 내 이성을 잃습니다. 원수가 하나 되어 나를 올무에 걸려 넘어뜨리려 할 때, 그들의 악한 의도와 행위를 꿰뚫어 보는 주님의 지혜를 주옵소서.

하나님의 것은 하나님께 드리라고 했으나 많은 축복을 받았음에도 돌려드리지 못한 것이 너무 많습니다. 세금을 하나님께 드리는 태도로 드리는 제가 되게 하소서.

세상은 예수님을 자기 권위 아래 두려고 하지만 예수님만이 참권위이신 것을 알게 하옵소서. 예수님은 십자가로 최고의 해결책을 보여 주셨습니다. 나의 인생, 자녀, 사업, 직장 이 모든 것이 하나님의 것임을 알고 하나님께 드리게 하시고 희생과 섬김을 통해 하나님의 자녀의 모습을 보이게 하옵소서. 예수님 이름으로 기도하옵나이다. 아멘.

살아 있는 자의 하나님

마태복음 22:23~33

하나님 아버지, 저희는 살아 있는 자의
하나님을 믿기 원합니다.
저희 가운데 살아 역사하실 것을 믿고
주의 음성을 듣기 원하오니
말씀하여 주옵소서. 듣겠습니다.

마틴 루터(Martin Luther)는 천국에 가면 세 번 놀랄 일이 있다고 했습니다. 첫째는 내가 천국에 왔다는 것이 너무 기뻐서 놀라고, 둘째는 '저 사람이 왜 천국에 있지?' 하면서 놀라고, 마지막으로 있어야 할 사람이 없어서 놀란다고 합니다. 이처럼 천국은 놀랄 일이 많은 곳이지만 꼭 죽어야 알 수 있는 곳은 아닙니다. 하나님은 우리가 살아서도 천국을 맛보게 하십니다. 우리가 믿는 하나님은 죽은 자의 하나님이 아니라 살아 있는 자의 하나님이시기 때문입니다. 그렇다면 어떻게 이 땅에서 부활의 인생을 살 수 있을까요?

부활은 증명하는 것이 아니라 믿는 것입니다

부활이 없다 하는 사두개인들이 그 날 예수께 와서 물어 이르되_마 22:23

대제사장과 백성의 장로들은 권위 문제를, 바리새인들은 납세 문제를, 사두개인들은 부활의 문제를 따집니다. 사두개인은 다윗과 솔로몬 시대부터 대제사장을 지낸 사독의 후예입니다. 한때는 공무원이 되려면 1,000대 1의 경쟁률을 뚫고 들어가야 했습니다. 웬만해선 잘릴 염려가 없어 공무원이 인기였던 것입니다. 이스라엘의 사두개인들이 그랬습니다. 나라가 망해도 대제사장 그룹에 있으면 절대 망하는 법이 없었습니다. 오랫동안 기득권을 누렸습니다. 이렇게 특권층으로서 예루살렘 주위의 땅을 소유하다 보니 그토록 신실하던 사독의 후예들이 이제는 부활을 믿고 싶지 않다고 합니다. 이 땅에서 부와 권력을 누리며 사니까 오히려 부활할까 봐 걱정합니다.

모든 것을 누리고 살 때는 부활이 안 믿어집니다. 천국도 안 믿어지고 마귀와 천사 같은 영적인 존재도 무시하고 싶습니다. 말씀도 모세오경만 믿습니다. 이스라엘의 멸망과 회복을 말하고, 기득권층을 겨냥하여 찌르는 소리를 하는 예언서와 선지서는 인정하고 싶지 않습니다. 사두개인들은 겉으로는 합리적이고 이성적으로 보이지만 잘못된 신앙을 가진 무리입니다.

부활은 과학적으로 증명된 것이 아닙니다. 물론 증명을 해도 믿을 사람만 믿습니다. 부활은 증명되는 것이 아니고 전제되는 것입니다.

『순수이성비판』을 쓴 독일의 철학자 칸트는 "하나님이 태초에 천지를 창조하셨다는데 그전에도 있던 시간은 어떻게 설명할 것이냐, 창조 이전의 공간은 무엇이라고 할 것이냐" 하면서 기독교를 공격했습니다. 신도 인간의 이성으로 '있다, 없다'고 하는 것이지 눈에 보이지 않는 것은 있다고도 없다고도 말할 수 없다고 했습니다. 신앙 역시 증명할 수 없는 것으로 인간의 이성에 의해 '있다, 없다' 하는 것이라 했습니다. 모든 것이 이성에서 출발하므로 안 보이는 세계와는 연결할 고리가 없습니다. 칸트는 인간이 선하다고 하면서 어떻게 하면 하나님을 안 믿게 할까를 연구한 사람입니다.

덴마크의 철학자 키에르케고르는 아브라함이 이삭을 번제로 드리려 한 사건에 대해 '스스로 시간적 존재라는 것을 깨닫고 머리로 생각하고 깨달은 것을 글로만 표현한 것'이라고 했습니다. 다시 말해서, 진짜로는 이삭을 죽이려 하지 않았고 머리로만 생각하고 깨달았다는 것입니다.

칸트든 키에르케고르든 모두 존경할 만한 사람들이지만 안타깝게도 이들은 살아 있는 자의 하나님을 믿지 않았습니다. 이렇듯 부활이 안 믿어지는 사람들이 예수님께 부활에 대해 묻습니다.

> 24 선생님이여 모세가 일렀으되 사람이 만일 자식이 없이 죽으면 그 동생이 그 아내에게 장가 들어 형을 위하여 상속자를 세울지니라 하였나이다 25 우리 중에 칠 형제가 있었는데 맏이가 장가 들었다가 죽어 상속자가 없으므로 그 아내를 그 동생에게 물려 주고 26 그 둘째와 셋째로 일곱째까지 그렇게 하다가 27 최후에 그 여자도 죽었나이다_마 22:24~27

이번에는 사두개인이 법률가답게 우쭐대며 계대혼인법을 들고나왔습니다. 후손 없이 죽은 형제를 위해 동생이 형수를 취하던 당시의 계대혼인법으로 예수님을 올무에 넣으려 한 것입니다. "아들이 일곱인데 다 죽고 며느리가 계대혼인법에 의해 일곱 아들의 부인이 됐다면 누가 며느리의 남편인가?" 하는 것입니다. 우습기도 하지만 대답하기 난처한 질문입니다. 바리새인들은 가난하게 살았기 때문에 부활은 믿었습니다. 가난한 사람은 현실이 힘들기 때문에 부활을 믿습니다. 하지만 성경의 선생을 자처하는 바리새인도 사두개인의 이 같은 질문에는 답할 수 없습니다.

더구나 한둘도 아니고 여섯이나 되는 형들이 집안의 상속자를 세우려고 자기 아내를 막내에게까지 물려줍니다. 아우들도 바로 위 형이 죽으면 그 형수에게 장가를 듭니다. 얼마나 효자들입니까? 사두개인의 아들들답습니다. 이들은 많고 많은 전통과 법을 정말 잘 지킵니다. 계대혼인법도 그중 하나인데 이런 법까지도 지켰습니다.

당시 계대혼인법은 강제보다 사랑이 동기입니다. "누워 있는 사람을 '세울지니라'"에서 '부활'이라는 단어가 유래됐습니다. 상속자를 세우라고 했는데 상속자는 남자의 정액, 씨를 말합니다. 상속자가 없는 가문을 일으켜 세우는 계대혼인과 죽었다 살아나는 부활이 같은 단어인 것은 계대혼인법이 사람을 살리기 위해 만들어진 법임을 의미합니다. 누워 있는 사람을 살리는 것이 계대혼인의 의미입니다. 부활이요 생명입니다.

그런데 사두개인들이 이 질문을 하는 것은 "이 땅에서 잘살면 그만이지 부활이 왜 필요하냐? 형들이 부활하면 어쩌려고 이러느냐?"는 것입니다. 하지만 이들의 질문을 자세히 살펴보면 첫 남편은 젊을 때 갑자기 죽었고, 여자는 늙어 죽었습니다. 첫 남편이 빨리 죽은 것도 일곱 남편을 가졌던 이 여자가 죽은 것도 다 같은 죽음입니다. 차이가 있다면 조금 더 많이 살고 적게 산 것뿐입니다. 이 땅에서는 다 죽습니다. 부활이 없으면 모두가 소망이 없는 인생에 불과합니다.

사두개인들이 일곱이라는 완전수를 쓴 것도 그렇습니다. 무한정의 수를 써서 예수님을 조롱하기 위해서입니다. 예수님을 올무에 걸려고 나름대로 치밀하게 준비한 질문입니다.

• 아직도 세상적인 지식으로 성경을 증명해 보이고 싶은 욕심이 있습니까? 부

하나님을 모르기 때문에 성경이 안 믿어지는 것입니다

> 그런즉 그들이 다 그를 취하였으니 부활 때에 일곱 중의 누구의 아내가 되리이까_마 22:28

질문이 자기를 나타낸다고, 사두개인이 자신의 무지를 드러내는 질문을 합니다.

> 예수께서 대답하여 이르시되 너희가 성경도, 하나님의 능력도 알지 못하는 고로 오해하였도다_마 22:29

성경은 부활 후의 삶에 대해 많이 설명하지는 않지만, 그럼에도 우리가 알 만한 것은 다 설명하고 있습니다. 원문에는 '오해하였도다'가 먼저 나오는데 '진리에서 벗어나 잘못 인도받았다'는 뜻입니다. 죽은 자를 살리는 능력을 오해하고, 하나님을 오해하고, 성경을 오해하니까 그 어떤 사건도 해석하지 못합니다. 사건을 당하면 나도 오해하고 남도 오해합니다. 사두개인들도 자기네가 인정하는 모세오경을 오해하고 있습니다. 제대로 알지도 못하지만 예배를 주관하는 대제사장을 배출한 사두개인들이니 겸손하게 가르쳐 달라고 할 리 없습니다. 그럼에도 예수님은 모세오경으로 대답하십니다.

나는 아브라함의 하나님이요 이삭의 하나님이요 야곱의 하나님이로라 하신 것을 읽어 보지 못하였느냐 하나님은 죽은 자의 하나님이 아니요 살아 있는 자의 하나님이시니라 하시니_마 22:32

예수님은 출애굽기 3장 6절의 말씀을 인용하여 아브라함과 이삭, 야곱은 이 땅에서는 죽었지만 하나님 나라에서는 영원히 하나님과 살고 있다고 대답하십니다. 하지만 사두개인은 성경도 하나님도 모르니까 성경도 무시하고 하나님도 무시합니다. 하나님을 모르기 때문에 코끼리 뒷다리를 만지듯 성경을 오해합니다.

부활 때 여자는 누구의 재산도 아닙니다. 여자든 남자든 인간은 하나님과 인격적인 관계를 갖는 존재입니다. 어느 장로님은 딸만 낳은 여자하고는 악수도 하지 않겠다고 했습니다. 예수 믿고 오랜 시간 교회에 다녔지만 가치관이 전혀 바뀌지 않아 딸만 낳은 것을 저주라고 생각하는 것입니다. 아무리 교회를 오래 다녀도 말씀을 모르면 그런 오해를 합니다. 딸을 낳았다고, 힘든 사건이 왔다고 낙심하고 원망하는 것이 성경과 하나님의 능력을 오해하는 것입니다.

내세를 현세와 연결되는 것으로 생각하니까 치밀하고 똑똑한 사두개인들이 말씀의 능력, 하나님의 능력을 모르는 소리를 합니다. 무지한 줄도 모르고 우스운 질문을 합니다. 위대한 학자 칸트도, 키에르케고르도 모르는데 우리들교회 청소년부의 학생이 이렇게 썼습니다.

예수님은 용서받을 수 있는 죄와 용서 못 받을 죄를 말씀하시면서 성령을 훼방한 것은 용서를 못 받는다고 하신다. 막연하게 생각해 보면 용서받을 수 있는 죄는 가벼운 죄일 것 같고, 용서 못 받을 죄는 살인, 절도, 유괴 같은 중죄일 것 같다. 그런데 예수님은 성령을 훼방하는 죄가 용서 못 받는 죄라고 하셨다. 성령을 훼방하는 죄는 '예수님을 통해 임하는 하나님의 능력을 거부하는 것'이라고 한다. 즉, 이 말씀은 깨닫지 못해서 예수님을 통해 사람들이 치유받는 것을 질투하고, 또 그 능력을 거부하던 대제사장과 서기관들에게 하신 말씀이다.

내 주위의 친척들도 예수님의 능력을 거부하고, 예수님을 믿지 않는다. 얼마 전에 아빠 친구분이 돌아가시자 아빠는 그분을 전도하지 못한 것이 후회스럽다며 슬퍼하셨다. 언제 죽을지 모르는 내 친척들도 전도가 필요한 사람들이다. 친척들을 전도할 용기를 달라고 하나님께 구해야겠다.

누구든지 남보다는 자신의 가족을 위하고, 자기 가족의 말을 듣게 마련이다. 그런데 예수님은 그런 친족들이 "나와라, 나와라" 하는데도 나가지 않으셨다. 그러면서 밖에 서서 말씀을 들으려 하지 않는 가족보다 안에서 말씀을 듣는 자들이 당신의 가족이라고 하셨다.

사람들은 세상의 관점에서 가족을 바라보기 때문에 객관화가 되지 않는다. 그러나 예수님은 하나님 나라의 관점에서 바라보았기 때문에 가족을 객관화할 수 있었다. 나는 사람을 볼 때 세상의 관점으로 판단하곤 한다. 그러나 이제부터는 세상의 관점, 즉 외모와 학벌, 재물, 권력 따위를 기준으로 보지 않고 하나님 나라의 관점으로 보아야겠다.

성경의 능력을 오해하지 않고 이해하려면 어려서부터 큐티하고 공예배에 참석해야 합니다. 말씀 없이 공부 잘하면 뭐 합니까? 제가 어려서부터 교회를 다녔어도 성경을 안 봤기 때문에 아무 생각 없이 불신결혼을 했습니다. 사두개인은 예배를 집전하면서도 못 깨달았지만 어려서부터 말씀을 묵상하고 성경적인 가치관을 세워 가면 바른 믿음을 가질 수 있습니다.

◆ 말씀과 하나님을 알지 못해 오해하고 있는 것은 무엇입니까? 이해하려면 무엇을 실천해야 합니까? 힘든 사건이 왔을 때 낙심하여 하나님을 오해하고 있지는 않습니까?

살아 있는 자의 하나님이 나의 하나님이어야 합니다

부활 때에는 장가도 아니 가고 시집도 아니 가고 하늘에 있는 천사들과 같으니라_마 22:30

'장가가다, 시집가다'는 '결혼한다'라는 뜻으로 현재 시제입니다. 진행형이 아닙니다. 원래 결혼은 '생육하고 번성하라'고 한 창세기 1장의 종족 보존과 창세기 2장의 외로움을 해결하기 위해 주신 신성한 제도입니다. 계대혼인은 사랑에서 출발하여 구원하기 위한 법입니다. 그러나 내가 천국을 만나면 외로움도 없고 죽지도 않습니다. 사망도 없는데 출산은 왜 합니까? 주님이 원하시는 자들을 불러 모았기 때문에 저 하늘에는 슬픔이 없고 기쁨만 있습니다.

우리는 부활의 자녀, 하나님의 자녀입니다. 모든 것 중의 모든 것이 되시는 하나님이 계신데 무슨 배우자가 필요하겠습니까? 천국에는 욕망을 채우려는 마음이 없기에 결혼이 없습니다. 아플 때나 건강할 때나 기쁠 때나 슬플 때나 함께하라고 결혼제도를 주셨는데, 천국에서는 주님과 결혼함으로 즐겁고 기쁩니다.

그러면 '이 땅에서 최고라고 생각하는 성적 즐거움이 천국에서는 없느냐?'라는 질문이 나올 수 있습니다. 우리의 몸은 그대로 부활하겠지만,

성적 즐거움을 초월하는 즐거움이 있을 것입니다. 어려서는 초콜릿과 사탕을 너무 좋아하지만 커서는 별로 맛이 없습니다. 저에게도 육신의 정욕, 안목의 정욕이 있었는데 많이 떠났습니다. 내 힘으로는 안 되지만 요단강을 건너고 예수님께 붙어만 있으니까 그것이 싫어졌습니다. 가만히 있어도 저절로 거룩해지는 것이 있습니다. 대신에 양육을 받아야 합니다. 거듭나고 양육받지 않으면 영적인 불구자가 됩니다.

우리가 부활하면 하늘에 있는 천사들과 같아진다고 했는데 히브리서 1장에 보면 우리가 천사보다 더 높은 존재라고 했습니다. 천사는 죽지도 않고 결혼도 안 하는 존재입니다. 그러나 천사는 부리는 종이지만 우리는 하나님의 자녀입니다. 이 땅에서의 고난이 잠깐이라고 생각하는 사람은 이 땅에서도 부활의 인생을 살고, 고난이 70년이나 된다고 생각하는 사람은 지옥을 사는 인생입니다.

새 세상에서는 새 관계가 필요한데 이 땅과는 비교할 수 없는 관계가 허락됩니다. 부활의 관계는 이해타산의 관계가 아닙니다. 부활의 공동체는 이해타산이 없습니다. 이 땅에서 가정이 가장 이해타산이 없다고 하지만 가정에도 이해타산이 존재합니다. 부부간에도, 부모와 자식 간에도 이해타산하는 탓에 분열이 있습니다.

제가 큐티하면서 제 삶을 오픈하니까 사람들이 살아났습니다. 그럼에도 부활과 하나님의 능력을 오해하는 사람들이 저더러 조용히 하라고 해서 잠잠히 사역해야 했습니다. 그렇게 오랫동안 사역하다 지금은 교회에서 마음대로 말할 수 있으니까 너무 기쁩니다. 천국의 맛, 사랑의 관계를 교회에서 느낍니다. 내 모든 것을 이야기하고 발가벗을 수 있는 곳이 부활의 공동체입니다. 하나님은 부활의 맛을 이 땅에서 조금 맛보게 해주셔서 천국을 사모하게 하십니다. 그래서 천국에 황금 면류관이 없어도 가고 싶습니다. 하나님 나라에 가면 그렇게 친밀한 관계가 있습니다.

죽은 자의 부활을 논할진대 하나님이 너희에게 말씀하신 바_마 22:31

죽은 자의 부활을 논하려면 말씀하신 바를 알아야 합니다. 부활의 공동체는 하나님의 가족이기 때문에 하나님의 말씀을 듣지 않으면 안 됩니다. 칸트와 키에르케고르가 아무리 대단한 철학 지식을 논했대도 하나님에서 출발하지 않았기 때문에 헛된 의논을 한 것입니다.

나는 아브라함의 하나님이요 이삭의 하나님이요 야곱의 하나님이로라 하신 것을 읽어 보지 못하였느냐 하나님은 죽은 자의 하나님이 아니요 살아 있는 자의 하나님이시니라 하시니_마 22:32

아브라함과 이삭, 야곱은 옛날에 죽었는데 가시떨기나무에 나타나신 하나님께서 모세에게 "나는 아브라함의 하나님이요 이삭의 하나님이요 야곱의 하나님이로라"고 말씀하셨습니다. 애굽에서 고통받던 히브리인들에게는 내일이 없었습니다. 하나님이 내일이고 아브라함과 이삭, 야곱에게도 하나님이 내일이었습니다. 그래서 그들은 자녀들에게 "내 하나님은 이런 분이었다" 간증하고 죽음을 맞았습니다.

사두개인은 지금 잘사니까 내일을 여유 있게 준비하는데 백성은 오늘이 힘들어서 내일을 준비할 수가 없습니다. 그래서 백성에게는 하나님이 내일입니다. 모든 것을 채워 주시고 공급해 주시므로 하나님은 사두개인의 하나님이 아니라 히브리인의 하나님입니다.

바로가 이스라엘 백성을 진작 애굽에서 해방해 주었더라면 이스라엘에 유월절은 없었을 것입니다. 강팍한 바로의 손에서 구원된 체험이 없으면 부활을 믿을 수 없고 믿기도 싫습니다. 그래서 율법에 매여서 종노릇합니다. 구원의 체험이 없으니까 부활도 안 믿어지고 안타까운 게 없습니다. 사두개인이 아무리 법을 적용해도 이게 안 믿어지니까 뭐든 자기 잣대로 생각합니다.

아브라함은 부인을 팔았고, 이삭은 자식을 차별했고, 야곱은 형을 속인데다 돈과 여자를 좋아했습니다. 모세는 살인을 했고, 다윗도 거짓말하고 간음하고 살인했습니다. 하나님과 친한 사람들은 대단한 철학자도 성인군자도 아니었습니다. 하나님은 그렇게 별 볼 일 없는 사람들의 하나님이라고 말씀하십니다. 그러니 얼마나 위로가 됩니까? 부활은 이런 하나님을 믿는 것입니다.

히브리서 11장 16절에 "그들이 이제는 더 나은 본향을 사모하니 곧 하늘에 있는 것이라 이러므로 하나님이 그들의 하나님이라 일컬음 받으심을 부끄러워하지 아니하시고 그들을 위하여 한 성을 예비하셨느니라"고 합니다.

하나님이 야곱의 하나님인 것을 부끄러워하지 않으셨다고 합니다. 술 먹고 담배 피우고 문제 많은 사람이 김양재 목사님이 내 목사님이라고 해도 부끄럽지 않다는 것입니다. 왜냐하면 그들을 위해 한 성을 예비하셨기 때문입니다.

예수님은 "아브라함과 이삭과 야곱의 하나님이다"라고 하시면서 과거형이 아닌 현재형을 사용하셨습니다. 그래서 죽은 자의 하나님이 아니고 살아 있는 자의 하나님입니다. 아브라함이 죽었어도 그가 영원히 산 것은 아브라함에게 근거한 것이 아니라 하나님의 속성에 근거한 것입니다. 그럼에도 사두개인은 하나님의 속성을 무시했습니다.

죽은 자의 하나님을 믿으면 살 일은 없고 죽을 일밖에 없습니다. 시집 장가가서 행복하게 사는 것이 전부가 아니라 믿는 것이 중요합니다. 결혼이 인생의 전부인 줄 알고 목을 매지만 단언하건대 결혼해서 행복하기만 한 사람은 아무도 없습니다. 결혼의 목적은 거룩이기 때문입니다. 믿는 사람끼리 결혼해서 주의 일을 하면 좋겠지만, 믿는 사람끼리 결혼해도 온 가족이 예수 잘 믿는 집은 거의 없습니다. 그래서 결혼보다 더 중요한 것은 살아서 믿는 것입니다. 나에게 어떤 역할을 주시든지 그 역할로 다른 사람이 하나님을 믿게 하는 것이 가장 중요합니다.

무리가 듣고 그의 가르치심에 놀라더라_마 22:33

사두개인들은 예수님의 가르치심에 놀랐어도 회심하지 않았습니다. 본문의 "놀라더라"는 미완료 수동태로 놀랐어도 회심하지 않았음을 알 수 있습니다. 뚜렷한 회심이 없이도 놀라서 잠잠해지고 경탄합니다. 그러나 회개에 이르지는 못합니다. 그들이 자랑하는 모세오경의 인물들도 죽은 자로만 여겼기 때문에 살아 계신 하나님의 능력을 누리지 못했습니다. 죽은 자의 하나님을 믿으면 죽을 일밖에 없습니다.

지난 4권 『천국을 보여 주는 인생』에서 믿음이 없는 아들이 믿음이 신실한 자매와 선본 것을 계기로 아들을 객관적으로 바라볼 수 있게 되었다는 집사님의 간증을 소개했습니다. 다음은 그 이후의 이야기입니다.

우리 아들이 믿음의 행보를 시작했습니다. 교회도 오고 마음 문이 조금씩 열리고 있는 것입니다. 그러던 어느 날 또다시 되었다 함이 없는 일이 발생했습니다. 교회에 다니는 것이 스트레스가 되었는지, 그 자매와 일이 잘 안 되었는지 술을 먹고 들어와서는 주보에 실린 저의 간증을 가지고 심술을 부립니다.

“엄마! 안 믿는 여자와 결혼해도 되지?”

“그래도 믿는 여자와 결혼하면 더 좋지!”

“누구와 결혼해도 괜찮다며? 주보에 왜 간증을 썼어? 다 찢어 버릴 거야!”

갑자기 악을 쓰며 대들었습니다. 아마도 저를 시험해 보려는 모양입니다. 33세나 된 아들이 60이 다 된 엄마에게 대드는 것은 아들을 잘못 키운 저의 결과이니 참아야죠.

“그래. 네 마음대로 해. 네가 원하는 여자와 결혼해. 정말 상관 안 하마.”

그리고 돌아오는 주일에 아직 일어나지 않은 아들에게 “교회에 안 갈래?” 하고 물었더니 다리가 아파 안 간다 해서 조용히 문을 닫고 저 혼자 교회에 왔습니다. 양육이 끝나고 오후 4시쯤 전화벨이 울렸습니다. 아들이었습니다.

“엄마! 지금 어디 있어요? 나 지금 청년부 예배 끝나고 가는 길에 엄마 모시고 집에 가려고 전화했어요.”

순간 제 귀를 의심했습니다. 그렇게 “청년부에 들어가라, 공동체에 들어가 나눔을 해라” 해도 좀처럼 말을 듣지 않던 아들이 제 발로 청년부 예배를 드렸다니 놀라지 않을 수 없었습니다.

차를 타고 오는데 아들이 “엄마! 미안해! 주보 찢어 버린다고 소리 질러서 정말 미안해요! 다시는 안 그럴게요!” 하고 사과까지 합니다. 그리고 더 놀라운 발언을 합니다. 성경을 읽기 시작했는데 벌써 출애굽기를 읽고 있다는 것입니다. 어젯밤에는 더 놀라운 일이 벌어졌습니다.

아들은 회사에서 퇴근하고 돌아오면 씻고 문 닫고 들어가면 끝이었습니다. 밥도 쟁반에다 차려다 주면 자기 방에서 혼자 먹었습니다. 말이나 붙이려고 방에 들어가면 나가라고 밀어냈습니다. 그런데 어제는 웬일인지 소파에 앉더니 “엄마, 여기 좀 앉아 보세요” 합니다.

“왜? 무슨 일 있어?”

저는 은근히 겁부터 났습니다. 무슨 폭탄선언이라도 할까 해서입니다. 그런데 아들이 약간 흥분된 어조로 말합니다.

“선본 자매하고 헤어지기로 했어요.”

이젠 저도 아들의 얘기에 반응을 보이지 않으려고 아무렇지도 않은 척하며 “잘했구나” 했습니다. 속으로는 잘되기를 바랐지만요. 아들이 계속 말을 이어 갑니다.

“이제부터는 열심히 신앙생활 하기로 마음먹었습니다.”

지금부터가 저에게는 폭탄선언처럼 들렸습니다.

“다음 주일부터 청년부에 들어가서 예배드릴 거예요. 4주간의 새신자 양육도 받겠어요. 그리고 공동체에 들어가서 목장 나눔도 할게요. 주님을 인격적으로 만나도록 열심히 하나님을 찾을 거예요. 술도 안 마시고, 담배도 끊도록 노력할게요. 내 죄가 얼마나 큰지 알아요. 그 죄가 다 생각나서 주님 앞에 회개할 수 있게 기도해 주세요. 엄마가 30년 동안 저를 위해 기도한 게 지금 응답되는 것 같아요.”

그 자매하고 아주 헤어진 것이 아니라 6개월의 유예기간을 갖기로 했다는 것입니다. 만나지도 말고 전화도 하지 말고 문자메시지만 주고받자고 했다고 합니다. 이유인즉슨, 서로 좋아하지만 아들이 하나님을 ‘나의 주 나의 하나님’으로 만나서 구원의 확신이 생기면 다시 만나 결혼하자고 약속을 했다는 것입니다.

“엄마! 나 그 애하고 꼭 결혼하고 싶어요. 그러려면 나 정말 하나님을 꼭 만나야 해요. 출애굽기 32장에서 모세가 시내산에서 더디 내려오니까 아론이 금송아지를 만들어 백성과 죄를 짓잖아요. 그걸 보시고 여호와께서 목이 뻣뻣한 백성이라면서 '내가 하는 대로 두라 내가 그들에게 진노하여 그들을 진멸하고 너를 큰 나라가 되게 하리라'고 말씀을 하셨어요. 이 말씀을 읽고 모든 것은 하나님이 주관하심을 깨달았어요."

아들이 그 자매와 결혼하고 싶지만 그것 역시 하나님이 허락하셔야 할 수 있다는 것을 깨달았다는 것입니다. 목사님이 우리가 가진 모든 것이 세로 받았을 뿐이라고 했는데, 그 자매와 결혼하는 것을 허락하실 수도, 안 하실 수도 있다는 걸 알았다고 했습니다. 이렇게 아들과 한 언어로 대화를 하다니 감격스러울 수밖에 없습니다. 마치 꿈을 꾸는 것처럼 황홀했습니다. 모태신앙이 이런 저력이 있나 봅니다. 그렇게 반항하면서도 들은 말씀이 있어서 그런지 이런 때가 오기도 합니다. 하나님이 저의 기도를 멸시하지 않으셨습니다. 감사만 나옵니다.

이것이 부활의 공동체이고 부활의 가치관이며 성경의 능력, 하나님의 능력을 오해하지 않는 적용과 실천이라고 생각합니다.

◆ 사두개인들은 지금 잘사니까 자기가 내일입니다. 애굽에서 고통받는 히브리인들은 오늘이 힘들어서 하나님이 내일이었습니다. 나의 내일은 누구입니까? 살아 있는 자의 하나님이 나의 하나님입니까? 부활이 안 믿어지는 내 배우자, 형제자매, 부모, 자녀를 위해 사랑으로 기도합니까?

◆◆◆

아브라함은 부인을 팔았고, 이삭은 자식을 차별했고,
야곱은 형을 속인데다 돈과 여자를 좋아했습니다.
모세는 살인을 했고, 다윗도 거짓말하고 간음하고 살인했습니다.
하나님과 친한 사람들은 대단한 철학자도 성인군자도 아니었습니다.
하나님은 그렇게 별 볼 일 없는 사람들의 하나님이라고 말씀하십니다.
그러니 얼마나 위로가 됩니까? 부활은 이런 하나님을 믿는 것입니다.

◆◆◆

말씀으로 기도하기

말로는 부활을 믿는다고 하면서도 정작 부활의 능력을 모른 채 부활과 상관없이 살아가지는 않나 돌아봅니다. 부활이 전제되지 않으면 잘못된 신앙이라고 하십니다. 살아 있는 자의 하나님을 온전히 믿어 이 땅에서도 천국을 누리고 부활을 꿈꾸며 살아가게 하옵소서.

부활은 증명하는 것이 아니라 믿는 것입니다(마 22:23~27).

인간은 누구나 다 죽기에 부활이 없다면 소망 없는 인생일 뿐입니다. 그럼에도 부활을 간절히 사모하는 마음이 없어 그저 사두개인들처럼 이 땅에서 부와 권력을 누리며 살아가고만 싶습니다. 딱 떨어지는 율법과 세상 지식으로 부활조차 증명해 보이려는 헛된 욕심도 있습니다. 그러나 부활은 증명되는 것이 아니라 믿는 것이라고 하십니다. 저의 경험과 지식과 생각을 내려놓고 부활을 온전히 믿을 수 있게 도와주옵소서.

하나님을 모르기 때문에 성경이 안 믿어지는 것입니다
(마 22:28~29, 32).

사두개인들처럼 하나님과 성경을 오해하여 엉뚱한 질문만 늘어놓지 않도록 늘 말씀을 가까이하며 깊이 묵상하기 원합니다. 말씀 안에서 하나님을 더 깊이 알아 가고 성경적 가치관을 세워 나가게 하옵소서. 그래서 사건마다 죽은 자를 살리시는 하나님의 능력을 올바로 이해하고 믿는 주의 자녀가 되게 하옵소서.

살아 있는 자의 하나님이 나의 하나님이어야 합니다(마 22:30~33).

결혼하여 행복하게 사는 것이 전부가 아닌데, 뚜렷한 회심이 없으니 그저 행복만을 꿈꾸며 죽은 자의 하나님을 찾습니다. 그러면 살 일이 없고 죽을 일밖에 없다고 하십니다. 하나님만이 나의 내일이 되게 하옵소서. 이해타산이 없는 부활 공동체에 속해 하나님을 의지함으로 부활을 맛보며 천국을 사모하게 하옵소서.

우리들 묵상과 적용

저는 고등학교 시절 한 여고생을 짝사랑하다가 신경쇠약에 걸려 정신과 병원과 한약방에서 치료를 받았습니다. 하지만 치료를 받아도 병은 금세 낫지 않았습니다. 그러다 동네 교회에 다니는 집사님의 권유로 교회에 나가 예배를 드리고 새벽기도와 성경 읽기 등을 하면서 예수님의 부활을 믿게 되었습니다. 처음 은혜를 받고 복음을 전할 때는 "내 주먹을 믿으라" 하며 친구가 조롱해도 '하나님, 감사합니다' 하고, 눈 감고 식사 기도를 할 때 친구가 머리를 툭 쳐도 '하나님, 감사합니다'라고 기도했습니다. 버스 안에서도 "부활하신 예수님을 믿으면 천국에 가고, 믿지 않으면 지옥에 간다"고 하면서 전도지를 나눠 주며 복음을 전한 적도 있습니다.

그러나 직장 생활을 하면서 서서히 말씀보다는 세상 가치관에 유혹되어 '부활이 없다'고 하는 사두개인처럼 지극히 현세적인 삶을 살았습니다(마 22:23). 직장에서 윗사람에게는 아부하고 저보다 좀 부족해 보이는 사람은 얕보고, 저의 유익을 위해 거짓말을 일삼았습니다. 특히 누군가 제 자존심을 건드리면 혈기를 부리며 욕을 했고, 극단적인 이기심이 발동하여 잘 삐쳤습니다. 그리고 그런 상대가 잘 용서되지 않았고, 그로 인한 걱정과 염려로 신경이 쇠약해지곤 했습니다.

제가 가장 많이 짓는 죄는 '거짓말'입니다. 툭 치면 복음이 나와야 하는데 거짓말이 자동으로 나옵니다. 저는 직장에서 회식을 자주 하는 편인데, 대부분 회사 근처에서 합니다. 제가 지원금을 조금 내놓고 술잔을 높이 들며 "'진'하고 '달'콤한 '내'일을 위하여!" 하면 직원들이 "진달래!" 하고 외칩니다. 그리고 2차로 노래방을 갑니다. 그런데 그럴 때마다 노래방에서 한 곡을 부르고 살짝 빠져나와 사무실로 들어가서는 회사 전화로 아내한테 "지금 일이 너무 바빠서 아직 퇴근을 못 하고 있어"라고 거짓말을 합니다. '회사 전화번호가 아내 휴대폰에 찍히니 확실히 도장을 찍었다'고 생각하기 때문입니다.

말씀으로 양육되어야 하는데 성경도, 하나님의 능력도 알지 못하는 고로 오해하다 보니 사두개인처럼 결국 나도 죽고 남도 죽이는 신앙생활을 해 온 것 같습니다(마 22:29). 형식적으로 큐티 본문을 한번 쭉 읽거나 출근길에 전철 안에서 스마트폰으로 새벽 설교를 듣는 것으로 말씀 묵상을 끝낼 때도 있습니다. 이렇게 제 삶의 중심축이 하나님이 아닌 저 자신이 되니 지옥을 살게 되는 것 같습니다. 예수님이 승천하시기 전에 베드로와 제자들을 만나 마지막으로 사명을 확인하신 것은, 그들에게 주어진 복음 전파의 사명이 얼마나 중요한지를 보여 줍니다(요 21:15~24). 이제는 저도 부활 신앙으로 말씀을 집중해서 묵상하며(마 22:32), 제가 처한 환경에서 복음을 전파할 것을 결단합니다.

영혼의 기도

하나님 아버지, 살아 있는 자의 하나님이 내 하나님이 되어야 하는데 칸트와 키에르케고르처럼 겸손을 가장하여 내 열심으로 주님을 대적하고 괴롭히고 죽이기까지 했습니다. 내 속에 사두개인처럼 배우자에 안주하고 자식과 지위, 돈에 안주해서 부활할까 봐 겁나는 두려움이 있기 때문입니다. 그것만 있으면 좋겠다는 사두개인의 속성이 있습니다. 그래서 주님이 믿어지지 않습니다. 그 사람만 있으면, 내 자식만 잘되면 천국으로 착각하고, 그래서 성경을 오해하고 남도 오해하니 슬픈 일이 많습니다. 사두개인처럼 오래 믿었다고, 성경을 잘 안다고 장담하느라 겸손하게 가르쳐 달라고 하지 못합니다.

거짓말하고 살인하고 간음한 자의 하나님으로 내 하나님이 되어 주셨습니다. 살아 있는 자의 하나님을 믿어야 하는데 죽은 자의 하나님으로 알기 때문에 죽을 일만 쌓였다는 걸 알게 하시고 우리에게 내일은 하나님밖에 없음도 알게 하옵소서. 이 땅에서 주님을 만난 것보다 더 귀한 것은 없습니다. 지금 마음이 상하고 상처받고 힘든 사람들이 특히 부활의 주님을 만나게 하옵소서. 무엇보다 우리가 사랑하게 하시고 사랑의 물결이 내 영혼을 덮을 수 있도록 역사하여 주옵소서. 예수님 이름으로 기도하옵나이다. 아멘.

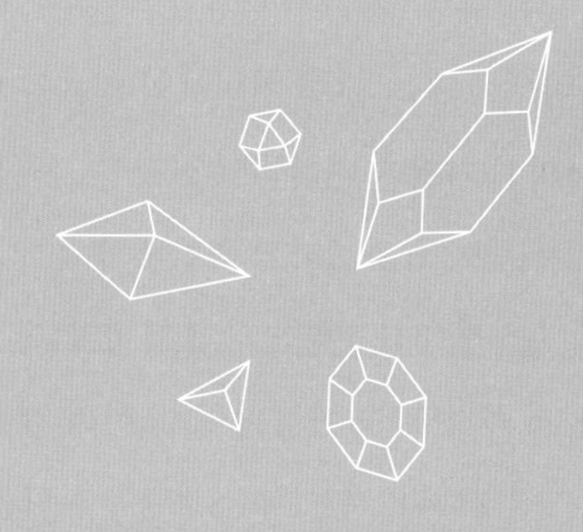

8

성령에 감동하는 삶

마태복음 22:34~46

하나님 아버지, 성령에 감동하는 삶을 살고 싶습니다.
오늘 말씀을 통하여 알고 깨닫기 원합니다.
말씀하여 주옵소서. 듣겠습니다.

취업하기가 어려운 이때에 우리 교회 청년부의 형제들이 최고의 직장이라고 할 수 있는 공사와 대기업을 내려놓고 선교와 사역을 감당하려 한다고 합니다. 다들 취업 시험에 합격했다고 축하해 주는데 정작 당사자들은 성령의 감동을 입고 그 직장을 내려놓는다고 합니다. 물론 직장을 내려놓고 선교지로만 가는 게 꼭 선교는 아닙니다. 오히려 제일 힘들고 열악한 선교지가 직장이고 가정입니다. 저는 직장 생활을 한다는 것 자체에 박수를 보내고 싶습니다.

그런데 저는 평신도 사역 시절에 재수생 모임을 이끌면서 "빌 브라이트와 빌리 그레이엄을 키워 낸 헨리에타 미어즈 여사가 되겠다"고 한 적이 있습니다. 그런 저로부터 영향을 받았는지 재수생 큐티 모임을 통해 선교와 사역에 헌신하겠다는 청년들이 나오고, 교육전도사 세 명이 세워졌습니다. 악하고 음란한 세대에 누가 이렇게 주의 길을 가려고 하겠습니까? 말씀으로 준비된 선교사들이 나왔다는 것이 우리의 열매입니다. 우리 교회는 역사가 길지 않지만 큐티로 청년들의 가치관이 바뀌었다는 것이 우리 교회의 열매입니다. 성령에 감동하는 삶이란 어떤 것일까요?

하나님에 대한 나의 사랑이 이웃 사랑으로 나타납니다

예수께서 사두개인들로 대답할 수 없게 하셨다 함을 바리새인들이 듣고 모였는데_마 22:34

사두개인들이 부활에 대해 질문했을 때 예수님은 하나님에 대하여 "아브라함과 이삭과 야곱의 하나님이로라"고 하셨습니다. 그리고 "죽은 자의 하나님이 아니요 살아 있는 자의 하나님이시라"고 하셨습니다. 부인을 팔아먹은 아브라함과 자식을 차별한 이삭, 거짓말하고 자식 문제로 험한 세월을 보낸 야곱과 같은 사람의 하나님이라고 하셨습니다. 그리고 그들은 이미 오래전에 죽었지만, 현재형으로 말씀하심으로써 그들이 영생을 얻었음을 알려 주셨습니다.

그럼에도 사두개인들은 하나님을 진정 사랑하지 않기 때문에 예수님과 전혀 한마음이 되지 않았습니다. 성령에 감동되지 않으면 예수님의 대답이 무엇을 의미하는지 이해하지 못합니다.

35 그 중의 한 율법사가 예수를 시험하여 묻되 36 선생님 율법 중에서 어느 계명이 크니이까_마 22:35~36

율법사는 궁금해서 예수님께 물은 것이 아닙니다. 시험하려고 물었습니다. 돈 많고 기득권층인 사두개인에 비하면 가난한 바리새인 율법사는 그럼에도 배운 게 많습니다. 스스로 자기 지식을 기특하게 여깁니다. 내가 생각해도 '나는 너무 똑똑해, 누가 이걸 감당하겠어' 하고 예수님을 시험했습니다.

누가복음에 보면 '시험하다'라는 똑같은 단어가 나오는데 예수님이 마귀에게 대답하실 때입니다. "주 너의 하나님을 시험하지 말라"에서 '시험'이라는 단어가 나오는데(눅 4:12) 그 단어를 저자 마태가 율법사에게 사용한 것입니다. 그러니 이 율법사가 얼마나 교만한지 모릅니다. 자기 지식에 스스로 감동되어 예수님과 어깨를 나란히 하려는 태도입니다.

당시 모세오경의 계명과 더불어 관습으로 수용된 법까지 다 합치면 613가지나 되었습니다. '더 중요한 것' 248가지와 '덜 중요한 것' 365가지로 나누어 법을 지키게 했습니다. 율법사들이 그 일을 했습니다. 한편으로 율법사는 예수님이 뭐라고 대답하실지 궁금하기도 합니다. 그래서 누가복음 10장 28절에 보면 이 율법사가 예수님으로부터 "네 대답이 옳도다"라는 칭찬을 받기도 합니다. 하지만 어쨌든 들으려 한 것이 아니라 시험하려고 물었습니다.

교회 다니면서도 하나님을 사랑하지 않는 사람은 이웃을 사랑할 수 없습니다. 그리고 들을 태도가 안 돼 있으면서 자꾸 묻습니다. 다음은 래리 크랩(Larry Crabb) 목사님이 1999년 미국에서 총기 난사 사건이 있었을 때 경험한 일입니다.

> 나는 지난 1999년 두 고등학생이 같은 반 친구들을 향해 총을 난사한 사건이 일어난 콜럼바인 고등학교에서 15분가량 떨어진 곳에 살고 있었다. 그 사건이 일어나고 이틀 후에 나는 기독교 방송국에 초대되어 그 사건에 대한 의견을 말하기 위해 카메라 앞에 섰다.

"무엇이 이처럼 어린 청소년들에게 그렇게 끔찍한 일을 저지르도록 만들었다고 생각하십니까? 이 사건이 우리에게 악의 본성에 대해 말해 주는 것은 무엇이고, 우리가 악에 대해 무엇을 말할 수 있을까요?"

뉴스의 진행자는 그 사건에 대해 진심으로 염려하고 있었다. 나는 이렇게 대답했다.

"우리가 우리 안에도 그와 같은 악의 씨가 있음을 인식할 때까지는 이 청소년들이 무엇이 잘못되었는지 이해하기 힘들 것입니다. 우리가 먼저 자신 안에 있는 근본적인 죄를 인식하지 않은 채 그들의 문제가 무엇인지, 그 해결책은 무엇인지 찾으려 한다면 악에 대한 이론은 피상적일 수밖에 없습니다. 어른들은 그 문제의 원인을 빈약한 사회주의, 친구 간의 스트레스, 무관심한 부모, 유전적인 원인, 방송과 음악, 영화의 악영향, 마약 등에서 찾으려 합니다. 그러나 그것의 진정한 원인은 천국에서 우리를 쫓아냈던 근본적인 죄, 즉 예수님을 배제한 자기중심에서 찾을 수 있습니다."

순간 "컷!" 하는 소리가 들렸다. 녹화를 멈춘 이유가 내가 너무 길게 말했기 때문이라고 생각했다. 그러나 곧 그것이 이유가 아니었음을 알게 되었다. 화가 난 앵커우먼의 눈이 번뜩였다. "나는 그 아이들이 저질렀던 짓을 결코 하지 않을 겁니다. 나는 다른 사람을 죽일 수가 없어요. 당신도 그렇기를 바랍니다. 당신이 어떻게 그런 말을 할 수 있나요? 그 아이들은 나와는 전혀 다른 악한 사람들임에 틀림없어요. 지금까지 시간을 내주셔서 고맙습니다." 이 말을 하고는 방송 장비를 거두고 떠나갔다.

래리 크랩 목사님이 각자 자신의 죄를 보라고 하니까 방송국에서 촬영을 중단한 겁니다. 기독교 방송인데도 그랬습니다.

37 예수께서 이르시되 네 마음을 다하고 목숨을 다하고 뜻을 다하여 주 너의 하나님을 사랑하라 하셨으니 38 이것이 크고 첫째 되는 계명이요 39 둘째도 그와 같으니 네 이웃을 네 자신 같이 사랑하라 하셨으니 40 이 두 계명이 온 율법과 선지자의 강령이니라_마 22:37~40

율법이 무엇입니까? 하나님과의 관계를 이웃에 대한 태도로 표현하는 것이 율법입니다. 하나님을 사랑하라는 첫째 계명의 외적 표현이 이웃을 사랑하는 것입니다.

율법사가 질문은 개떡같이 했어도 예수님은 이렇게 지혜롭게 대답하셨습니다. 누가 어떤 질문을 해도 예수님처럼 지혜롭게 대답할 수 있어야 합니다. 이 사람의 질문 때문에 오늘날 우리가 "네 마음을 다하고 목숨을 다하고 뜻을 다하여 주 너의 하나님을 사랑하라", "네 이웃을 네 자신 같이 사랑하라"는 주님의 이 말씀을 듣고 있습니다. 우리 인간은 하나님으로부터 출발하지 않으면 이웃을 사랑할 수 없다는 것이 예수님의 대답입니다.

내가 하나님을 사랑할 수 있는 것은 하나님이 먼저 나를 사랑하셨기 때문입니다. 이 진리를 깨우치려면 날마다 말씀을 보면서 사랑에 대해 반응해야 합니다. 말씀을 보면서 '내가 날마다 목숨을 내놓는가, 하나님의 뜻을 아는가'를 살피는 것이 율법이고 십자가입니다.

"네 마음을 다하라" 하셨는데 이는 심정이 동해야 함을 의미합니다. 심정이 동하면 목숨을 내놓을 수 있습니다. 그런데 목숨을 내놓으려면 먼저 하나님의 뜻을 알아야 합니다.

하나님의 사랑은 저로 하여금 남편의 구원을 위해 기도하게 하셨습니다. 그것이 곧 저의 십자가입니다. 우리가 사랑하기 위해서는 십자가 외에는 방법이 없습니다. 청년들이 지식과 학력을 내려놓고 주의 일을 하겠다고 합니다. 이런 사랑은 하나님이 주셔야지 우리 힘으로는 할 수 없는 일입니다. 진짜 사랑은 하나님 없이 할 수 없습니다.

스캇 펙(Scott Peck)박사는 낭만적인 사랑은 순전히 신화의 거짓말이라고 했습니다. 그런데 사랑에 신화의 거짓말이 필요한 이유는 결혼을 정당화하고 인류를 보전하기 위해서 그렇습니다. 그러나 많은 사람이 낭만적인 사랑의 신화와 자기 삶을 일치시키려고 필사적으로 노력하지만 그런 사랑은 결실을 맺지 못합니다.

어느 형제가 여자 친구를 너무 사랑해서 결혼했는데 결혼 2년 만에 우울증이 오고 신경성 두통이 왔습니다. 아내를 너무 사랑하는데 왜 이렇게 됐는가 하고 상담을 받았더니, 아내의 낭비벽이 원인이었습니다. 아내의 낭비벽이 못마땅한데 참고 넘기려니 신경성 두통이 온 것입니다. 그래서 아내에게도 말해서 아내가 자신의 낭비벽을 인정하게 되었습니다. 그런데 이것이 참사랑으로 승화되지 못하고 오히려 두 사람의 관계를 악화시켰습니다. 두 사람은 의지적으로 '낭만적인 사랑을 할 수 있다, 옛날처럼 사랑할 수 있다' 하고 최면을 걸면서 가능하면 모든 일을 함께하고 서로 변호해 주고 의견의 일치를 보려고 노력했습니다.

그러나 스캇 펙 박사는 두 사람이 서로 심리적 거리를 두라고 처방했습니다. 그러면서 남편에게 아내가 자기 자신을 위해 말하도록 그냥 내버려 두라고 했습니다. 서로를 배려해 지나치게 방어하고 변호하는 것을 삼가라고 했습니다. 스캇 펙 박사는 서로가 별개의 개체인 것을 인정하고 그런 기반에서 성숙한 결혼생활과 참사랑을 할 수 있다고 했습니다.

이문열의 소설 『추락하는 것은 날개가 있다』를 보면 남자와 여자가 서로 불같이 사랑하다가 헤어지는 것을 봅니다. 참한 부인을 만났지만 옛

연인을 잊지 못해 산 넘고 물 건너 찾아가 다시 만나고 그러다 헤어지고, 또 찾아가고 헤어지고, 두 사람은 만남과 헤어짐을 반복합니다. 그러는 동안 여자는 이혼을 몇 번이나 했습니다. 그러다 두 사람은 권총 자살로 사랑도 이생도 마감해 버립니다. 낭만적인 사랑의 끝은 이런 것입니다.

남편이 사랑한다는 말을 안 합니까? 그럼에도 아침에 나갔다가 저녁에 들어와 주면 최고로 아십시오. 입버릇처럼 사랑한다고 말하는 사람이 더 수상한 겁니다. 우리는 주님을 모르면 진정한 사랑을 할 수 없습니다. 바람을 피우든 그렇지 않든 진정한 하나님 사랑을 못 하기는 마찬가지입니다.

우리들교회의 부부 목장에서는 부부가 자신의 이야기를 솔직하게 털어놓습니다. 말씀에 입각해서 자기 죄를 보니까 남편도 아내의 이야기를 할 수 있고 아내도 남편의 이야기를 할 수 있습니다. 돈 한 푼도 안 내고 서로 상담이 되고 치유가 일어나는 곳이 목장입니다. 이렇게 솔직할 수가 없고 이렇게 좋을 수가 없습니다. 사랑을 주고받을 수 있는 곳, 하나님 사랑이 이웃 사랑으로 표현되는 곳이 최고의 공동체입니다. 다음은 래리 크랩 목사님의 말씀입니다.

> 어떤 사람이 주님을 구하고 있는데 그에게 감정적인 도움만 준다면 그것은 곪은 상처에 반창고만 붙여 주거나 암 환자에게 아스피린을 주는 것과 같다. 어쩌면 그보다 더 나쁠 수도 있다. 고통에 대하여 감정이입으로만 반응한다면, 부패한 자아를 고상하게 표현할 수 있는 자아도취만 강화시킬 뿐이다. 그래서 성 삼위 하나님과 교회가 모두 자신에게만 초점을 맞춰서 모든 결정을 내리기를 바라게 되는 것이다.
>
> 사랑하는 사람이 어려움을 나누고자 할 때 그 고통을 들어 주지 않는 것

은 비인간적인 행동이다. 아무런 감정도 느끼지 못한다면 그것은 잘못된 일이다. 우리는 우는 자와 함께 울어 줘야 한다. 죽은 사람을 살리고 싶고, 상처받은 사람을 치유하고 싶고, 고통받고 있는 사람에게 더 나은 기분을 느끼도록 해 주고 싶은 마음은 올바르고 좋은 마음이다.

그러나 영혼의 고통 아래에 있는 더 파괴적인 전투를 보지 못하고, 더 크고 좋은 것을 보지 못한다면 그것은 악한 것이다. 그저 고통을 경감시켜 주는 것이 능사는 아니다. 고통 뒤에 있는 영적인 것을 보지 못할 때, 우리는 우리 자신에게만 몰두하게 되고 하나님께로 가까이 가지 못한다.

영혼을 돌보는 일은 치유와 감정이입 이전에 죄를 깨닫고 직시하는 것으로부터 시작되어야 한다. 어떤 그리스도인 상담자가 내게 좋은 상담에 대해 말해 주었다. 좋은 상담이란, 상담받는 사람이 스스로 성경의 원리를 위반했다고 말할 때까지 그의 이야기를 들어 주는 것이다. 그가 죄를 깨달은 후에 충고하고, 책망하고, 권면하고, 교정하고, 가르쳐야 한다는 말이다.

영혼을 돌보려면 치유와 감정이입 이전에 죄를 깨닫고 직시하게 해 줘야 한다고 합니다. 말씀이 들리면 내 죄가 보이고 내가 성경대로 못 살았음을 깨닫게 됩니다. 자기 죄를 모르는 사람은 아무것도 시작할 수 없습니다. 저는 우리 교회 장년부와 청년부, 청소년부의 나눔을 들으면 너무 감사합니다. 다음은 한 성도가 나눈 내용입니다.

저는 믿음 좋은 아내를 만나 가정을 이루고 동네 교회의 남전도회 회장이라는 직분을 가진 전형적인 선데이 크리스천이었습니다. 그러나 지난 10여 년 동안 큰딸의 강박증으로 400년 애굽의 종살이보다 더 힘든 고난의 시간을 가졌습니다. 휴학과 복학을 반복하며 정신과 치료를 받았지만 딸의 증세는 악화되었습니다. 그러나 저는 공부 잘하는 작은딸만 편애하며 큰딸을 더 깊은 구렁텅이로 몰아갔습니다.

그러다 2006년부터 수요 큐티 모임에 나가던 아내의 손에 이끌려 우리들교회에 처음 나온 날, 목사님의 설교를 듣던 중 성령님의 은혜로 저의 죄를 보게 되었고, 하나님께 회개하고 큰딸에게 무릎을 꿇고 그동안 잘못한 죄를 용서해 달라고 빌었습니다. 큰딸은 가정예배를 통해 자신을 괴롭힌 12년 혈루병의 근원을 찾아 치유받고 싶다고 했습니다.

양육을 마친 지금, 급한 일과 중요한 일의 분별이 생겼으며 평택의 사업장을 오가면서도 모든 예배와 봉사가 즐겁기만 합니다. 우리 가족의 구원을 위해 수고하는 큰딸이 우리들교회 청년부에서 굳건한 믿음의 뿌리를 내리고, 혈루병을 앓고 있는 지체들을 살리는 약재료가 되어 하나님께 무상으로 받은 우리 가족의 은혜를 조금이라도 갚을 수 있기를 소망합니다.

이미 생긴 아픔과 상처는 반창고만 붙여서 될 일이 아닙니다. 드러내고 나누면서 치유를 받아야 합니다. 청소년부의 어떤 아이는 아빠의 잦은 해외 출장과 엄마의 맞벌이로 집에 가면 늘 혼자라서 외롭지만 예수님의 가족을 보고 위로받았다고 했습니다.

또 어떤 아이는 나이 차 많은 이복 오빠가 돈과 스포츠카에 빠져 집안 분위기가 늘 험악해서 힘들었다고 합니다. 그런데 교회에 와서 그 문제를 드러내고 나누면서 하나님께서 가족의 문제를 해결해 주실 줄로 믿게 되었고, 그래서 더 이상 외롭지 않다고 했습니다.

청년부의 한 자매는 예전에 적당히 좋은 직업을 가져서 좋은 남자 만나 믿음의 가정을 꾸리며 살아야겠다고 생각했다고 합니다. 그런데 교회에 와서 양육받으면서 사두개인처럼 성공에만 관심을 가진 자신의 모습을 보게 되었다고 했습니다. 바람피우는 아버지 때문에 자신감도 없고 열등감도 많았지만 이번에 임용고시에 떨어지자, 자기처럼 소외되고 힘든 사람을 돕고 싶다는 마음을 갖게 되었다고 했습니다.

이렇게 드러내고 나누는 것이 곧 치료입니다. 서로 죄를 고백하며 죄를 깨닫게 해 주는 공동체야말로 진정한 사랑의 공동체입니다.

◆ 예수님과 겨루는 나의 교만이 있습니까? 나는 하나님을 만나 참사랑을 알고 베풀며 살고 있습니까? 하나님에 대한 나의 사랑이 이웃 사랑으로 나타나고 있습니까?

성령에 감동되면 예수님이 하나님의 아들로 믿어집니다

> 41 바리새인들이 모였을 때에 예수께서 그들에게 물으시되 42 너희는 그리스도에 대하여 어떻게 생각하느냐 누구의 자손이냐 대답하되 다윗의 자손이니이다 43 이르시되 그러면 다윗이 성령에 감동되어 어찌 그리스도를 주라 칭하여 말하되_마 22:41~43

주님은 바리새인들의 모든 질문에 대답하셨습니다. 납세와 부활, 큰 계명의 문제에 대해 모두 대답한 뒤 이제 예수께서 바리새인들에게 "너희는 메시아에 대해 어떻게 생각하느냐?" 하고 물으십니다. 그리고 바리새인들이 "다윗에게서 구세주가 나신다"고 대답하자 예수님은 시편 110편 1절 말씀을 근거로 말씀하십니다. "여호와께서 내 주에게 말씀하시기를 내가 네 원수들로 네 발판이 되게 하기까지 너는 내 오른쪽에 앉아 있으라 하셨도다."

예수님은 시편이 다윗의 기록이라는 것, 다윗이 성령에 감동해서 쓴 것임을 강조하십니다. 다윗이 썼어도 성령이 감동해서 쓴 것이고 다윗이 썼어도 하나님의 음성으로 들어야 하는데, '이게 다윗의 말이지 하나님의 말씀인가' 이러면 안 된다는 겁니다.

그리고 예수님은 또 질문하십니다.

> 45 다윗이 그리스도를 주라 칭하였은즉 어찌 그의 자손이 되겠느냐 하시니 46 한 마디도 능히 대답하는 자가 없고 그 날부터 감히 그에게 묻는 자도 없더라_마 22:45~46

어떻게 할아버지가 손주에게 '주님'이라고 할 수 있느냐고 물으신 것입니다. 이런 기적이 어떻게 일어나겠습니까? 그러니까 바리새인들이 이 질문에 대답을 못 합니다. 우리가 아는 이 말씀을 성경 박사 바리새인들이 모릅니다. 아무리 학자라도 성령의 감동이 없으면 모릅니다.

그들은 구세주가 와서 로마로부터 해방시켜 주기를 간절히 바라지만 예수님은 하나님 나라를 이루기 위해 오셨지, 세상 왕국을 위해서 오신 것이 아닙니다. 바리새인들은 메시아가 다윗의 후손에서 온다는 것은 알지만 목수 아들은 내 주가 될 수 없다고 합니다. 논리와 이성으로는 해석이 안 됩니다. 사람의 힘으로는 그리스도를 '내 주'라고 고백할 수 없습니다. 다윗도 고난 끝에 십자가를 경험했기 때문에 성령이 충만히 임해서 이렇게 고백했습니다.

예수님은 육체적으로 다윗의 자손입니다. 주님은 사람이기도 하고 하나님이기도 하십니다. 인성과 신성을 가지신 분입니다. 다윗의 자손으로 오셨지만 하나님과 동체이시고 자기를 비워 종의 형체로 이 땅에 오셨습니다. 성령의 감동이 없으면 이 사실이 안 믿어집니다.

이 땅에서 슬픈 인생을 사는 사람은 하나님 나라가 온다고 하면 즐겁게 듣습니다. 반면에 다 갖춘 사람들은 슬프게 듣습니다. 하나님 나라는 인간의 노력으로 이룰 수 없다는 걸 믿으려 하지 않습니다.

말씀을 똑같이 들어도 알아듣지 못하는 사람이 있습니다. 사두개인처럼 지식과 재물이 충만할수록 못 알아듣습니다. 진리 앞에서 지식은 무용지물입니다. 장유유서 따지고, 지식과 관록이 최고여도 죽음 가운데서 살아난 사람 앞에서 그까짓 게 무슨 자랑이 되겠습니까? 할 말이 없는 겁니다. 가난하고 아프고 초라해도 말씀 때문에 살아난 사람을 우리가 어찌 무시하고 폄훼하겠습니까?

말씀으로 살아난 사람의 간증을 들어도 그렇습니다. 이들이 어떻게 적용하고, 어떻게 회개해서 구원을 얻었느냐고 물어봐야 하는데 벙어리처럼 있으면 안 됩니다. 지체들의 살아난 간증을 들어도 "나는 아니지요" 하고 들은 척 만 척하고 있으면 치료를 받아야 합니다. 은혜를 받고 성령의 감동이 있다면 "목사님, 저 은혜받았어요" 하면 되는데, 교양 있게 가만있으면서 "나는 아니에요~" 이러면 안 됩니다.

◆ 말씀을 알아듣지 못하게 하는 걸림이 무엇입니까? 알아듣지 못하고도 입을 다물고 묻지 않는 이유가 무엇입니까?

성령에 감동하는 사람은 때에 순종합니다

> 44 주께서 내 주께 이르시되 내가 네 원수를 네 발 아래에 둘 때까지 내 우편에 앉아 있으라 하셨도다 하였느냐 45 다윗이 그리스도를 주라 칭하였은즉 어찌 그의 자손이 되겠느냐 하시니 46 한 마디도 능히 대답하는 자가 없고 그 날부터 감히 그에게 묻는 자도 없더라_마 22:44~46

이 말씀에서 '주께서'의 주는 '성부 하나님'입니다. '내 주께'의 주는 '성자 예수님'입니다. 즉 하나님께서 예수님께 명령하시기를 "네 원수를 네 발아래 둘 때까지 내 우편에 앉아 있으라"고 하셨다는 것입니다. 성령에 감동하여 예수 그리스도를 '내 주'라 칭했던 다윗입니다. 그 역시나 주님이 자신의 원수를 자기 발아래에 두실 때까지, 그 주님 우편에 잘 앉아 있었습니다. 그렇게 십자가의 시간, 질고의 시간을 거쳤습니다.

우리 인생도 그렇습니다. 그 어떤 원수가 나를 괴롭혀도 그 원수가 내 발아래에 굴복할 때까지 주님의 우편에 가만히 앉아 있어야 하는 시간이 있습니다. 주님의 우편에 앉아 있다는 것은 내 모든 삶이 주님의 통치를 받는 것입니다. 그래서 주님의 우편에 앉는 것은 쉼이고 안식입니다.

나에게 가장 소중한 사람은 내 옆의 사람이고, 가장 소중한 시간은 지금 이 시간이고, 가장 소중한 일은 지금 내 옆의 사람을 사랑하는 것입니다. 가족 중에 원수가 있고 그 원수 때문에 힘들어도 주님이 처리하실 때까지 내 옆의 사람을 섬기고 사랑해야 합니다. 이것이 곧 주님이 내 원수를 나의 발아래 둘 때까지 인내하는 것입니다. 원수 같은 내 자녀, 내 배우자가 성령에 감동되어 나를 주라 칭할 때까지 사랑하기 바랍니다. 또한 내 욕심을 발아래에 내려놓아야 합니다. 내 배우자와 자녀, 물질을 발아래에 다 내려놓아야 내 원수들이 나를 '내 주'라 칭하는 기적이 일어날 것입니다.

우리들교회 청년의 나눔을 보십시오.

마지막 때에 북한의 문이 열리는 날이 멀지 않았는데 황폐한 그 땅에 하나님 나라의 기초를 세울 사람을 찾고 계시는 아버지의 마음을 알게 되었습니다. 이것을 위해 각 영역에서 사람들이 준비되어야 하는데, 나는 어떠한가 생각했습니다. 기도하며 공부하다가 문득 고등학교 때 중국어를 전공했고 대학 때는 외교학을 전공한 것이 생각났습니다. 그리고 하나님의 관점에서 북한과 북한을 둘러싼 나라들의 관계를 보고 나중에 하나님의 편에서 그것을 해석하고 바라보는 사람으로 쓰임받으면 좋겠다는 생각을 하게 되었습니다. 여기까지 생각이 미치니 마치 하나님께서 기다리셨다는 듯이 제 마음에 말씀으로 기쁨을 부어 주셨습니다.

제가 일하는 직장은 참 좋은 곳입니다. 환경에 장사가 없다고 모든 것이 풍족하다 보니 내 것처럼 그 풍요를 쓰면서 점점 높아지고자 하는 본성이 나왔습니다.

그리고 마가복음 묵상을 하는데, 하나님의 뜻이 시작되니까 예수님께서 급하게 제자들을 부르시는 것을 보았습니다. 나 같은 사람도 부르시는 걸 보니 하나님의 때가 급하신 것 같다는 생각을 했습니다. 그러나 초청받은 사람은 많지만 다들 자기 밭과 사업이 있어서 택함받지 못한 것을 보면서 나 편하자고 나조차 하나님의 초청을 무시하면 안 되겠다 싶었습니다. 그래서 내 갈 바를 알지 못하지만 버려두고 따라가려고 합니다. 목사님께서 늘 땅끝이라고 하시는 북한을 마음에 품고 공부하려고 합니다. 그런데 한 가지 걸리는 것은 아픈 아버지와 아직 믿음이 연약한 어머니입니다.

이 청년이 우리들교회에 와서 부모님을 전도했는데 실컷 전도해 놓고는 선교 간다고 하니 부모님이 얼마나 속상하겠습니까?

> 수요예배 때 말씀을 들으면서, 저희 부모님이 교회에 나오면서도 여전히 예수가 나와 무슨 상관이냐 하시는 모습이 있는데, 저의 이번 일이 부모님께는 경련을 일으키는 사건이 되어 오히려 부모님이 예수께 수종 드는 사건이 될 것이라는 믿음이 생겼습니다. 그래서 지난 주일 부모님께 제 생각을 말씀드렸고, 부모님은 며칠 힘들어하셨지만 허락하셨습니다.

아들을 일류대까지 보내셨으니 기대가 대단했을 텐데 역시 들은 말씀이 있어서 아들의 길을 허락해 주셨습니다.

말씀은 사람들의 가치관을 이렇게 바꾸어 줍니다. 제가 수십 년 전부터 학생 사역을 하면서 그들이 반드시 헌신할 것이라고 했는데, 지금 다 헌신하고 있습니다. 큰 고난이 없어도 헌신한 주의 종들은 10대 때 헌신을 합니다. 윌리엄 캐리(William Carey)나 허드슨 테일러(Hudson Taylor)도 그랬습니다. 큰 고난을 겪지 않은 아이들은 이렇게 자처해서 고난으로 뛰어들어 다 갖춘 상태로 쓰임을 받기도 하고, 다른 아이들은 재수 삼수해서 은혜를 끼치는 약재료로 쓰임받기도 합니다.

성령에 감동하는 삶이란 이렇게 시작하는 것입니다. 저는 그런 까닭에 학생 대상 집회에는 자비를 들여서라도 갑니다. 자녀 중에 믿음의 종이 나올 것을 믿음의 눈으로 보기 바랍니다. 복의 광주리에 말씀을 담아서 넣어 주니까 이렇게 변화됩니다. 가만히 있으면서 말씀 하나 붙잡고 있었더니 저절로 지경이 넓어지고 선교와 구제가 저절로 됩니다.

율법의 완성이 사랑인데 우리 모두가 이 율법을 사랑으로 자원하면서 지켰으면 좋겠습니다. 그때가 올 때까지 하나님 우편에 잘 앉아 있기를 기도하고, 하나님 사랑과 이웃 사랑은 지금 내 옆의 사람을 사랑하는 것임을 잊지 말기 바랍니다. 하나님 사랑은 내 삶의 자리에서 나타나야 합니다.

◆ 내게 소중한 일과 시간을 들여 지금 내 옆의 사람을 사랑하고 있습니까? 나의 배우자와 자녀, 물질을 다 내려놓아서 내 원수들이 나를 주라고 부르는 기적을 일으키십니까? 주님의 우편에 앉아 있어 하나님과 이웃을 사랑하고 날마다 내 욕심을 발아래에 내려놓습니까?

말씀으로 기도하기

율법의 완성은 사랑이기에 율법 중 가장 큰 계명은 '하나님 사랑'과 '이웃 사랑'입니다. 하나님 사랑은 내 삶의 자리에서 가족과 이웃을 사랑하는 것으로 드러납니다. 이것은 성령의 감동 없이는 불가능합니다. 성령에 감동되어 말씀을 깨닫고 예수 그리스도를 나의 주님으로 고백하는 사람이 진정한 사랑을 실천할 수 있습니다.

하나님에 대한 나의 사랑이 이웃 사랑으로 나타납니다 (마 22:34~40).

하나뿐인 아들을 십자가에 내주기까지 저를 사랑하신 하나님, 저도 하나님을 사랑하는 마음으로 목숨 다해 십자가를 지며 가족과 이웃을 사랑하게 하옵소서. 내 힘으로는 이런 사랑을 할 수 없기에 서로 죄를 고백하며 깨우쳐 주는 사랑의 공동체를 허락해 주셔서 감사드립니다. 주의 사랑 안에서 사랑하고 사랑받으며 진정한 사랑을 배우고 실천할 수 있게 도와주옵소서.

성령에 감동되면 예수님이 하나님의 아들로 믿어집니다 (마 22:41~43, 45~46).

아무리 성경을 연구하여 박사가 되어도 성령의 감동 없이 기복적으로 성경을 읽으면 하나님의 진리를 깨달을 수 없습니다. 종의 형체로 오신 목수의 아들 예수님을 '내 주'라고 고백할 수도 없습니다. 성령이 충만히 임하여 논리와 이성을 넘어서는 진리의 말씀이 해석되고 깨달아지는 은혜를 허락해 주옵소서.

성령에 감동하는 사람은 때에 순종합니다(마 22:44~46).

주님의 우편에 앉아 있는 것은 곧 주님의 통치를 받는 것이라고 하십니다. 그 누가 나를 괴롭힐지라도 주님이 그를 내 발아래 두실 때까지 인내하며 사랑으로 섬겨야 하는데, 참는 것이 힘들고 주께 맡기기는 더 어려워 스스로 나서다가 일을 그르치곤 합니다. 배우자와 자녀를 우상 삼고 재물과 명예 등을 좇는 내 욕심을 다 발아래 내려놓고 주님을 기다리게 하옵소서.

우리들 묵상과 적용

2남 4녀의 막내로 태어난 저는 홀어머니의 편애로 이기적이고 자기중심적인 아이로 자랐습니다. 20대에 지인의 전도로 예수를 믿었지만 팔복의 가치관이 없어(마 5:3~12) '인생의 목적이 거룩이 아닌 행복이 되어 세상에서 이기고 또 이기며' 살았습니다. 다니던 직장을 퇴직하고 인생이 허무해질 때쯤 주님은 큐티 모임을 통해 말씀으로 저를 찾아오셨고, 이후 말씀이 살아 있는 교회로 불러 주셨습니다. 이곳에서 말씀을 묵상하고 지체들의 간증을 들으며 저의 이기심과 교만함을 회개했지만, 저의 모습은 쉽게 변하지 않았습니다. 형제들과의 갈등과 지체들과의 관계 등을 통해 주님은 끊임없이 저를 양육해 주셨지만, 그래도 변하지 않는 저를 이제는 자녀를 통해 훈련해 가시는 것 같습니다.

하나님은 재작년, 아들의 가정에 쌍둥이 출산의 복을 허락해 주셨습니다. 쌍둥이는 미숙아로 태어나 많은 난관을 겪었지만, 교회의 중보기도와 주의 은혜로 잘 자라고 있습니다. 하지만 저는 그 쌍둥이를 양육하는 동안 '사랑'이라는 이름으로 월권하며, 아들과 며느리를 많이 힘들게 했습니다. 그저 옆에서 바라봐 주고 돕는 자로 자리매김을 해야 하는데, '내가 아는 지식으로 예수를 시험하는 율법사'가 바로 저였습니다(마 22:35).

얼마 전 쌍둥이 중 둘째가 '요도하열' 수술을 했습니다. 태중에서부터 문제를 안고 태어났기에 수술에 대한 중압감과 두려움이 늘 있었습니다. 이런 한계상황에서 제가 할 수 있는 것은 기도밖에 없었습니다. 하지만 둘째 손자의 수술 덕분에 새벽마다 겸손히 엎드려 기도하게 하시고,

또 다른 힘든 지체를 위해서도 기도하게 하시니 감사할 따름입니다(마 22:39). 퇴원하여 집으로 온 다음 날, 아기가 수술 후유증으로 계속 토하고 힘들어하니 아들이 저에게 집에 와 달라고 부탁을 했습니다. 마침 도로가 혼잡할 때라 2시간이나 걸려 아들 집에 도착했습니다. 그런데 아들은 "아기가 종일 토하고 보채다 지쳐 이제 잠들었으니 그냥 집으로 돌아가시는 게 좋겠어요"라고 했습니다. 순간 '얼마나 애태우며 여기까지 달려왔는데 그냥 돌아가라니……'라는 생각이 들었지만, "응, 그래. 알았어" 하며 바로 뒤돌아 집으로 왔습니다.

돌아오면서 저의 이런 태도에 저 자신도 놀랐습니다. "2시간이나 걸려 애를 태우며 한달음에 달려왔는데, 바로 돌아가라는 게 말이 되냐"며 분하고 억울해해야 마땅한데도 아무렇지 않으니 말입니다. 그뿐 아니라 아들과 며느리 그리고 쌍둥이가 살아 있다는 것 자체가 감사하고 또 감사했습니다. 이기적이고 자기중심적인 저를 주님이 여기까지 양육해 주셨다는 것이 깨달아져 기뻤습니다. 부모도 남편도 형제도 그 누구도 저의 이기심과 교만을 꺾지 못했는데, 자녀를 통해 훈련하시고 이렇게 저를 변화시켜 주심에 감사와 찬양을 드립니다.

영혼의 기도

하나님 아버지, 성령에 감동하고 싶습니다. 그러나 아직도 예수님과 겨루는 교만이 있어서 예수님을 시험하고 지식과 돈과 사람의 사랑에 감동합니다. 거짓말인 줄 알면서도 거짓에 감동합니다. 낭만적인 사랑의 신화는 허구인데도 그 사랑에 목숨을 겁니다. 아직 하나님을 못 만나 참사랑을 알지 못합니다. 교회 다니면서도 마음은 시들하고 목숨은 아깝고 뜻은 하나도 모르겠습니다. 성령이여, 오셔서 애통하고 회개하는 마음을 주옵소서.

할아버지가 손자를 보고 주라고 하는 것이 어떻게 믿어지겠습니까? 오로지 성령에 감동해야 믿어질 수 있습니다. 예수님이 하나님이시며 인간이신 것을, 힘이 없고 연약한 사람의 하나님인 것을 믿을 수 있게 도와주옵소서. 오늘 하나님을 사랑하고 이웃을 사랑하는 것은 내 옆의 사람을 사랑하는 것입니다. 나에게 가장 소중한 일은 내 옆의 사람을 사랑하는 것입니다.

나는 살고 너는 죽이겠다는 분쟁의 땅을 예수님이 십자가 지고 걸어가신 것처럼, 고난을 마땅히 있어야 할 일로 알게 하옵소서. 가장 큰 원수는 내 속의 원수입니다. 배우자와 자녀, 돈을 내려놓기 원합니다. 명예와 지위와 모든 것을 발아래 두지 못하기 때문에 괴롭힘당하고 또 괴로움을 주고 있습니다. 잘 통치받고 안식을 누리기 원합니다. 때가 될 때까지 공동체의 나눔과 예배를 통해 주님의 통치를 받기 원하오니 감히 나에게 대답할 자가 없는 인생을 살게 하옵소서. 예수님 이름으로 기도하옵나이다. 아멘.

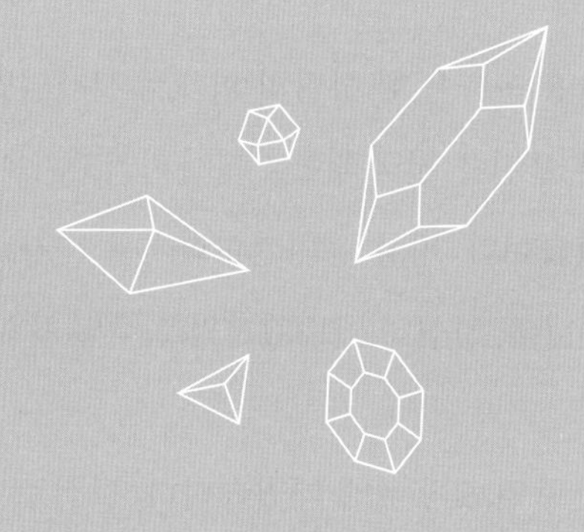

9

진정으로 큰 자

마태복음 23:1~12

하나님 아버지, 인정받는 자리를 내려놓고
진정으로 큰 자가 되기를 소원합니다.
말과 행함에 본이 되도록
말씀하여 주옵소서. 듣겠습니다.

1907년의 평양 대부흥 운동은 한 사람의 회개로 시작되었습니다. 1903년부터 시작된 부흥의 불길을 전국적으로 확산시키고자 여러 교회에서 부흥회가 열리던 때였습니다. 평양 장대현교회에서 1,500명가량이 모여서 부흥 집회를 가졌습니다. 열심히 기도했지만 일주일 동안 아무 역사도 일어나지 않았습니다.

그런데 마지막 주일 오후예배 때였습니다. 길선주 장로님이 나와서 설교는 하지 않고 갑자기 자기 죄를 고백했습니다. "나는 아간과 같은 자다. 나 때문에 하나님이 축복을 주실 수가 없다. 1년 전 친구가 임종 시에 남기고 간 집을 관리해 달라고 부탁했는데 1년 동안 재산을 관리하면서 미화 100불을 훔쳤다"고 고백한 것입니다. 당시 100불은 지금의 우리나라 돈으로 환산하면 10억, 100억쯤 되지 않을까요?

그는 그 돈을 친구의 미망인에게 돌려주겠다고 했습니다. 그 고백 이후 무언가 억누르는 듯한 것이 사라졌다고 합니다. 그리고 저녁 7시에 시작되었던 예배의 자리에서 새벽 2시까지 "간음했다", "축첩했다"는 죄의 고백들이 이어졌습니다. 길선주 장로님의 고백으로 평양 대부흥 운동이 시작된 것입니다. 이 한 사람의 회개가 지금까지 한국교회를 이끌어 온 부흥의 원동력이 되었습니다. 이처럼 진정으로 큰 자가 되기 위해 행해야 할 것은 무엇일까요?

말과 행함에서 본이 되어야 합니다

이에 예수께서 무리와 제자들에게 말씀하여 이르시되_마 23:1

"이에"는 다윗이 예수님을 주라 칭한 것에 대해 바리새인들이 대답을 못 한 것을 말합니다. 할아버지가 어떻게 손자에게 주라 칭하는가, 어떻게 성경 박사가 목수 아들더러 주라 칭하는가에 대해 그들은 성령의 감동이 없어서 대답을 못 했습니다. "이에" 예수님은 무리와 제자들에게 말씀하십니다. 23장에서는 "화 있을진저" 하고 바리새인들을 일곱 번이나 저주하셨습니다.

2 서기관들과 바리새인들이 모세의 자리에 앉았으니 3 그러므로 무엇이든지 그들이 말하는 바는 행하고 지키되 그들이 하는 행위는 본받지 말라 그들은 말만 하고 행하지 아니하며_마 23:2~3

그들이 대답을 못 한 것은 모세의 자리에 앉아 있었기 때문입니다. 주님이 앉혀 주신 자리가 아닙니다. 스스로 모세의 자리에 앉았습니다. 자리가 문제가 아니라 그 자리에 앉은 사람이 문제인 것입니다.

알다시피 이스라엘은 400년간의 애굽 노예 생활, 40년 광야 생활을 지나 가나안에 들어갔는데 거기에서도 우상숭배를 해서 70년 동안 바벨론 포로로 끌려가 생활했습니다. 이때 율법의 중요성을 깨달은 그들은 성경을 필사하는 율법사의 역할도 중요하게 여겼습니다. 그 후 포로 귀환을 해서 학사 에스라가 백성에게 율법을 낭독하자 온 백성이 율법을 따르기로 결단했습니다. 이때 율법을 해석하고 가르치는 서기관 제도가 생겼고, 서기관직을 최고로 여기게 됐습니다.

한편 바리새파는 마카비 시대 때 안티오쿠스 에피파네스(B.C. 175~B.C. 163년)라는 적그리스도 같은 악랄한 왕에게 핍박을 받자 스스로 율법을 지키기로 헌신한 나실인 같은 6,000명가량으로 시작되었습니다. '바리새'는 '구별되었다'는 뜻입니다. 그들이 그토록 유대교에 헌신적이니까 존경과 신뢰를 한 몸에 받으며 백성의 정신적인 지도자가 되었습니다. 하지만 늘 가르치는 역할을 하니까 점점 절대적인 권위를 행사했습니다. 오랜 전통에 매여서 누구도 그것을 깨부수지 못했습니다. 서기관들이나 바리새인들이나 첫 출발은 좋았지만, 세월이 흐를수록 본분을 망각하고 스스로 모세의 자리에 앉게 된 것입니다.

주님은 그들이 틀렸다는 걸 가르치시기 위해 그들 앞에서 일부러 손도 안 씻고 음식을 드시고 안식일에 병자도 고치셨습니다. 그들이 비본질적인 것에 목숨을 거니까 그것을 바로잡고 가르치기 위해 그리 행하신 것입니다.

여러분이 앉은 모세의 자리는 무엇입니까? 내가 내려오지 못하는 자리가 무엇입니까? 한국교회는 장로들 때문에 몸살을 앓습니다. 크리스천은 직분에 자유로워야 하는데, 한번 올라가면 내려오기가 어렵고 자리를 내세웁니다. 사람을 세울 때 이런 위험이 있다는 걸 알고 늘 깨어 있어야 합니다. 하나님의 은혜로 자격 없이 되는 모세의 자리를 이들은 노력해서 차지하고 싶어 합니다. 그리고 한번 앉으면 '내가 어떻게 노력해서 앉은 자리인데' 하면서 그 자리에 연연합니다. 당연히 말과 행함이 일치하지 않습니다.

그러나 모세의 자리에 앉은 서기관들과 바리새인들은 말만 하고 행하는 것이 없습니다. 무거운 짐을 백성에게만 지웁니다.

또 무거운 짐을 묶어 사람의 어깨에 지우되 자기는 이것을 한 손가락으로도 움직이려 하지 아니하며_마 23:4

무거운 짐을 지우고 세세한 조항까지 엄격히 지키도록 요구하면서 자신들은 피할 방법만 찾습니다. 그들은 기존의 613개의 율법 조항에 추가 조항을 달았습니다. 대랍비 엘리에셀은 아내와 성관계를 갖는 횟수를 보통 노동자, 나귀 몰이꾼, 낙타 몰이꾼, 뱃사람 등 직업별로 규정했습니다.

'간음하지 말라'는 계명이 바리새인 규율에서는 아내 아닌 여자와는 말도 하지 말고 쳐다보지도 말라는 것으로 바뀌었습니다. 그러니 여자를 보지 않으려고 고개를 숙이고 가다 벽에 부딪혀 피가 난 '유혈 바리새인'은 거룩함의 표시로 붕대를 감고 다녔다고 합니다.

교회사에서도 보면 바리새인을 능가한 그리스도인이 있습니다. 4세기경 수사들은 빵과 소금과 물만 먹고 살았습니다. 어떤 수사는 10년을 원형 새장 같은 곳에서 살았다고 합니다.

우리에게도 저마다 모세의 자리에 앉은 모습들이 있습니다. 예를 들어 시댁에서 제사를 지내는데 "제사는 우상숭배야. 나는 예수 믿으니까 안 돼. 동서가 음식 다 해!" 합니다. 하지만 이러면 안 됩니다. 제사드리는 시댁과 친정에 가야 합니다. 음식 만드는 일에도 함께해야 합니다. 그러고 나서 절은 못하겠다고 하십시오. 그로 인한 핍박은 달게 받으십시오. 매도 웃으면서 맞으십시오. "고르반, 나는 나실인이다, 나는 하나님께 드림이 되었다" 하며 부모에 대한 의무도, 형제에 대한 의무도 안 하고, 무거운 짐을 다른 사람에게 지우고 손가락 하나 까딱하지 않으면 안 됩니다.

처음 믿는 사람에게도 그렇습니다. 예수 믿는 기쁨부터 가르쳐야 하는데 "새벽기도 해라, 철야예배에 나와라, 십일조 생활해라" 강요만 하면 도리어 믿음에 방해가 될 수 있습니다. 수요예배, 목장예배 참석을 권면하는 것도 그렇습니다. "그래야 복받는다"가 아니라 예배의 기쁨을 알아갈 수 있도록 지혜롭게 인도해야 합니다.

◆ 하나님의 생각과 맞지 않는 나의 모세의 자리는 무엇입니까? 내가 내려오지 못하는 자리는 어디입니까? 손가락 하나도 까딱하지 않으면서 사람에게 무거운 짐을 지우는 것은 무엇입니까? 마음에 긍휼도 없으면서 행하는 나의 율법은 무엇입니까?

사람에게 보이려고 행동해서는 안 됩니다

5 그들의 모든 행위를 사람에게 보이고자 하나니 곧 그 경문 띠를 넓게 하며 옷술을 길게 하고 6 잔치의 윗자리와 회당의 높은 자리와 7 시장에서 문안 받는 것과 사람에게 랍비라 칭함을 받는 것을 좋아하느니라
_마 23:5~7

왜 사람에게 보이고자 합니까? 모세의 자리에 앉아서 손도 까딱하기 싫지만 내가 얼마나 경건하고 얼마나 하나님을 사랑하는지를 교회와 식구들에게 보여야 하기 때문입니다.

경문은 구약성경의 구절들이(출 13:9, 16; 신 6:8, 11:18) 적힌 띠들을 담은 작은 가죽 주머니로서 당시 유대인들은 그것을 이마와 왼팔에 가죽 띠로 고정하여 차고 다니며 틈나는 대로 그 말씀을 보았습니다. 경건을 위함이었습니다. 옷술은 민수기 15장 37~40절에 근거한 것으로 계명을 기억해서 마음과 눈에 원하는 대로 하지 않겠다는 표시로 옷단 귀에 매단 끈을 말합니다.

그러므로 경문과 옷술 자체는 나쁜 것이 아닙니다. '넓게 하고 길게 하고'가 문제입니다. 모든 사람이 경문을 차고 다니니까 서기관들은 자신이 서기관이라는 걸 알리기 위해 더 크게 합니다. 그래야 윗자리에 앉지 않겠습니까? 비싼 차를 타고 명품을 걸쳐야 대접받는다고 생각하는 것과 다르지 않습니다.

저는 오래전에 초록색, 빨간색, 보라색 색연필로 그어 가며 성경을 읽고 그것을 사람들에게 보이고 싶어 했습니다. 시집살이와 남편 때문에 힘들어도 '내가 얼마나 열심히 성경을 읽는가', '내가 얼마나 경건한가'를 보이고 싶었던 것입니다. 그렇게 몇 권을 너덜너덜하게 만들고는 제본까지 해서 소장했습니다. 그러나 지금 제 성경책은 깨끗합니다. 줄 하나 안 치고 읽습니다. 내가 남들에게 보이고 싶어서 넓게 하고 길게 하는 것이 무엇입니까?

주님은 성전에서 한마디도 대답 못 하는 바리새인과 서기관, 대제사장들 앞에서 제자들에게 그들의 행위를 본받지 말라고 말씀하십니다. 무거운 짐을 지우는 가르침을 받지 말라고 하십니다. 지도자가 하나님의 권위에 복종하지 않고 자기들이 만든 무거운 짐의 권위에 복종하면 나라가 망할 수밖에 없습니다.

어느 가톨릭 국가에서 한 택시 운전사가 한밤중에 여자 손님을 태우고 가다가 으슥한 곳에 멈추고는 여자를 살해하고 도망쳤습니다. 여자의 가방에 있던 비싼 보석과 햄버거 중에서 보석만 취해서 달아났습니다. 나중에 경찰이 햄버거는 왜 버렸냐고 하니까 마침 사순절이라 돼지고기가 들어간 햄버거를 먹을 수 없었다고 했습니다. 이것이 권위주의에 맹종하는 모습입니다.

내가 모세의 자리에 앉아 있는 이유는 윗자리에 앉아서 문안받고 싶어서입니다. 인간의 자존적인 교만입니다. 그래서 사람은 누구든지 가르치기를 좋아하나 가르침을 받기는 싫어합니다. 여기에 고라의 반역이 숨어 있습니다.

우리는 세속적인 잔치의 윗자리든 영적인 회당의 높은 자리이든 다 높은 곳에 앉고 싶어 합니다. 주차를 해도 좋은 곳에 하고 사무실에 가서 말 한마디를 해도 상대를 배려하지 못하고 '내가 누군데 감히' 합니다. 우리는 누구든지 높은 자리에 앉아서 문안받기를 좋아합니다.

◆ 모세의 자리에 앉아 남에게 보이기 위해 넓게 하는 경문 띠와 길게 하는 옷술이 무엇입니까? 문안받기 좋아하는 나의 높은 자리는 무엇입니까?

형제 의식으로 섬겨야 합니다

8 그러나 너희는 랍비라 칭함을 받지 말라 너희 선생은 하나요 너희는

다 형제니라 9 땅에 있는 자를 아버지라 하지 말라 너희의 아버지는 한 분이시니 곧 하늘에 계신 이시니라 10 또한 지도자라 칭함을 받지 말라 너희의 지도자는 한 분이시니 곧 그리스도시니라 11 너희 중에 큰 자는 너희를 섬기는 자가 되어야 하리라 12 누구든지 자기를 높이는 자는 낮아지고 누구든지 자기를 낮추는 자는 높아지리라_마 23:8~12

'랍비라 칭함을 받지 말라', '아버지라 하지 말라', '지도자라 칭함을 받지 말라' 등 '하지 말 것'을 세 가지나 열거하셨습니다. '랍비라 칭함을 받지 말라'는 것은, 너희의 가르침에는 권위가 있지 않다는 얘기입니다. '아버지라 하지 말라'는 너희의 영적 생활이 땅에 있는 사람과 관련 있다고 생각하지 말라는 얘기입니다. '지도자라 칭함을 받지 말라'는 너희가 백성을 지도할 자격이 없다는 얘기입니다.

그리스도 한 분만이 선생이고 지도자이고 아버지입니다. 우리의 선생은 한 분밖에 없으니 우리는 모두 형제요, 자매입니다. 그러니 어느 누구도 모세의 자리에서 가르칠 자격이 없는 것입니다.

그런데 사람이 사는 공동체에는 권위가 필요합니다. 그 권위 아래 모든 질서가 잡힙니다. 그러므로 권위를 부정할 수는 없습니다. 목사에게 권위가 없으면 그가 전하는 말씀을 누가 듣고, 훈련받겠습니까? 압도적인 권위가 없는 말씀을 듣고 구원될 사람은 없습니다. 그래서 우리에게는 말씀과 함께 지도력이 필요합니다. 그러나 하나님께서 주시는 권위는 가르치는 권위가 아니라 섬기는 권위입니다. 주님은 우리를 위해 죽어 주심으로 완전한 섬김의 본을 보여 주셨습니다.

"땅에 있는 자를 아버지라 하지 말라"고 했는데, 육신의 아버지는 생명의 씨, 자식의 씨를 가진 사람입니다. 종교에서 가장 중요한 게 생명인데,

참된 지도자와 거짓된 지도자의 차이는 생명을 귀하게 여기는가, 아닌가에 있습니다. 거짓 지도자는 무거운 짐만 지우면서 생명을 주지 않습니다.

그런데 돈과 명예만 준다면 땅에 있는 자를 아버지라고 할 사람이 너무 많습니다. 천주교에서는 교황을 아버지라고 부릅니다. 천주교는 성직자와 평신도 구별이 분명합니다.

모세의 자리에 앉아서 땅에 있는 자를 아버지라 칭하고 돈과 자식, 명예를 좇는 사람은 큰 자가 될 수 없습니다. 정말 큰 자는 섬기는 자입니다. 대제사장들과 서기관, 바리새인들은 스스로 성경 박사라고 했지만, 자기를 낮추는 자가 높아진다는 하나님 나라의 비밀을 모르기 때문에 왕 같은 제사장으로서 남을 섬길 수가 없었습니다. 그들은 지도자로 군림하고 싶어서 스스로 높일 뿐입니다.

예수님은 낮아짐으로 우리를 구원하셨습니다. 낮아지는 것밖에는 높아질 수 있는 비결이 없습니다.

어떤 분이 영세민 신청을 하려고 "남편이 외국에 나가서 안 돌아왔다"고 거짓말을 했다가 양심의 가책으로 다시 구청에 가서 실토했다고 합니다. 그랬더니 구청 직원이 솔직하게 말해 줘서 고맙다면서 서류를 다시 작성해 줬다고 합니다. 그러고 나자 마음이 훨씬 편해졌다고 했습니다. 이것이 낮아지는 행동입니다.

우리들교회에서 영적으로 존경받는 한 자매가 십일조 생활을 제대로 하지 못했다고 고백했습니다.

어느 집사님이 "자매님은 적용은 잘하면서 왜 십일조는 못 합니까?"라고 해서 속상해도 하나님의 음성으로 듣고 해 보려 했지만, '이 돈이면 사글세 낼 수 있는데', '이 돈이면 가스비 낼 수 있는데' 하는 마음이 들어 마음에 기쁨이 하나도 없었습니다. 십일조는 나의 가장 기본적인 신앙고백이라는데……. 하나님 덕분에 천국을 살면서도 십일조도 못 내니, 내가 감히 하나님을 사랑한다고 말할 수 있을까, 난 헛것이구나 생각했습니다.
이날 목장예배에서 십일조에 관한 나눔을 하게 되었는데, 마음으로 드리는 집사님들의 나눔을 들으면서 정말 괴롭고 죄송해서 눈물이 났습니다. 특히 오래전에 남편과 이혼한 뒤 어린 아들과 살면서 신부전증을 앓고 있는 어느 집사님의 나눔을 들을 때는 나보다 더 어렵게 사는데도 십일조를 하시는구나 싶어 내가 한없이 부끄러웠습니다.
얼마 뒤 채권관리팀에서 보낸 우편물이 왔는데, 남편의 휴대폰 요금 4개월분과 수신과 발신이 안 되는 기본요금 10개월치가 미납되어 신용채권팀으로 이관된다는 통보였습니다. 그것을 본 순간 이상하게도 분하다는 생각이 안 들고 "하나님, 제가 여기서 무엇을 깨달아야 될까요" 하고 질문하게 되었습니다.
카드나 큰돈은 없어서 못 쓰지만 이제 보니 일이천 원을 참 소홀히 여기고 있었구나 싶었습니다. 아빠 없이 지내는 제 아들이 안쓰러워 먹을 것 사 달라면 사 주고 배고프면 즉시 분식집으로 달려가 배를 채웠습니다. 이 정도도 못 사 먹나 싶지만, 문제는 나는 이렇게 하나님의 은혜로 잘 먹고 잘 살면서 돈이 없고 가난하니까 십일조를 못 한다고 합리화하고 있었다는 사실입니다.
'그렇구나, 난 마음이 없었구나! 몇천만 원 카드빚에 신용불량자가 되고도 나의 푼돈 씀씀이가 또 자라고 있었구나!'
얼마 안 되는 돈이 채권팀으로 이관된다는 통보는 하나님이 저에게 주시는 딱 맞는 천국 비유였습니다.
그래서 내가 소홀히 여기던 돈을 모아 보기로 했습니다. 일부러 아들에게 먹을 것 사 주지 않고 되도록 집에서 밥을 챙겨 먹이며 2주 정도 지나니 소홀히 여긴 돈이 만 원이 되고 또 몇만 원이 되었습니다. 그런데 또 하나님과 상관없이 내 중심에 악한 생각이 들어왔습니다. 이 돈으로 옷을 살까, 신발 하나 더 살까, 집에 도둑이 들어 이 돈을 가져가면 어떡하지?

새해 첫 주일 아침, 교회 가려고 준비하는데 장롱에 숨겨 둔 돈을 보자 내가 뭐 하려고 이 돈을 모으나, 그래 하나님께 드리자, 하고 가방에 돈을 챙겨 넣었습니다. 그 순간 제 마음은 이미 기쁨으로 가득 찼습니다.

헌금을 드리고 나서 주보를 보니 '하나님의 것은 하나님께'라는 설교 제목이 눈에 들어왔습니다. "시험하는 것을 꿰뚫어 봐야 한다, 내 동기가 악한지 봐야 한다, 악한가 선한가를 봐야 큰 문제에 말려들지 않는다"라는 목사님의 말씀이 내 문제를 짚어 주었습니다. '아! 내 속의 동기가 악했구나'가 인식되면서 돈이 주인이 될 뻔했음을 알았습니다.

수요예배 때는 헤롯 왕이 심히 근심하고 번민했지만 결정적일 때 돌이키지 못해 멸망의 길로 갔다는 말씀을 듣고 '내게는 어찌 돌이키는 은혜를 주셨는지!' 하며 하나님께 감사했습니다. 내 생각으로 고민하고 갈등하다가도 결정적일 때 예수님을 선택하는 은혜를 주신 하나님을 찬양합니다.

저는 이 자매가 이미 길선주 장로님과 같은 리더십을 가지고 있다고 생각합니다. 하기 힘든 이런 고백이 우리를 살립니다.

그래도 따끔한 이야기를 하려고 합니다. 이 자매는 우리들교회 개척 때부터 와서 4년 동안 우리들교회의 증인으로 역할을 했습니다. 그런데 늘 하나님을 사랑하고 목사님을 사랑한다고 하면서 어떻게 십일조를 안 할 수 있습니까? 삶이 안 되면서 보이기 위해 글을 쓴 것입니까? 사랑은 맨입으로 하는 게 아닙니다. 사랑한다고 하면서 어떻게 하나님의 것을 구별할 줄 몰랐습니까? 초신자도 아니고 모두가 우러러보는 자매인데 말입니다. 야곱도 돈을 좋아했습니다. 그래도 '야곱의 하나님'이라고 하셨으니까 자매의 하나님도 되실 것입니다.

이 자매가 이렇게 하기 힘든 얘기를 했듯이, 저 역시 이렇게 말하기는 힘이 듭니다. 그래도 자매의 회개가 우리 모두를 회개의 자리로 이끌기를 바라는 마음에서 이렇게 힘든 얘기를 합니다. 죄를 드러내는 것이 죽음과 같은 낮아짐이지만 나의 회개를 통해 다른 사람도 죄를 깨닫게 되는 것이 형제 의식을 가지고 섬기는 것입니다.

어떤 청년 형제는 이런 간증을 했습니다. 길러 주신 어머니와 낳아 주신 어머니가 다르다는 것을 진작에 알고 있었으나 그동안 모른 척했다고 합니다. 그런데 이번에 취업을 위해 호적등본을 떼다가 그 사실이 밝혀지자 길러 주신 어머니가 울며 고백했습니다.

청년이 이미 알고 있었다니까 어머니가 깜짝 놀라며 어떻게 그런 사실을 알고도 잘 이겨 냈느냐 묻기에 교회에서 회복되었다고 했답니다. 그러자 그동안 교회 간다고 그렇게 핍박하던 어머니가 지금은 오히려 밀어 주신다고 합니다. 어떤 환경에서도 주님 때문에 참을 수 있었다는 이야기를 할 때 전도가 됩니다.

길선주 장로님의 회개로 대부흥이 일어났듯이, 우리의 솔직한 나눔으로 하나님께서 공동체에 기름을 부으십니다. 진정으로 큰 자는 내가 아무것도 아니어도 그 고백을 함으로써 다른 사람이 자기 죄를 보게 해 주고 타인에게 영향을 끼치는 자입니다.

모세의 자리에서 무거운 짐 지우는 것이 큰 자가 아닙니다. 예수 그리스도 자체가 진리이고 권위이기 때문에 하나님의 말씀을 진리로 받아들이는 사람은 저절로 권위가 주어집니다. 진리를 가진 사람들이 모이면 교회에 능력이 있고 영광이 있습니다. 그리스도 안에서 서로 가르치고 가르침을 받으며 모두가 큰 자로 상생하는 공동체가 되기를 소원합니다.

- 권위와 생명과 지도력은 하나님에게서 나옵니다. 형제 의식을 가지고 지체를 섬기고 있습니까? 공동체에서 형제 의식을 가지고 가르침받고 가르치는 상생의 관계를 맺고 있습니까?

◆◆◆

하나님께서 주시는 권위는
가르치는 권위가 아니라 섬기는 권위입니다.
주님은 우리를 위해 죽어 주심으로
완전한 섬김의 본을 보여 주셨습니다.

◆◆◆

말씀으로 기도하기

진정으로 큰 자는 형제 의식을 가지고서 내 죄를 드러내고 회개하는 자입니다. 대접을 받으려고 높아지는 데 혈안이 된 자가 아니라 낮아져 섬기는 자입니다. 가르치려고만 하지 않고 겸손히 가르침을 받는 자입니다. 이렇듯 말과 행함에서 말씀대로 살아가는 본이 되는 진정한 큰 자가 되게 하옵소서.

말과 행함에서 본이 되어야 합니다(마 23:1~4).

옳고 그름의 기준으로 가족을 판단하고 옥죄며 신앙생활을 강요하면서도 정작 저는 그 기준대로 살고자 애쓰지 않았습니다. 바리새인들처럼 스스로 모세의 자리에 앉아 내려오지 않으려고 하는 교만한 저를 용서해 주옵소서. 제가 먼저 말과 행동으로 기쁘게 말씀을 지키는 본을 보이며 가족을 설득할 수 있게 하옵소서.

사람에게 보이려고 행동해서는 안 됩니다(마 23:5~7).

가르치기만 좋아하고 가르침은 받기를 싫어하는 자존적인 교만이 제게도 있습니다. 사람들에게 칭찬받고 인정받고 대접받고 싶어서 겉으로 보이는 모습에만 신경을 씁니다. 바리새인과 다를 바 없이 더욱 높아지기 위해서 안간힘을 쓰는 저의 죄를 깊이 회개하게 하옵소서.

형제 의식으로 섬겨야 합니다(마 23:8~12).

참된 지도자는 생명을 귀히 여기는 지도자이며, 섬기는 자가 진정으로 큰 자라고 하십니다. 십자가에 달려 죽기까지 낮아지신 예수님처럼 저도 낮아지고 낮아져서 가정과 교회와 사회와 나라를 섬기며 그리스도의 생명을 전할 수 있게 하옵소서. 나의 회개가 다른 사람의 회개를 이끌 수 있음을 기억하며 형제 의식을 가지고 진심으로 회개하며 나아갈 수 있게 하옵소서.

우리들 묵상과 적용

저는 2010년 아내의 강권으로 교회를 다니게 된 후, 교회에서 모든 양육을 받았습니다. 그런데 교회의 양육 과정이 재정비되면서 "양육훈련을 다시 받으라"는 권면을 받았습니다. 저는 '아니, 이미 받았는데 왜 또 받아야 하나'라는 생각이 먼저 들었습니다. 그래도 순종하는 마음으로 양육을 시작했지만 결국 중도에 포기했습니다. 그런데 얼마 전 제가 속한 소그룹의 한 집사님이 "여럿이 함께 양육을 받으면 나도 받겠다"고 하여 그 바람에 저도 다시 양육을 받게 되었습니다. 집사님과 함께 양육을 받으니 토요일에 교회까지 먼 거리를 오가는 데 생색도 덜 나고 은혜가 있었습니다.

그리고 얼마 전에는 6살 딸을 유치원에 데려다주려는 아내에게 "나를 먼저 사무실로 데려다 달라"고 부탁하여 함께 차를 타고 가게 되었습니다. 차 안에서 아내와 대화하다가 자연스레 양육 과제에 대해 묻게 되었는데, 아내는 "이렇게 저렇게 도와주겠다"고 말했습니다. 하지만 저는 그런 아내가 고맙기보단 저를 가르치려 드는 것만 같아 "시끄러워!"라고 소리쳤습니다. 그런데도 아내가 계속 말을 해서 저는 다시 "시끄럽다니까!"라고 했습니다. 그런데 함께 차에 타고 있던 어린 딸아이가 "아빠는 진짜 이상해. 엄마한테 물어봐서 엄마가 대답해 주는데, 그걸 시끄럽다고 하네"라는 것이었습니다.

제 직업은 변호사입니다. 그러다 보니 의뢰인을 만나 어느 정도 얘기를 듣다 보면 사건이 파악되어 어떤 방향으로 대응을 할지 판단이 섭니다. 그런데 제 판단을 따르지 않고 자기 말만 하는 의뢰인에게는 제 말을 듣지 않는다고 푸념하면서 말을 들어 주지 않을 때가 있습니다. 또한 교회에서 소그룹 리더로 섬기고 있음에도 정작 저는 지체들의 말을 잘 듣지도, 잘 묻지도 않는 교만함이 있습니다(마 23:3).

2년 전에는 공동체에 묻지 않고, 회당의 높은 자리에 앉고자(마 23:6) 불신 친구들과 은행에서 무리하게 대출을 받아 건물을 경매받았습니다. 그때 저는 "임대하면 대출이자는 문제없다"고 하면서 "공동체에 물어보라"는 아내의 권면은 무시했습니다. 그런데 시간이 지나도 임대는 되지 않고, 대출이자로 잠이 오지 않아 무거운 짐에 짓눌리는 지경에 이르렀습니다(마 23:4). "공동체에 잘못을 고하라"는 아내의 권면을 받아들여 돈 욕심으로 높은 자리를 탐했음을 소그룹 모임에서 고백했습니다. 그리고 하나님께 묻지도 않고 일을 저지르면 돌이키게 하시려고 이렇게 다루실 수밖에 없음을 인정하니 그제야 비로소 평강을 누리게 되었습니다. 하나님은 어린 딸의 말을 통해 제가 교만하게 모세의 자리에 앉아서 말만 하고 정작 행하는 섬김은 없음을 보게 하셨습니다(마 23:2~3). 이렇게 '내 마음대로 내 말만 하는' 저를 주님이 부디 긍휼히 여겨 주시길 기도합니다.

영혼의 기도

하나님 아버지, 큰 자가 되기 위해서 우리가 몸부림을 칩니다. 말과 행함에 본이 되지 못하고 가르치는 자로만 자리매김을 하며 무거운 짐을 모든 사람에게 떠맡깁니다. 저 역시나 모세의 자리에 앉아서 한 손가락도 움직이지 않은 적이 많았습니다. 제가 지기 싫은 무거운 짐을 다른 사람에게 지우기 위해 넓게 하고 길게 하는 것이 없지 않았음을 고백합니다. 은근슬쩍 윗자리와 높은 자리가 내 자리인 양 당연히 모세의 자리에 앉았습니다. 형제 의식으로 섬겨야 하는데 목사의 하나님과 성도의 하나님이 다른 것처럼 지도자라 칭함받고 땅에서 주는 것이 명예와 높은 자리, 인정받는 것인 줄 알고 감히 하나님과 겨루고 힘들어할 때가 있습니다. 누구에게 주시는 말씀이 아니고 바로 저에게 주시는 말씀입니다. 바리새인들이 순수한 열심으로 시작했는데 그 순수함을 잃어버린 것처럼 저도 그럴까 염려가 됩니다. 제 속에 끊임없이 일어나는 인정받기 원하는 마음을 성령의 불로 소멸시켜 주옵소서.

형제 의식을 가지고 가르치고 가르침을 받는 상생의 관계를 갖게 하옵소서. 예수님 이름으로 기도하옵나이다. 아멘.

복 있을진저

마태복음 23:13~24

하나님 아버지, 복받는 인생을 살고 싶습니다.
화 있는 인생이 아니라 복 있는 인생을 살도록
마음을 두드려 주시고 귀와 눈을 열어 주옵소서.
말씀하여 주옵소서. 듣겠습니다.

A 장로님은 일을 열심히 하는데 칭찬받기를 좋아하고 드러내고 싶어 합니다. B 장로님은 늘 숨은 봉사를 해서 한 일이 없어 보입니다. 두 장로님이 평생을 다 살고 먼저 A 장로를 천사가 모시러 왔습니다. 의기양양하게 천사를 따라가는데 행함의 상자가 너무 많아서 천국과 지옥의 분기점에서 문지기가 간단한 검문만 하고 통과시켰습니다. 그런데 천국 문 앞에서 마지막 점검을 위해 그 행함의 상자를 열어 보라고 했더니 썩어서 악취가 진동했습니다.

B 장로는 아무것도 없어 보이는 상자를 달랑 하나만 들고 떠났습니다. 역시 천국과 지옥의 분기점에서 문지기가 "그 상자에는 보여 줄 게 없느냐?"고 물었습니다. 그러자 B 장로는 "아무것도 없다"고 대답했습니다. 그런데 상자를 열어 보니 열두 황금 보석이 황홀하게 빛나고 있었습니다.

복을 받느냐, 형벌을 받느냐는 나에게 달려 있습니다. 그런데 마태복음 23장에는 "화 있을진저"라는 저주의 말씀이 계속 나옵니다. 너무 안타까워서 이 챕터의 제목만이라도 "복 있을진저"로 바꾸어 보았습니다. '화 있을진저'의 반대로 하면 복을 받고, '복 있을진저'의 반대로 하면 화를 받습니다. 그렇다면 '복 있을진저'의 인생을 살아가기 위해 내 삶에 적용해야 할 것은 무엇일까요?

다른 사람이 천국에 들어가도록 도와야 합니다

> 13 화 있을진저 외식하는 서기관들과 바리새인들이여 너희는 천국 문을 사람들 앞에서 닫고 너희도 들어가지 않고 들어가려 하는 자도 들어가지 못하게 하는도다 14 (없음)_마 23:13~14

모든 학자들이 "화 있을진저"를 팔복과 연결해서 해석합니다. 예수님이 팔복을 말씀하시면서 복받는 길을 제시했지만 서기관과 바리새인들이 계속 거부하니까 일곱 가지 화를 점점 강도를 높여 선포하셨습니다. 그런데 특별히 외식하는 죄를 여섯 번 말씀하십니다. 서기관과 바리새인의 대표적인 죄가 외식이기 때문입니다. 마태가 유대인을 의식해서 특별히 이렇게 썼는데, 예수 믿는 우리는 특권을 받은 자이기 때문에 책임감을 느껴야 합니다.

"화 있을진저"의 '화'는 영어에서 'Woe'로 슬픔과 절망을 나타내는 감탄사입니다. 이스라엘 백성은 근심, 고통, 슬픔, 절망 등을 나타낼 때 이 표현을 썼습니다. 그런데 주님이 얼마나 상한 분노를 느꼈는지 일곱 번이나 이 표현을 쓰셨습니다. 서기관과 바리새인이 하나님을 잘 믿는 것 같아도 사건이 오면 절대치의 고난 앞에서 무너집니다. "화 있을진저", 예수님의 고통의 선언이 그대로 이루어집니다.

'외식'은 겉치레, 즉 '위선적이고 가장한다'라는 뜻입니다. 절망하고 고통스러워해야 하는데 "나는 괜찮다" 하는 것이 외식하는 것입니다. 성령의 감동이 없이 모세의 자리에 있으려니까 서기관과 바리새인들이 너무 프로급으로 연기합니다. 그러다 보니까 스스로 감동해서 자기가 믿음이 있다고 착각하는 지경에 이르렀습니다. 천국이 임하지 않으면 느는 것이 외식밖에 없습니다. 본질의 변화가 없기 때문에 외식할 수밖에 없습니다. 그러나 그들은 이미 몸에 배어 그것이 죄인 줄도 모르기 때문에 주님의 책망을 받아들일 수가 없습니다.

> 13b ……너희는 천국 문을 사람들 앞에서 닫고 너희도 들어가지 않고 들어가려 하는 자도 들어가지 못하게 하는도다 14 (없음)_마 23:13b~14

"심령이 가난한 자는 복이 있나니 천국이 그들의 것임이요"라고 하셨는데(마 5:3) 서기관과 바리새인들은 지위와 지식으로 부유해서 오히려 천국 문을 닫습니다. 성경 지식이 없어서 천국에 못 들어가는 것이 아닙니다. 모르면서도 안다고 외식하기 때문에 화가 있는 겁니다. 그런데 문제는 이들을 따르는 백성이 많다는 것입니다. 지도자가 천국을 거부하니까 백성도 천국에 다 못 들어갑니다. 그들은 예수님이 죄인을 환영하는 것도, 죄인이 예수님을 환영하는 것도 반대한 사람들입니다. 예수님을 그리스도라고 신앙고백 하는 사람들을 출교시켰습니다. 온갖 술수와 권력으로 악을 행사했습니다. 자기 지식의 열쇠로 천국 문을 굳게 닫았습니다.

누가복음 11장 52절에서 "화 있을진저 너희 율법교사여 너희가 지식의 열쇠를 가져가서 너희도 들어가지 않고 또 들어가고자 하는 자도 막

았느니라 하시니라"고 하였습니다. 성경을 자기 마음대로 해석한 지식의 열쇠로 천국 문을 닫고 있다는 것입니다. 그래서 천국에 들어가려면 침노해야 합니다. 마태복음 11장 12절에서는 "세례 요한의 때부터 지금까지 천국은 침노를 당하나니 침노하는 자는 빼앗느니라"고 말씀하셨습니다.

그런데 이들은 왜 천국 문을 닫았을까요? (없음)으로 기록된 14절을 몇몇 사본과 KJV에는 이렇게 해석했습니다.

"과부의 가산을 삼키며 외식으로 길게 기도하는 자니 받는 판결이 중하리라."

과부는 절대적인 보호가 필요한 존재인데 오히려 이 과부의 가산을 삼켰다고 합니다. 어떻게요? 외식으로 길게 기도해서 신임을 얻어 삼킨 것입니다. 그럴듯하게 보이려고 길게 기도했습니다. 명상과 기도 예식에서 그들은 한 번에 세 시간씩이나 했다고 합니다. 남에게 보이고자 외적인 일에 몰두했기 때문에 세 시간 기도가 어렵지 않았습니다. 기도는 하나님의 말씀에 반응해서 하는 것인데, 바리새인들의 기도는 의미 없이 반복하며 외식하는 기도였습니다.

바리새인들이 경건을 가장하여 긴 시간 기도하니까 과부들이 의심 없이 바리새인들에게 재산과 자식을 의탁했습니다. 연기를 너무 잘한 겁니다. 하지만 제아무리 긴 시간을 쉬지 않고 기도한다고 해도 영혼 구원에 관심이 없다면, 그것은 천국 문을 닫는 기도입니다.

어떤 분은 다섯 시간 기도해도 지겹지 않은데 우리들교회에 와서는 기도가 어렵다고 합니다. "대학 붙여 달라고 기도하면 되지, 왜 죄를 깨달으라고 하냐" 하며 싫어합니다. 이분은 아무리 바빠도 새벽기도 꼭 가고, 남편도 장로님으로 만들어 놓았습니다. 부동산으로 돈도 벌고 학력도 있습니다. 세 시간, 다섯 시간 기도하고, 밤새 철야기도를 해도 전혀 지루하지 않다고 합니다. 붙여 달라고, 잘되게 해 달라는 기도에 눈물이 절로 난다고 합니다. 자다가도 내 정성이 부족했나 싶어 일어나 "주여!" 하고 다시 잔다고 합니다. 자식을 사랑하는 마음에 저절로 그렇게 된다는 겁니다. 얼마나 경건해 보입니까? 그런데 큐티를 해도 말씀은 전혀 들리지 않는다고 합니다.

누군가 천국에 들어가도록 돕는 것이 어려운 일 같지만 적어도 솔직하기만 하면 천국 문을 닫는 건 아닙니다.

우리들교회 한 목장보고서에 이런 글이 올라왔습니다.

'내가 하나님처럼 여기고 섬기는 것이 적어도 돈은 아니지' 생각했는데, 얼마 전에 연금법이 바뀐다는 말을 들으니까 자기가 입을 손해 때문에 심한 갈등을 하게 되었답니다. 한편, 그동안 어려움이 있을 때마다 함께 기도하고 친하게 지내던 분의 남편 사업이 잘되는 것을 보고 시기와 질투가 생겨서 놀랐다고 합니다. 또 자기 자식은 속을 썩여서 기도할 때마다 애통한데, 그분의 아들은 별로 애통할 게 없는데도 입만 열면 믿음의 소리를 해서, 그걸 또 시기하고 질투하게 되더라고 했습니다.

이처럼 내가 모르는 죄는 다른 사람을 통해서 드러나게 됩니다. 날마다 고백하는 것밖에 길이 없는데 그냥은 못 하니까 큐티를 통해 날마다 나눠야 합니다. 죄는 덮어 놓을수록 쌓이는 것입니다. 자식과 지체들 앞에서 솔직한 태도를 보이는 것이 천국 문을 열게 하는 열쇠가 됩니다.

◆ 나는 다른 사람들이 천국에 들어가도록 돕고 있습니까, 아니면 지위와 지식으로 부유해서 천국 문을 닫고 있습니까? 나에겐 모르면서 안다고 외식하는 것들이 있습니까? 나는 가족과 지체들에게 솔직한 태도를 보입니까?

성도를 천국 자식이 되게 해야 합니다

> 화 있을진저 외식하는 서기관들과 바리새인들이여 너희는 교인 한 사람을 얻기 위하여 바다와 육지를 두루 다니다가 생기면 너희보다 배나 더 지옥 자식이 되게 하는도다_마 23:15

두 번째 화는 열심히 전도해서 지옥 자식이 되게 하는 것입니다. 바다와 육지를 두루 다니며 극성스럽게 전도를 해도 지옥 자식으로 만들 수 있습니다. 팔복의 두 번째가 "애통하는 자는 복이 있나니 그들이 위로를 받을 것임이요"라고 하셨습니다(마 5:4). 구원이 목적이 아니고, 그저 교인을 늘리려고, 실적 때문에 전도하는 사람은 애통할 수도 없고, 위로를 얻을 수도 없습니다. 그래서 전도만 하고 양육을 못 한다면 부지불식간에 지옥 자식이 되는 것입니다.

바리새인들은 자신들이 백성에게 부과한 짐이 얼마나 어리석은지 잘 압니다. 또 자신을 따르는 사람들의 아첨을 속으로는 비웃습니다. 그런데 이들을 따르는 백성은 바리새인의 열심을 추종해서 그리스도인들을 두 배나 미워했습니다. 유명한 율법학자 가말리엘의 제자 사울도 그리스도인을 미워해서 끝까지 잡으러 다니는 열심을 냈습니다. 바리새인들은 율법을 준수한 사람들을 배나 더 지옥 자식이 되게 한 것입니다.

하나님의 열심보다 지나친 특심으로 지옥 자식이 되게 하는 것은 무엇입니까? 그리스도께 인도하지 않고 내 자식, 내 교인이 되게 하려니까 지옥 자식이 되는 겁니다. 하나님의 자식이 아니라 일류 대학에 가는 내 자식을 만드느라 지옥 자식이 되게 합니다. 어려서부터 내 욕심으로 내 자식으로 키웠기 때문에 이를 갈며 통한하게 되는 것입니다.

◆ 나는 영혼 구원을 위해 애통해합니까? 하나님의 열심보다 지나친 특심으로 지옥 자식이 되게 하는 것이 있습니까? 영혼을 그리스도께 인도하지 않고 내 자식, 내 교인이 되게 하고 있지는 않습니까?

잘못된 가르침을 경계해야 합니다

화 있을진저 눈 먼 인도자여 너희가 말하되 누구든지 성전으로 맹세하면 아무 일 없거니와 성전의 금으로 맹세하면 지킬지라 하는도다 _마 23:16

"온유한 자는 복이 있나니 그들이 땅을 기업으로 받을 것임이요"라고 하셨습니다(마5:5). 그런데 눈먼 인도자는 교만하여 온유와는 거리가 멉니다. 바리새인들은 성경 박사지만 말씀에 까막눈입니다. 율법의 613가지를 다 외우고 다니며 그것이 진짜 말씀인 줄 압니다.

어리석은 맹인들이여 어느 것이 크냐 그 금이냐 그 금을 거룩하게 하는 성전이냐_마 23:17

어리석은 인도자는 금이 큰지 금을 거룩하게 하는 성전이 큰지조차 모릅니다. 예물이 큰지 제단이 큰지, 목사가 큰지 하나님이 큰지도 모릅니다. 금 자체는 생활에 필요한 물질에 지나지 않습니다. 성전은 금보다 더 거룩합니다. 그런데 어떻게 금이 성전을 거룩하게 합니까?

18 너희가 또 이르되 누구든지 제단으로 맹세하면 아무 일 없거니와 그 위에 있는 예물로 맹세하면 지킬지라 하는도다 19 맹인들이여 어느 것이 크냐 그 예물이냐 그 예물을 거룩하게 하는 제단이냐_마 23:18~19

바리새인들은 "제단으로 맹세하면 안 지켜도 되지만 예물로 맹세하면 반드시 지키라"고 백성들을 가르쳤습니다. 그들이 제단보다 그 제단 위에 놓인 예물을 더 중요하게 여겼기 때문입니다. 빤한 잘못을 가르치고 있는데 어리석은 백성이 다 따라갑니다. 제단은 피 뿌림이 있는 곳입니다. 십자가입니다. 예수님이 오셔서 죽어 주심으로 제물 제사가 폐해졌습니다. 그러므로 이제는 내가 십자가 잘 지고 죽고자 하는 것만큼 큰 예물은 없습니다. 그런데 "너는 안 죽어도 돼. 대신 예물이나 많이 바쳐" 하며 교묘히 가르친 것입니다. 이것이 "화 있을진저"입니다. 예물은 그 자체로 거룩한 게 아닙니다. 성전을 위해 쓰일 때 거룩해지는 겁니다.

마가복음 9장을 보면 귀신 들린 아이를 예수님께 데려온 아버지 이야기가 나옵니다. 예수님이 "믿음이 없는 세대여" 했을 때 아버지가 소리 질러 "나의 믿음 없는 것을 도와주소서" 했습니다(막 9:19, 24). 귀신 들린 아이를 오픈한 것은 죽음에 이르는 적용이었습니다. 아버지는 "아이를 고쳐 달라" 하지 않고 "믿음 없음을 도와달라"고 했습니다. 그러자 예수님이 귀신을 쫓아 주셨고, 아버지는 믿음을 갖게 되었습니다. 아픈 자식 때문에 왔다가 아버지가 수지맞은 것입니다. 속 썩이는 자식 때문에 부모가 교회에 왔으면, 교회는 그의 믿음 없음을 가르치고 회개하게 해야 합니다. 먼저 부모가 알아야 할 것을 가르쳐서 그들이 죽음에 이르는 적용을 하도록 해야 합니다. '천만 원 헌금하고 금식기도 하면 아이가 돌아올 것'이라고 가르치면 안 됩니다. 그래서 자식이 돌아오면 그 기도가 영험하다면서 계속 갖다 바칩니다. 교회가 바리새인처럼 지옥 자식이 되게 가르쳐서는 안 됩니다.

> 20 그러므로 제단으로 맹세하는 자는 제단과 그 위에 있는 모든 것으로 맹세함이요 21 또 성전으로 맹세하는 자는 성전과 그 안에 계신 이로 맹세함이요 22 또 하늘로 맹세하는 자는 하나님의 보좌와 그 위에 앉으신 이로 맹세함이니라_마 23:20~22

바리새인들은 나무와 불, 놋쇠에 불과한 제단으로 맹세한 것은 안 지켜도 된다고 하면서 맹세의 의무를 저버립니다. 그러나 제단으로든 성전으로든 맹세한 것은 반드시 지켜야 합니다. 건물로 맹세한 것이 아니라 그 위에 계신 하나님을 증인으로 삼은 것이기 때문입니다. 그러므로 잘못된 맹세라도 하나님의 이름을 걸고 했으면 지켜야 합니다. 내 마음대로 교묘한 구분선을 만들고 피해 갈 길을 만들면 안 됩니다. 이것이 외식입니다.

바리새인들이 아전인수 격으로 자신들에게 유리하게 가르쳤습니다. 이익을 취하려고 말씀을 교묘하게 해석하면서 잘못된 것을 가르치려니까 더 율법적이 됩니다. 내 잘못을 감추기 위해 외적인 경건으로 위장하지는 않습니까?

◆ 영혼 사랑에는 관심이 없이 금과 예물을 강조하지는 않습니까? 내 이익을 취하려고 말씀을 교묘히 해석하면서 잘못 적용하지는 않습니까? 내 잘못을 감추기 위해 외적인 경건으로 위장한 적은 없습니까?

더 중요한 것에 투자해야 합니다

> 화 있을진저 외식하는 서기관들과 바리새인들이여 너희가 박하와 회향과 근채의 십일조는 드리되 율법의 더 중한 바 정의와 긍휼과 믿음은 버렸도다 그러나 이것도 행하고 저것도 버리지 말아야 할지니라_마 23:23

개역한글판은 이 구절에 있는 '정의와 긍휼과 믿음'을 '의와 인과 신'으로 기록하고 있습니다. "의에 주리고 목마른 자는 복이 있나니 그들이 배부를 것임이요"라고 했습니다(마 5:6). 의는 정직과 공평이고, 인은 다른 사람을 향한 친절과 호의입니다. 신은 하나님을 믿는 믿음입니다. 이들은 의에 주리고 목마른 게 아니라 의와 인과 신을 버렸습니다. 정작 중요한 것은 버리고 십일조 생활만 열심히 합니다. 남들에게 보이기 위해서입니다.

이들은 양념으로 쓰는 향료와 채소까지 쪼개어서 십일조를 드립니다. 이 또한 믿음이 얼마나 좋아 보입니까? 골방 기도는 안 해도 사람들이 많이 모이는 시장 거리에서 슬프게 기도합니다. 사람들이 보는 앞에서 그런 걸 하려니까 얼마나 힘들었겠습니까. 사소한 것에 목숨을 겁니다. 영적으로 병이 든 것입니다.

더구나 신명기 14장의 십일조를 규정하는 말씀에 '곡식과 포도주와 기름'은 나와도 향료와 채소에 대한 언급은 없습니다. 바치라고 하지 않은 것까지, 그야말로 '풀잎의 십일조'를 하느라고 인생이 힘듭니다. 하지만 풀잎이면 또 어떻습니까? 진정 기뻐서 드리는 십일조라면 해도 좋습니다. 외식이 되면 문제가 됩니다. 기복으로 바치니까 자신이 율법 선생이 돼서 자기 마음대로 정하고 해석하는 것입니다.

제 어머니가 열심히 믿는 것을 제일 핍박한 사람이 저의 큰언니입니다. 그런데 본인은 정작 교회를 열심히 다니면서 어찌나 십일조를 열심히 했는지 모릅니다. 제가 등록금을 전해 주면 거기에서 십일조를 할까 말까 고민을 해서 제가 따로 챙겨 줄 정도였습니다. 나중에는 통장으로 보내지 말고 봉투를 달라고 했습니다. 수입도 얼마 없는데 십일조 계산하느라 인생이 복잡합니다. 주일성수도 열심히 하고 새벽기도, 철야예배도 빠지는 법이 없었습니다. 심지어 아버지 환갑 날에도 수요예배 간다면서 얼굴만 비치고 가 버렸습니다. 아버지가 입원해 계실 때, 자식들끼리 간호 순번을 정하는데 자기는 "새벽기도 가야 한다" 하면서 가 버렸습니다.

믿음은 남을 편하게 하고 따뜻하게 해야 하는 것인데, 얼마나 남을 힘들게 하는지 본인만 몰랐습니다. 남의 말을 안 듣고 예배만 열심히 드렸습니다. 예배든 봉사든 사랑하는 마음으로 자원해서 해야 하는데 율법적인 의무로 하니까 그렇게 열심히 예배를 드려도 기쁨이 없었습니다. 그럼에도 저는 큰언니에게 순종했습니다. 순종할 수 없는 사람에게도 순종하는 것이 크리스천입니다.

카터 전 미국 대통령은 취임식에서 미가서 6장 8절 말씀을 인용했습니다. 사랑과 공의의 하나님을 인용한 것입니다. 공의도 사랑도 버리지 않고 치우치지 않아야 합니다.

제가 이렇게 말했다고 십일조 안 해도 된다고 생각해서는 안 됩니다. 십일조 안 하고 정의와 긍휼과 믿음만 행할 수는 없습니다. 십일조도, 정의와 긍휼과 믿음도 하나님을 사랑함으로 신앙고백으로 드리는 것입니다.

맹인 된 인도자여 하루살이는 걸러 내고 낙타는 삼키는도다_마 23:24

하루살이를 걸러 내고 낙타를 삼킨다는 것은 사소한 일은 지키면서 진짜 중요한 것은 안 지킨다는 것입니다. 술을 마실 때 술잔에 떠 있는 작은 하루살이는 걸러 내려면서 그보다 더 큰 부정은 아무렇지도 않게 저지르는 것입니다. 앞에서는 배우자 생일 꼬박꼬박 챙기면서 뒤돌아 앉아 간음하고 부정을 행하는 것입니다. 이것이 맹인 된 인도자입니다.

주님이 바리새인과 서기관이 미워서 "화 있을진저"라고 선포하셨겠습니까? 아버지는 문제 많은 자식을 더 사랑하게 되어 있습니다. 주님이 그러셨습니다. 가실 때가 가까운데 아직 안 돌아오니까 안타까워서 사랑하는 마음으로 "안 돌아오면 죽는다"고 하신 것입니다. 우리가 망하는 꼴을 보고 싶으셔서 아버지가 그런 말씀을 하실 리 없지 않겠습니까?

우리들교회 수요예배에 처음으로 나오신 분이 글을 올려 주셨습니다.

며칠 전 또 술에 취해 쓰러져 있는 남편한테 최후의 협박으로 이혼을 요구하자 무릎을 꿇고 울먹이며 다시는 그러지 않겠다고, 술 먹으면 법적으로 처리해도 수용하겠다고 각서까지 써 주었습니다.

벌써 몇 번째 각서인가? 이제는 수치심도 없는가? 며칠 못 갈 게 뻔한 거짓말에 모멸감과 증오심으로 분노가 끓어올랐지만, 이번만은 참말이기를, 내 의심이 잘못이기를 바랐습니다. 그러나 이틀도 안 돼 술 냄새를 풍기며 돌아와서는 내가 신경과민이라 과하게 반응한다고 나를 도리어 몰아세웠습니다.

남편이 미처 몰래 버리지 못한 술병을 딸아이가 자기 방문 뒤에서 찾아서 슬픈 눈으로 내게 전해 주며, 아빠 혼내지 말라고, 병원에 데려가라고 합니다. 어떤 엄마가 자식들 데리고 아파트 옥상에서 떨어져 죽었다는 그 심정이 이해되었습니다. 제가 마지막으로 지친 마음과 몸을 위로받을 수 있는 곳은 팔순이 넘은 노모에게 털어놓는 것이었습니다.

“엄마, 나 너무 힘들어 죽을 것 같아. 엄마 내가 혹시 최 서방과 이혼하게 되면 그간 너무 힘들었구나 하고 이해해 줘. 정말 미안해.”

엄마는 가만히 듣고 계시더니 “애들 봐서 참아라” 하십니다. 참았던 눈물이 끝도 없이 흘렀습니다. 늙은 엄마는 거친 손으로 나를 어루만지며 “네 막내 외삼촌이 술로 쉰 살도 안 돼서 죽었다. 최 서방이 그 지경이냐?” 하십니다.

남매 중에 부모 가슴에 대못 박는 자식이 되어 버린 나, 늙으신 부모님께 끝까지 숨기고 싶었지만 너무 힘들어 죽을 것 같아서 늙은 엄마 품에 토해 내고 말았습니다. 병원에 입원해 계신 아버지께는 말씀드리지 말라고 부탁했습니다.

그때부터 우리 집 근처에서 혼자 사시는 엄마는 매일 사위한테 전화해서 밥 먹으러 오라고 하시고, 안색을 살피며 마누라가 못돼서 자네 힘들게 할 거라며 위로해 주시고, 보약 해서 먹이시고, 친엄마가 돌아가셔서 돌봐 줄 엄마가 없어 불쌍하다며 당신 막내아들 다루듯 하십니다. 나는 단죄만 하려고 했는데 엄마는 사랑으로 사위의 가슴을 녹이고 계셨습니다.

자식이 부모에게 할 수 있는 가장 큰 효도는 잘 사는 모습을 보여 주는 것입니다. 아버지가 돌아가시기 전에 제가 아버지께 물었습니다.

“아버지, 제일 걱정되는 게 있으세요?”

그러자 아버지는 나를 물끄러미 보시더니 “너” 하셨습니다.

그때를 회상하며 이제는 하늘나라에서 지켜보고 계실 아버지께 다시 물어봅니다.

“아버지! 이제 걱정 안 하시죠? 보고 계시잖아요.”

다 지난 얘기인데 내 입장에서만 고백하는 게 옳은 건지 모르겠습니다.

그때는 몰랐지만 남편도 많이 힘들었을 텐데…….

술 먹는 사위에게 아침이면 해장국 끓여 주고 보약 먹이고 넘어지면 또 일으켜 주는 것이 하나님 아버지의 마음입니다. 하지만 그렇게 지극정성으로 섬겨도 내 배우자, 내 사위, 내 자식이 달라지지 않을 수 있습니다. 그런데 그렇게 섬기다 보면 섬기는 내가 달라집니다. 암초는 안 없어지는데 성령의 파도가 임해서 내가 넘어갑니다. 그러면 뭔가 일이 일어나게 돼 있습니다.

부모님 속을 썩이던 우리들교회 아이가 군 생활 중에 휴가를 나와 청년들 앞에서 간증을 했습니다.

> 저는 지금 논산훈련소 조교로 있습니다. 3년 전 교회에 왔으나 방황하느라 부모님의 속을 많이 썩였습니다. 부모님은 놀라실 테지만 저는 십계명 중 어느 것 하나도 어기지 않은 것이 없습니다.
> 열네 살 때부터 방황하기 시작해 중학생 때 벌써 술과 담배, 싸움, 본드까지 했고 고등학교 때는 이 여자, 저 여자와 하고 싶은 것 다 했습니다. 급기야 여자 친구가 임신을 해서 고민하다가 부모님께 알리지 않고 낙태까지 했습니다. 그때 부모님이 우리들교회에 오셔서 목사님을 만나 눈물로 오픈하셨고, 제가 교회에 오기만 하면 용돈을 준다고 하셨습니다.
> 스물한 살에 군대에 가 정신을 차리려고 했지만 자유롭게 살던 사람이 막히고 꽉 짜인 곳에서 살려니 적응이 안 돼 탈영까지 생각하게 되었습니다. 고민 끝에 교회에 가 보라는 상담병의 말을 듣고 교회에 나가게 되었습니다. 첫 예배 시간에 군대 오기 전 교회에서 가족 찬양으로 부르던 <하나님은 너를 지키시는 자>를 듣고 가족도 생각나고, 하나님이 저를 교회

에 오라고 하시는구나 싶었습니다. 이후 주일마다 교회에 나갔습니다.

그 후 조교가 되게 하셨고 인생의 비전도 주셨습니다. 조교 생활을 하면서 저처럼 방황하는 청소년들의 교사가 되어 그들을 인도하고 방향을 제시해 주어야겠다는 생각을 했습니다.

지옥 끝까지 갔던 저를 하나님이 이렇게 쓰시는 것에 감사하여 눈물을 펑펑 흘리고, 부모님의 소중함에 울고, 철부지같이 행동했던 것을 후회하며 또 울었습니다. 9년 동안 피우던 담배를 끊은 지 석 달이 되었습니다. 정욕과 탐욕의 세월을 끊고 있습니다. 군대라는 곳이 하고 싶어도 못 하는 곳이지만 여러분은 하고 싶은 것을 안 하는 분들이니 저보다 수준이 높습니다. 제가 이겨 나갈 수 있도록 기도해 주시고, 어떤 고난 중에 있든지 주님을 신뢰함으로 평안함을 누리길 원합니다.

기다리면서 여전한 방식으로 예배 잘 드리고 있으면 스스로 자기 죄를 고백하여 우리에게 은혜가 됩니다. 암도 낫고 사람도 돌아오는 기적이 일어납니다. 이런 아버지의 사랑을 알라고 남편이 수고하고 자식이 수고합니다. 그래서 이 아이의 엄마가 남의 자식을 내 자식처럼 섬기면서 선교를 하고 있습니다.

내가 병들고 돈이 없어도 하나님을 사랑함으로 의에 주리고 목마른 자가 될 때 풍성한 십일조를 드릴 수 있습니다. 병이 낫고 돈이 생기는 복이 아니라 믿음으로 내 가치관이 변하는 진정한 복을 받을 수 있습니다.

◆ 의에 주리고 목마르지 않아서 정의와 긍휼과 믿음을 팽개치고 목숨을 거는 사소한 것이 무엇입니까? 주님의 사랑의 경고에도 마음을 완고히 하여 하나님께 돌아오지 못한 것이 있습니까? 병이 낫고 돈이 생기는 복이 아니라 믿음

으로 내 가치관이 변하는 진정한 복을 누리고 있습니까?

말씀으로 기도하기

예수님은 바리새인들의 외식을 지적하며 "화 있을진저"라고 일곱 가지 화를 선포하셨습니다. 그런데 예수님이 경고하신 내용을 반대로 적용하면 오히려 "복 있을진저"의 인생을 살아갈 수 있습니다. 제 안에 자리한 '바리새인들의 외식'을 과감히 벗어던지고 예수님이 말씀하신 팔복을 누리며 살아가게 하옵소서.

다른 사람이 천국에 들어가도록 도와야 합니다(마 23:13~14).

외식과 위선으로 신앙생활을 하면서 스스로 믿음이 있다고 착각하는 어리석음을 범하지 않게 하옵소서. 영혼 구원에 관심 없이 남에게 보이려고 길게 기도하는 것은 천국 문을 닫는 기도임을 깨닫게 하옵소서. 내 죄를 지체들 앞에서 솔직히 고백함으로써 천국 문을 여는 기도를 하게 하옵소서.

성도를 천국 자식이 되게 해야 합니다(마 23:15).

열심히 전도하는 목적이 교인 수를 채우고 실적을 쌓는 것이 되지 않게 하옵소서. 전도한 영혼을 하나님께 인도하지 않고 '내 교인'으로 만드느라 정신이 없다면 지옥 자식이 되게 하는 것이라고 하십니다. 영혼 구원을 위해 애통함을 가지고 하나님의 자녀로 양육할 수 있게 인도하옵소서. 지나친 특심으로 자녀를 '내 자식'이 되게 하려는 노력을 멈추고, 하나님께 자녀를 온전히 내어 맡길 수 있게 도와주옵소서.

잘못된 가르침을 경계해야 합니다(마 23:16~22).

십자가는 힘들다며 교묘히 피하고, 말씀도 나에게 유리한 대로 교묘히 해석하며 잘못 적용하는 저의 악함을 회개합니다. 예물은 그 자체로 거룩한 게 아니라 성전을 위해 쓰일 때 거룩해지며, 내가 십자가를 지고 죽고자 하는 것이 가장 큰 예물임을 기억하게 하옵소서.

더 중요한 것에 투자해야 합니다(마 23:23~24).

하나님을 사랑하는 마음으로 예배드리고 봉사해야 하는데, 하루살이는 걸러내고 낙타를 삼키듯 무엇이 더 중요한지 모르니 의무감에 억지로 할 때가 많아 기쁨이 없었습니다. 부자가 되고 병이 낫는 것보다 말씀으로 내 가치관이 변하여 정의와 긍휼과 믿음을 갖는 것이 진정한 복임을 깨닫게 하옵소서.

우리들 묵상과 적용

청년 시절에 저는 이단에 빠져 억지 해석의 말씀을 분별하지 못했습니다. 오랜 세월 어머니는 이단에 빠진 저를 설득하다 안 되니 너무나 괴로워하셨습니다. 그러던 어느 날 '저렇게 열심히 믿는 것에는 뭐가 있지 않을까?'라는 생각이 들기도 하고, 모녀 관계를 망치고 싶지 않은 마음에 '딸이 가는 곳에 나도 따라갈까?' 하고 생각하셨다고 합니다. "화 있을진저"의 주인공인 나의 완고함과 맹목적인 확신으로 어머니가 그런 결심을 하시게 함으로써 천국 문을 그 앞에서 닫고 나도 어머니도 들어가지 못하게 할 뻔했습니다(마 23:13). 그러나 감사하게도 후일 어머니는 저로 인한 아픔으로 기도하시다 주님을 만났다고 고백하셨습니다.

그렇지만 저는 사람들에게 이단의 교리를 가르치고 각 지역의 교세를 살피는 데 더욱 열심을 내었습니다. 그러다 상식과 이성으로는 감당할 수 없는 교주의 불의함을 알게 되었습니다. 번민하고 고뇌하면서 하나님께 눈물로 기도도 했지만, 스스로 그곳을 박차고 나오지 못했습니다. 조직이 와해되지 않도록 바다와 육지를 두루 다니며 여러 사람을 지옥 자식으로 만들었습니다(마 23:15). 그럼에도 이런 저를 불쌍히 여기신 하나님은 그 단체의 실상을 세상에 드러내시고, 조직이 분열되는 사건으로 쫓기듯 그곳에서 나오게 하셨습니다. 그리고 긴 방황 끝에 비로소 저의 수치를 진솔하게 나눌 수 있는 건강한 믿음의 공동체로 옮겨 주셨습니다.

저는 이단에서 평생 주님과 그 나라를 위해 아낌없이 헌신하며 살겠다고 결심했었습니다. 그저 한때 부끄럽던 시절의 지나가 버린 허망한 다

짐이라 치부하며 숨지 않도록 하나님은 오늘 다시 한 번 제게 말씀하십니다. 제단과 성전과 하늘로 맹세하는 자는 그 위에 계신 하나님으로 맹세한 것이라고 저를 일깨워 주십니다(마 23:20~22). 불완전한 나의 맹세를 온전하게 하시려 말씀을 주심에 감격하며 감사의 찬양을 드립니다.

영혼의 기도

하나님 아버지 , '복 있을진저'의 인생을 간절히 원합니다. 그런데 마음이 부요해서 천국 문을 막고 있는 악이 있습니다. 용서하시고 마음이 가난해지게 하옵소서.

내 교인, 내 자식을 만들려고 두루 다니며 내 열심으로 살았습니다. 교인들이 목사를 닮는다는데, 제가 스스로 맹인 된 부분을 보지 못해서 교인들이 닮으면 어찌합니까! 저를 용서하시고 우리를 살려 주셔서 지옥 자식이 되지 않고 천국 자식이 될 수 있도록 역사하여 주옵소서. 가르침을 잘 분별하고 더 중요한 정의와 긍휼과 믿음을 버리지 않기를 원합니다. 제가 의에 주리고 목마르지 않아서 사소한 것에 목숨을 겁니다. 하루살이는 걸러 내고 낙타는 삼키는 죄를 용서하여 주옵소서.

외식을 버리라고 하셨습니다. 잘나지 못하고 돈이 없어도 진실하기만 하면 천국 문을 열어 주신다고 하셨습니다. 외식을 벗어 버릴 수 있도록 은혜를 내려 주옵소서. 하나님만이 이 일을 하실 수 있사오니 성령의 감동하심으로 '화 있을진저'의 인생이 아니라 '복 있을진저'의 인생을 살 수 있게 은혜를 내려 주옵소서. 예수님 이름으로 기도하옵나이다. 아멘.

하나님의 집을 세우는 자

마태복음 23:25~39

하나님 아버지, 세상의 집이 아닌
하나님의 집을 세우는 자가 되라고 하십니다.
안타까운 심정으로 공동체를 굳게 세우기 원합니다.
말씀하여 주옵소서. 듣겠습니다.

반들반들하고 깨끗한 집에서 우아하게 살고 있는 권사님 댁에 복면강도가 들어왔습니다. 권사님께 칼을 들이대고 "조용하시오!" 했는데 권사님이 태연하게 강도의 손을 붙잡고 기도했다고 합니다. 불쌍히 여겨 주시고 다시는 이런 일을 하지 않게 해 달라고 기도한 것입니다.

기도가 끝난 후 어쩌다 이런 일을 하느냐고 물었더니 당황한 강도는 며칠 전 출소했는데 취직도 안 되고 갈 곳도 없어서 손수레 하나 마련해서 장사하려고 강도짓을 하게 됐다고 했습니다. 권사님이 손수레 값을 줄 테니 장사하라고 하니 강도는 감격해서 복면을 벗고 무릎을 꿇고 고맙다고 했습니다. 권사님은 집 앞 사거리까지 나와서 배웅을 하고 손을 흔들어 줬답니다.

그런데 등을 돌리자마자 파출소에 신고해서 강도를 잡았다고 합니다. 이분이 하나님의 집을 세우는 자입니까, 황폐하게 하는 자입니까?

마태복음 23장 38절에 '너희 집이 황폐하여 버려진 바 되리라'고 합니다. 외식하는 유대인과 그들의 수도인 예루살렘을 향한 예수님의 탄식입니다. 우리 주변에도 황폐한 집이 많습니다. 하나님의 성전이 나인데 하나님의 집인 내가 황폐해지면 집안이 황폐해집니다. 배우자와 자녀가 황폐해집니다. 그렇다면 황폐해진 집을 누가 세울 수 있습니까?

안과 겉을 똑같이 깨끗이 하는 사람입니다

화 있을진저 외식하는 서기관들과 바리새인들이여 잔과 대접의 겉은 깨끗이 하되 그 안에는 탐욕과 방탕으로 가득하게 하는도다_마 23:25

우리는 23장 앞부분에서 "화 있을진저"의 네 가지 인생을 보았습니다. 천국 문을 닫는 사람, 지옥 자식을 만드는 사람, 잘못된 가르침으로 헛맹세하는 사람, 하루살이는 걸러 내고 낙타를 삼키는 사람이 그들입니다. 그런데 이런 사람이 교회 열심히 다니는 사람이라는 데 슬픔이 있습니다.

그런데 이번에는 사소한 것은 잘 지키면서 뇌물을 아무렇지도 않게 받으니까 다섯 번째 화를 받습니다. "긍휼히 여기는 자는 복이 있나니 그들이 긍휼히 여김을 받을 것임이요"라고 하셨는데(마 5:7) 서기관들과 바리새인들은 탐욕과 방탕 때문에 긍휼과 거리가 멉니다.

돈 있는 사람은 끼리끼리 어울려 파티를 하고 싶어 합니다. 잔이든 대접이든 그 그릇 안에 영혼의 양식을 담아 사람을 먹이고 살리는 일을 해야 하는데, 그들의 파티는 화려한 그릇과 음식 자랑이 목적입니다. 신앙생활도 멋있고 세련되게 하고 싶어 합니다. 그러나 주님은 정결한 예식보다 정결한 삶을 원하십니다. 강도를 신고한 권사님이 나무랄 데 없이 겉과 안이 깨끗해 보였는데, 어떻게 그런 연기를 할 수 있습니까? 그분은 돈은 찾았지만 청년을 실족하게 했습니다. 경찰서에서도 그 이야기를 들고는 "저 사람이 권사래" 했답니다.

물질을 내려놓으면 모든 것이 깨끗하다는 말이 맞습니다. 겉으로는 깨끗하던 부자 청년이 물질을 내려놓지 못해서 근심하고 갔습니다. 청소 잘하고 깨끗한 사람이 남을 용서 못 하고 정죄를 잘하는 걸 봅니다. 탐욕이 많아서 열심히 내 겉을 닦는 겁니다. 내 겉을 깨끗이 하고자 정도가 지나칠 만큼 부리고 있는 나의 탐욕과 방탕은 무엇인지 살펴보십시오.

> 눈 먼 바리새인이여 너는 먼저 안을 깨끗이 하라 그리하면 겉도 깨끗하리라_마 23:26

교회를 열심히 다녀도 눈먼 사람들이 많습니다. 날마다 말씀을 들어도 자기 안의 모습을 못 봅니다. 자기 문제를 모릅니다. 내 안에 탐욕과 방탕이 있는지조차 모르고 열심히 겉만 닦습니다. 외식할 수밖에 없습니다. 그래서 다섯 번째 화인 '대접'과 '잔'에서 여섯 번째 화인 '무덤'으로 내려갑니다.

> 27 화 있을진저 외식하는 서기관들과 바리새인들이여 회칠한 무덤 같으니 겉으로는 아름답게 보이나 그 안에는 죽은 사람의 뼈와 모든 더러운 것이 가득하도다 28 이와 같이 너희도 겉으로는 사람에게 옳게 보이되 안으로는 외식과 불법이 가득하도다_마 23:27~28

팔복 중 여섯 번째 복은 "마음이 청결한 자는 복이 있나니 그들이 하나님을 볼 것임이요"인데(마 5:8) 이들은 점점 더러운 것으로 회칠합니다. 점점 더 심한 악과 음란으로 갑니다. 그런데 이들이 무덤에 회칠을 한 이유가 무엇입니까? 뭣 모르고 무덤을 만지면 부정한 시체를 만지는 것이 되니까, 이게 또 율법에 어긋나니까 회칠을 해서 무덤이라는 걸 표시한 겁니다. 또한 그렇게 회칠해 놓으면 무덤이 겉으로는 얼마나 깨끗해 보입니까. 속에는 더러운 것이 가득해도 말입니다.

갓 태어난 아기는 향수를 바르지 않아도 아름다운 향기가 납니다. 하지만 죽음에 가까워질수록 화장품과 향수로 가릴 수 없는 죽음의 향기를 내는 것이 인간의 모습입니다. 이 세상에 아름다운 것은 예수 그리스도의 생명뿐입니다. 예수님이 없는 가정, 예수님이 없는 모임은 아무리 회칠을 잘해 놓아도 무덤에 불과합니다. 신앙생활을 하면서도 정직한 회개가 없으면 회칠한 무덤과 같습니다. 회칠은 일시적인 가림에 불과합니다. 비가 오면 씻겨지고, 시간이 흐르면 더러운 먼지가 쌓입니다. 그 깨끗함이 영원하지 못합니다. 우리가 이런 걸 알기 때문에 내 자식, 내 건강, 내 돈이 씻겨지고 더러워지지는 않을까, 날마다 앉으나 서나 염려하고 회칠을 하는 것입니다. 다음은 러셀 윌링엄의 『관계의 가면』에 나오는 내용입니다.

> 줄리아와 토마스 부부는 오지의 아프리카 부족을 섬기는 선교사였지만 토마스는 포르노에 중독되어 있었다. 줄리아는 그들의 주택 안에서 포르노 자료를 발견하거나 토마스가 도시에 다녀올 때마다 이상하게 행동하는 것을 보곤 했다. 심지어 한번은 토마스의 주머니에서 성인극장 입장권이 찢어진 채로 반쪽만 있는 것을 발견하기도 했다. 그녀는 남편이 하나님께 쓰임받고 있다는 것을 알고 있었지만 정욕 때문에 문제가 계속 심각해지고 있다는 것도 알고 있었다.
>
> 줄리아는 믿을 수 없을 만큼 오래 기도하는 여자였다. 그녀는 금식했다.

그녀는 남편에게 더욱 매력적으로 보이기 위해 두 배로 노력을 기울였다. 5년 동안 그녀는 토마스를 다시 건강한 사람으로 되돌리기 위해서 묵묵히 노력했다. 그가 반응이 없으면 더욱 기도하고 금식했다.
부족 내의 어떤 사람이 토마스가 자신에게 성적으로 접근했다고 비난할 때 상황은 막바지에 이르렀다. 이 일이 현지에 있던 지도자들의 주의를 끌게 되었고 그들은 토마스와 줄리아가 문제를 해결하도록 미국으로 보냈다. 그때 내가 그들을 만나게 되었다.
줄리아는 중재했고 끊임없이 인내심을 발휘했으며 그녀가 알고 있는 방식으로 토마스에게 많은 사랑을 쏟아부었다. 하지만 그녀가 하지 않은 한 가지 일은, 토마스에게나 지도자들에게 무슨 일이 일어나고 있는지 정직하게 말하지 않은 것이었다. 남편에게 직접 말하거나 그들의 감독자들에게 말하지 않은 이유를 묻자 그녀는 "그 문제를 하나님께 맡겼다"고 말했다.
나는 그녀가 전적으로 진실했지만 '고난'이라는 가면 뒤로 숨어 있었다고 생각한다. 그녀가 실제로 그 상황을 외부에 알려서 처리했다면 그녀의 결혼생활과 사역과 명성은 엉망이 되었을 것이다. 이런 이유 때문에 다른 어떤 사람도 그 문제에 개입시키지 않았던 것이다. 그녀는 선교지에서 하나님을 섬기는 영적 거장이라는 자신의 페르소나를 지켜야 했다. 그녀에게 있어서 선교사가 되는 것은 자신이 가치 있는 사람임을 입증하는 것이었다.
사랑이 대가와 상관없이 다른 사람의 최선의 이익을 위해 행동하는 것이라면 줄리아는 사랑 안에서 행하지 않았다. 사랑 안에서 행하기 위해 우리는 또한 빛 가운데 행해야 한다(요일 1:5~7). 그녀가 토마스를 위해 할 수 있는 가장 사랑 넘치는 행동은 다음과 같이 말하는 것이었다. "여보, 당신이 포르노에 빠져 있는 걸 알아요. 당신이 우리 지도자들에게 알리고 책임을 지든지, 그렇지 않으면 내가 그들에게 말하겠어요."

그러나 그렇게 했다면 줄리아의 세계는 완전히 엉망이 되었을 것이다. 실제로 그녀는 남편의 죄와 그녀 자신의 안전을 지키고 있었다. 하나님의 말씀과 하나님의 영이 이 문제에 대해 현실적으로 대처하라고 말씀하고 있었지만 그녀는 두려워했다. 그녀는 남편의 영적인 성장을 위해 노력하기보다는 자신의 현상을 유지하는 것을 더 중요하게 생각했다.

영적인 유형의 사람은 배우자, 자녀들, 상사 그리고 다른 사람들로부터 충격적인 학대나 무시를 받아도 참는 경향이 있지만 그것이 나 자신이나 다른 사람을 사랑하는 것과는 무관할 때가 있다. 가장 사랑 넘치는 행동은 "하나님의 아들이나 딸을 이런 식으로 대우하는 것은 잘못된 거예요. 나 역시 이런 방식이 괜찮다고 믿게 해서 당신에게 심각한 피해를 입히고 있어요. 나는 당신에게 정직하게 살고 있지도 않고, 당신이 다른 사람과 관계를 더 잘 맺도록 도와주지도 못해요. 이렇게 피해를 주는 행동은 오늘로 끝이에요"라고 말하면서 선을 긋는 것이다.

무조건 참는 것은 나에게도 상대방에게도 오히려 더 나쁜 영향을 줄 수 있습니다. 때로는 분명하게 경고하고 선을 그어야 합니다.

이 글을 읽으면서 저 자신을 돌아보게 되었습니다. 제가 시집살이할 때는 '내가 제일 착한 사람'이라 생각하면서 참았지만, 돌이켜 보니 '참지 않는 게 더 옳지 않았을까' 싶습니다. 제가 애를 안 보는 것도 아니고 바람을 피운 것도 아닌데, 시어머님이 회장님 사모님의 가치관으로 저를 시집살이시키셨을 때 무조건 참고 순종한 것은 '집에서 쫓겨나면 어쩌나?' 하는 두려움 때문이지 누구를 위해 참은 것이 아니라는 생각이 듭니다.

그런데 교회 안에서조차도 어떤 일을 경고하고 치리하는 것이 참 어렵습니다. 경고받고 치리받으면 자기 잘못을 회개하고 돌이키면 되는데, 대부분은 교회를 떠나 버립니다.

필립 얀시(Philip Yancey)는 이렇게 말했습니다. "율법주의는 본질상 위선을 부추긴다. 내면의 진상을 은폐할 수 있는 행동 목록이 정해져 있기 때문이다. 신학 대학이나 기독교 캠프, 심지어 교회에서도 사람들은 영적으로 보이는 법을 터득한다. 외면을 강조하면 그만큼 꾸미기가 쉽다. 내 생각에 위선의 해결 방안은 완벽 아니면 정직, 두 가지뿐이다. 그러나 마음과 목숨과 뜻을 다하여 하나님을 사랑하며 이웃을 자기 몸처럼 사랑하는 사람을 아직 한 번도 본 적이 없기에 완벽은 현실적인 방안이 아니다. 그렇다면 유일한 방안은 회개에 이르는 정직이다."

우리도 예외가 아닙니다. 교회에 나오면 가장 먼저 영적으로 보이는 법을 터득합니다. 기도도 흉내 내서 합니다. 외면을 강조하면 내면은 꾸미기 쉽기 때문입니다.

그러므로 내 안을 먼저 깨끗하게 하려면 내 죄와 수치를 먼저 오픈하는 것이 중요합니다. 내 모든 것을 고백하고 나면 '나의 문제를 사람들이 다 알고 있다'는 것 때문에라도 내가 평생 겸손하게 살 수 있는 것입니다. 또한 내 죄 때문에 겸손하게 살다 보면 내 죄가 다른 사람을 돕는 약재료가 됩니다.

◆ 교회를 열심히 다녀도 눈먼 자가 많습니다. 주님이 보라고 하시는데 못 보는 것이 무엇입니까? 내가 회칠한 문제는 무엇입니까? 주위의 눈이 무섭고 바뀔 환경이 두려워 회칠한 채로 경건의 모양은 있지만 능력이 없는 삶을 살고 있지는 않습니까?

하나님의 집을 세우는 사람은 지옥의 판결을 피할 수 없음을 압니다

> 29 화 있을진저 외식하는 서기관들과 바리새인들이여 너희는 선지자들의 무덤을 만들고 의인들의 비석을 꾸미며 이르되 30 만일 우리가 조상 때에 있었더라면 우리는 그들이 선지자의 피를 흘리는 데 참여하지 아니하였으리라 하니 31 그러면 너희가 선지자를 죽인 자의 자손임을 스스로 증명함이로다 32 너희가 너희 조상의 분량을 채우라_마 23:29~32

"화평하게 하는 자는 복이 있나니 그들이 하나님의 아들이라 일컬음을 받을 것임이요"라고 하셨는데(마 5:9) 화평과 거리가 먼 사람들은 자기네가 선지자를 죽여 놓고도 마치 선지자들을 위하고 기리는 척 무덤을 만들고 비석을 꾸밉니다. 자신들은 선지자를 죽인 조상들의 죄와 상관없다는 것을 보여 주기 위함입니다. 믿으나 안 믿으나 죽은 자를 위한 치장이 효의 으뜸처럼 여겨지는 것은 죽음이 두렵기 때문입니다. 진짜 효도는 부모님이 살아 계실 때 잘하는 것입니다. 그리고 이보다 더 중요하고, 가장 훌륭한 효도는 욕을 먹어도 구원받게 해 드리는 것입니다. 그런데 이런 가치관이 없으니까 비석만 꾸밉니다.

의인을 기리느라 무덤을 만들고 비석을 꾸미는 게 아닙니다. "나라면 절대 이사야를 죽이지 않았을 거야, 나는 선지자를 죽이지 않았어" 하고 자기 의를 드러내느라 비석을 꾸미고 무덤을 꾸밉니다. 내가 얼마나 옳고 의로운 사람인지를 드러내려는 게 목적인 것입니다.

고린도전서 10장 12절에 "그런즉 선 줄로 생각하는 자는 넘어질까 조심하라"고 하였습니다. 그런데 여러분은 어떻습니까? 남이 범죄하는 걸 보면 "나는 저러지 않을 텐데……" 하며 그들과 구별 짓느라 바쁘지는 않습니까? 입 가진 사람이 다 욕하는 사건 앞에서도 예수 믿는 우리는 함부로 지적질 해서는 안 됩니다. 나도 그럴 수 있다는 걸 늘 염두에 두어야 합니다.

자신이 진짜 죄인이라는 걸 안다면 "내 조상이 선지자를 죽였다, 범죄했다" 하며 손가락질할 수 없습니다. 믿음의 조상은 죄의 기록부를 찬란하게 가지고 있습니다. 죄의 기록부를 안 가진 사람은 남의 죄에 공감을 못 합니다. 베드로가 예수님을 세 번 부인한 죄가 있었기에 더 이상 교만해지지 않았습니다. 사도 바울이 전 세계 선교를 했어도 그렇습니다. 스데반을 돌로 쳐 죽인 자기 죄 때문에 모든 겸손과 눈물로 행할 수 있었습니다. 당한 시험을 참고 주를 섬겼습니다(행 20:18~19).

"내가 예수님을 왜 죽여? 나는 예수님을 죽인 적이 없어!" 하는 사람은 아직도 말씀이 안 들리는 사람입니다. 예수님을 십자가에 못 박은 서기관, 바리새인들과 다를 바 없습니다. 나도 서기관이나 바리새인들과 똑같은 죄인이라는 것, 환경이 되면 나도 얼마든지 죄를 지을 수 있다는 것을 늘 생각해야 합니다.

32절에 "너희가 너희 조상의 분량을 채우라"고 합니다. 조상들이 다 행하지 못한 죄악을 후손들인 너희가 가득 채워서 그 죄악을 완성하라는 것입니다. 이 얼마나 무서운 말씀입니까? 조상의 죄를 돌이키지도 않고, 내 속의 더러움도 모르고 계속 겉만 꾸미고 산다면 나는 결국 조상보다 더 악한 '너희가' 될 수밖에 없습니다. 내 자녀도 마찬가지입니다. 집안에서 형과 동생이 싸울 수 있습니다. 그런데 형이 동생을 때리는 건 엄마 아빠의 행동을 본 대로 하는 것입니다. 내 자녀가 친구와 싸울 수도 있습니다. 그런데 필통에서 칼을 꺼내 들고 싸운다면 그것은 부모가 살아온 삶의 결론입니다. 보고 배운 대로 하면서 조상의 분량을 채우는 겁니다. 믿음으로 자녀를 양육하지 않으면 내 자녀들이 조상의 악을 분량대로 더 채우게 된다는 것을 잊지 말아야 합니다. 그래서 문제아는 없고 문제 부모만 있다고 하는 것입니다.

> 뱀들아 독사의 새끼들아 너희가 어떻게 지옥의 판결을 피하겠느냐
> _마 23:33

뱀은 사탄의 상징입니다. 하나님으로부터 '모든 짐승보다 더욱 저주를 받은' 동물입니다(창 3:14). 또한 지난 3장 7절에서 세례 요한은 세례 베푸는 데로 오는 바리새인들과 사두개인들을 일컬어 '독사의 자식들'이라고 하였습니다. 자식이든 새끼든 내 부모가 독사라는데 이보다 더한 욕설이 어디 있겠습니까? 그런데 예수님도 권위 있고, 외모도 번지르르하고, 랍비라 칭함받는 그들을 향해 '독사의 새끼들'이라고 하십니다. 세리와 창녀도 아닌 교양 있는 서기관과 바리새인들을 이토록 저주하십니다.

양 무리에 염소가 섞여 있으면 염소가 양인 척하는데 양보다 더 양 같아 보인다고 합니다. 양은 진짜이기 때문에 굳이 그런 척할 필요가 없지만 염소는 양이 아니기에 '양인 척'할 수밖에 없습니다. 우리도 뱀이고 독사의 새끼면서 교회에 와서는 양인 척합니다. 교회 다니면서 느는 것이 '믿음 있는 척'밖에 없습니다.

◆ 다른 이의 죄를 보면서 나는 상관없다고 그를 정죄합니까? 나의 죄의 기록부에는 무엇이 기록되어 있습니까? 나도 얼마든지 죄지을 수 있다는 걸 인정합니까? 죄를 감추고 꾸미는 나의 거짓이 자녀들에게 채워진다는 걸 인정합니까?

끝까지 사랑하시는 하나님을 믿는 자가 하나님의 집을 세웁니다

34 그러므로 내가 너희에게 선지자들과 지혜 있는 자들과 서기관들을 보내매 너희가 그 중에서 더러는 죽이거나 십자가에 못 박고 그 중에서 더러는 너희 회당에서 채찍질하고 이 동네에서 저 동네로 따라다니며 박해하리라 35 그러므로 의인 아벨의 피로부터 성전과 제단 사이에서 너희가 죽인 바라갸의 아들 사가랴의 피까지 땅 위에서 흘린 의로운 피가 다 너희에게 돌아가리라 36 내가 진실로 너희에게 이르노니 이것이 다 이 세대에 돌아가리라_마 23:34~36

인류 최초의 순교자 아벨(창 4:8)에서부터 요아스 왕에게 직언을 해서 돌에 맞아 죽은 사가랴(대하 24:20~22)에 이르기까지, 순교자들이 흘린 피는 그 세대로 멈추지 않았습니다. 주님이 오신 후에도 세례 요한이 죽임을 당했습니다. 주님이 승천하신 후에는 스데반은 돌에 맞아 죽고, 야고보는 목이 베이고, 베드로는 십자가에 못 박혔습니다. 이 세대에까지 주의 성도들이 세상의 핍박을 받으며 피 흘리고 있습니다.

그럼에도 하나님은 자기 사람들이 피 흘릴 것을 아시면서도 지혜 있는 자들과 선지자들을 계속 보내신다는 사실입니다. 믿음이 있는 줄 알고도 시집가게 하시고 믿음이 없는 줄 알고도 장가가게 하셨습니다. 나의 결혼도 그렇습니다. 주님께서 나를 그 가정에 파송하신 것입니다. 그래서 그 가정에서 죽임당하고 못 박힘당하고 채찍질을 당해야 합니다. 주님이 보내신 그 선교지에서 남편, 아내, 아들딸에게 순종해야 합니다. 나는 숨이 막혀 죽을 것 같아도 내가 순종하고 있는 것을 주님이 알아주십니다.

언젠가는 이 세대에까지 쌓이고 쌓인 진노가 더 이상 지탱할 수 없는 때가 옵니다. 내가 흘린 피가 진노의 세대인 배우자, 자녀에게 돌아가면 어쩝니까? 나는 주님이 보내신 선지자로 파송받아서 시댁으로 처가로 보냄을 받았는데, 그래서 구박당하고 못 박히는 나를 주님이 알아주시는데, 나를 못 박은 그들이 영원히 진노의 세대에 머물면 어찌합니까?

이 땅에서 진노가 터져서 회개할 기회를 주시는 것이 축복입니다. 진노가 쌓여서 예수님을 믿지 않고 가는 것이 저주입니다.

> 예루살렘아 예루살렘아 선지자들을 죽이고 네게 파송된 자들을 돌로 치는 자여 암탉이 그 새끼를 날개 아래에 모음 같이 내가 네 자녀를 모으려 한 일이 몇 번이더냐 그러나 너희가 원하지 아니하였도다_마 23:37

하나님을 믿는 예루살렘을 향해 하신 말씀입니다. 암탉이 왜 새끼를 모읍니까? 독수리처럼 무서운 짐승에게서 보호하시려고 예루살렘을 바라보십니다. 세리와 창녀, 이방인은 믿고 돌아오는데 자기 식구들, 자기 새끼들은 안 돌아옵니다. 이제 십자가에서 죽임을 당할 금요일까지는 며칠 남지 않았는데, 믿는 식구들이 돌아오지 않고 있는 것입니다.

그러니 이것은 저주의 표현이 아니라 사랑의 표현입니다. 집 나간 자식이 돌아오기를 기다리는 것보다 더 큰 애통함으로 언제 돌아오겠느냐고 하시는 것입니다.

예루살렘의 화려함을 보고 제자들까지 탄복하는데 주님은 그 화려함을 보고 탄식하십니다. 내 자녀에게 예수가 없으면 탄식해야 합니다. 내 품에 안기라고 하시는데 정신을 못 차리고 못 알아듣는 자녀가 있으면 탄식해야 합니다.

하나님이 내게 파송하신 배우자와 자녀가 있습니까? 남편이 나를 돌로 쳐도 주님은 그 남편, 그 아내를 버리지 않고 모으려고 하십니다. 저주를 선포하시는 게 아닙니다.

그런데 우리는 바람피운 배우자를 용서 못 해 온 집안을 때려 부숩니다. 공부 못하는 자식을 구박합니다. "제발 예배 잘 드리고, 말씀 잘 듣고 지금의 삶을 해석해라. 고난이 축복이다" 해도 "나는 남편 없이도 잘 살 수 있다, 하나님도 필요 없다"고 합니다. 이것이 곧 지옥의 판결을 피할 수 없는 길로 가는 겁니다.

내 배우자든 내 부모 자식이든 가출하고 부도나고 알코올의존증인 그 사람이 바로 당신에게 천국의 소식을 가지고 온 사람입니다. 하나님께서 나를 그 집에 파송하셨습니다. 나를 돌로 치고 구박하는 걸 아신다고 합니다.

그러면 내가 이 땅에서 그 사람을 핍박해야겠습니까, 내가 핍박을 당해야겠습니까? 핍박당하는 나는 천국 가고, 핍박하는 내 식구는 진노의 세대로 죽을 텐데 눈물이 안 납니까?

> 38 보라 너희 집이 황폐하여 버려진 바 되리라 39 내가 너희에게 이르노니 이제부터 너희는 찬송하리로다 주의 이름으로 오시는 이여 할 때까지 나를 보지 못하리라 하시니라_마 23:38~39

그래도 주님은 형벌보다 찬송하게 하시려는 데 목적이 있습니다. 내 식구들이 찬송할 어느 때를 바라보고 계십니다. 그래서 결국 이것은 저주가 아닙니다. 황폐한 우리의 가정과 직장과 교회가 돌아와 찬송하기 원하시는 주님의 소망에 응답하기 원합니다.

- 주님이 보내신 나의 선교지는 어디입니까? 주님은 모으시려는데 도리어 미워하고 죽이려 드는 것이 있습니까? 내 사랑하는 식구들이 진노의 세대로 죽으면 어쩝니까? 그들을 위해 천국 복음을 전합니까?

말씀으로 기도하기

회칠한 무덤처럼 겉만 번지르르하게 꾸미는 외식을 버리고 내면까지 깨끗하게 하기 원합니다. 지옥 판결을 피할 수 없는 죄인이 바로 나 자신임을 깨닫고 속히 회개하고 돌이키게 하옵소서. 진노를 당해 이 땅에서 회개하게 되는 것이 오히려 축복임을 깨닫고서 내가 당하는 박해를 끝까지 견디게 하옵소서.

안과 겉을 똑같이 깨끗이 하는 사람입니다(마 23:25~28).

아무리 말씀을 들어도 탐욕에 눈이 멀어 내면의 문제를 보지 못하면 열심히 겉만 닦으며 외식할 뿐입니다. 내 죄와 수치를 드러내는 것이 부끄러워 회칠한 무덤처럼 죄를 덮고서 회개하지도 않습니다. 그러나 주님은 정결한 예식을 갖추는 것보다 내가 회개하고 정결하게 살아가기를 원하십니다. 나의 죄와 문제를 하나님과 교회 공동체 앞에서 솔직히 고백하고 평생 겸손하게 살아갈 수 있도록 저를 인도해 주옵소서.

나도 지옥의 판결을 피할 수 없는 존재임을 고백합니다
(마 23:29~33).

날마다 들려오는 범죄 소식이 나와는 거리가 멀다며 스스로 의로운 척, 믿음 있는 척하는 저를 용서해 주옵소서. 예수님의 십자가 용서가 없다면 저도 지옥의 판결을 피할 수 없는 존재임을 고백합니다. 환경만 된다면 저 역시 얼마든지 죄를 지을 수 있는 죄인임을 깊이 깨닫고 늘 넘어질까 조심하게 하옵소서.

끝까지 사랑하시는 하나님을 믿는 자가 하나님의 집을 세웁니다(마 23:34~39).

하나님이 나를 가정과 직장, 학교로 파송해 주셨음을 기억하게 하옵소서. 내가 속한 공동체를 선교지로 여기며 십자가 지는 마음으로 공동체 구성원들의 채찍질과 박해를 잘 감당할 수 있게 힘을 주옵소서. 하나님이 이스라엘을 끝까지 사랑하셔서 계속 선지자를 보내신 것처럼 저도 그들을 끝까지 사랑할 수 있게 도와주옵소서. 그리하여 그들이 주께로 돌아와 찬송하게 되는 역사를 목도하게 하옵소서.

우리들 묵상과 적용

실업팀 운동부 코치였던 저는 선수 시절부터 좋은 성적을 내는 엘리트 선수였습니다. 팀으로부터 거액의 계약금을 받거나 시합에서 이겨 큰 상금을 받을 때면 십일조를 꼬박꼬박 드렸습니다. 큰 금액의 십일조를 내니 스스로 믿음이 좋은 사람이라 착각했습니다. 하지만 저는 돈을 사랑하는 마음이 있기에 주일헌금이나 감사헌금 등 다른 헌금은 일절 하지 않았습니다. 심지어 아이들에게 주일학교에 가서 헌금을 내라고 가르치지도 않았습니다.

하나님은 그렇게 믿음을 버리고 겉과 속이 다른 제게 속지 않으시고 "화 있을진저"로 답하셨습니다(마 23:25). 암이 발병하여 선수 생활을 접고 코치가 되었는데, 그때부터 이해할 수 없는 직장 고난과 함께 선수 때 받던 연봉의 절반도 안 되는 봉급을 받게 된 것입니다. 수입이 줄어드니 "십일조는 하나님의 것이다"라는 말이 더 이상 제 입에서 나오지 않았고, 십일조 드리기를 점점 미루다 나중에 한꺼번에 내기도 했습니다.

그동안 저는 십일조를 드리면 하나님이 더 큰 돈을 주실 것이라는 탐욕이 있었습니다(마 23:25). 공동체에서 물질 고난을 나누는 지체들의 이야기를 들으면서도 '십일조를 제대로 안 하니 저렇지'라며 속으로 정죄했습니다. 지금 돌아보면, 십일조를 하나님의 것이라 여기지 않고 내 돈을 하나님께 드린다고 생각하는 저 때문에 지체들이 곁에서 수고해 준 것 같습니다.

저는 작년에 직장에서 계약 해지 통보를 받고 현재 다른 곳에서 불러 주길 기다리고 있습니다. 그러나 십일조를 다시 드릴 수 있는 직장을 허락해 주시도록 기도하기보다 제가 월급을 얼마큼 받을 수 있을지부터 계산하고 있습니다. 여전히 하나님께 받을 것만 생각하는 죄인임을 고백합니다. 십일조를 드릴 수 있는 것이 하나님의 얼마나 큰 축복이자 사랑인지 그동안 알지 못했습니다. 저의 물질 욕심과 더러운 마음을 드러내는 십일조 훈련을 다시 할 수 있도록 주님이 저를 불쌍히 여겨 주시고 새 직장도 허락해 주시길 소망합니다(마 23:27).

영혼의 기도

하나님 아버지, 하나님의 집이 황폐해져 있습니다. 가정이, 부부가, 교회가 황폐해져 있습니다. 하나님의 집을 세워야 하는데 우아하게 살고 싶고 교양 있게 살고 싶어서 잔과 대접을 깨끗이 닦고 회칠하고 있는 저의 더러움이 있습니다.

그 더러움을 합리화하려고 선지자들의 무덤을 쌓고 의인의 비석을 꾸미면서 나는 절대로 죄가 없다고, 나의 의를 하늘같이 뽐내고 있습니다. 지옥의 판결을 피할 수 없다는 걸 알면서도 천국의 소식을 가지고 오는 내 남편, 내 아내를 돌로 치고 때리고 구박합니다.

언제까지 복음을 거절하고 내 식구를 거절하겠습니까? 황폐하게 된 것은 나 자신이 외식하고 정직하지 않기 때문임을 인정하지 않을 수 없습니다. 나 자신의 위선과 부정직함 때문에 내 식구, 내 공동체를 황폐하게 만들었습니다. 나 자신이 가장 황폐한 것을 알고 주님께 가오니 정하신 주님의 보혈로 나를 씻어 주옵소서. 아버지만이 내 황폐함을 만져 주시고 하나님의 집을 세워 주실 수 있습니다. 저를 용서하여 주시고 저희 가정을 용서하시고 교회를 용서하시고 나라를 용서하여 주옵소서. 예수님 이름으로 기도하옵나이다. 아멘.

Part 3

주의하라, 깨어 있으라

우리가 보아야 할 것들

마태복음 24:1~5

하나님 아버지, 우리가 인생을 살면서
보아야 할 것을 보기 원합니다.
말씀하여 주옵소서. 듣겠습니다.

미 항공우주국(NASA) 비행사인 리사 노워크는 1996년 디스커버리호에 탑승하면서 '우주 영웅'이 되었던 여성 우주인입니다. 능력이 탁월했던 리사는 열 살 된 아들과 다섯 살 된 쌍둥이를 키우면서 빵도 직접 굽고 꽃도 키우고 요리도 잘하는 슈퍼 맘이었다고 합니다. 그런 그녀가 짝사랑하던 직장 동료의 연인을 살해하려 한 혐의로 경찰에 붙잡혔습니다. 전문직업인으로서도 가정주부로서도 성공을 이룬 사람이 시간을 아끼기 위해 소변 기저귀까지 차고 1,500km를 단숨에 달려가 연적을 죽이려 했다는 것입니다. 이후 그녀는 가진 모든 것을 잃고 말았습니다. 직장에서 쫓겨났고 남편과도 별거했습니다.

그녀가 성공을 위해 얼마나 긴 시간을 인내하며 달려왔겠습니까? 그러나 성공해도 한순간에 다 잃어버릴 수 있습니다. 한편으로는 성공할수록 변하기 어렵다는 것을 그녀를 통해 알게 됩니다. 성경 속 이스라엘의 왕들이 그랬습니다. 아무리 선지자들이 귀에 못이 박히게 소리쳐도 변하지 않았습니다.

무엇이 성공이고 무엇이 실패입니까? 성공하고 실패하는 인생 가운데 우리가 정작 보아야 할 것은 무엇입니까?

성공하고도 망할 수 있음을 보아야 합니다

> 1 예수께서 성전에서 나와서 가실 때에 제자들이 성전 건물들을 가리켜 보이려고 나아오니 2 대답하여 이르시되 너희가 이 모든 것을 보지 못하느냐 내가 진실로 너희에게 이르노니 돌 하나도 돌 위에 남지 않고 다 무너뜨려지리라_마 24:1~2

23장 38절에서 "보라 너희 집이 황폐하여 버려진 바 되리라" 하신 예수님은 다음 장인 24장 시작부터 "돌 하나도 돌 위에 남지 않고 다 무너뜨려지리라" 하십니다. 주님은 성전이 무너질 것을 보시고 거기에서 나가시는데, 제자들은 왜 성전 건물을 가리켜 보이려고 나아왔을까요? 병행 구절인 마가복음 13장 1절에 보면 이때 제자 중 하나가 "선생님이여 보소서. 이 돌들이 어떠하며 이 건물들이 어떠하니이까?"라고 반문합니다. "이 멀쩡한 성전이 왜 무너집니까?" 하는 것입니다.

우리의 영적 시력도 예외가 아닙니다. 주님이 보시는 것을 보지 못합니다. 주님이 무너진다고 하셔도 "내가 어때서요? 내 집안, 내 직장, 내 건강이 어때서요?" 합니다. 전혀 무너질 것 같지 않아서 우리가 이렇게 성전 가리키듯 하는 것이 한둘이 아닙니다.

하지만 주님이 안 계신 성전은 소망 없는 성전입니다. 주님이 안 계시는 결혼은 소망 없는 결혼이고, 주님이 안 계신 일터도 소망 없는 일터입니다. 건강도 직분도 그 안에 주님이 안 계시면 다 소망 없는 것입니다. 하루라도 빨리 깨달은 사람은 주님을 따라 무너질 성전에서 나가야 합니다. 영생 열차로 바꿔 타고 참성전에 들어가야 합니다. 성전이든 물질이든 주님보다 더 아끼고 집착하면 언젠가는 철저히 무너지게 마련입니다.

그런데 유대인들의 삶은 성전에서의 삶이라 해도 과언이 아닙니다. 그래서 내 인생에 성전만 있으면 뭐든지 될 것 같습니다. 어려울 때나 힘들 때나 성전만 있으면 안 망할 것 같아서 블레셋과의 싸움에서 엘리 제사장은 언약궤를 전쟁터로 보냈습니다. 하지만 졌습니다. 언약궤를 20년 동안 뺏긴 적도 있습니다. 그토록 화려하던 솔로몬 성전도 우상이 가득해서 B.C. 586년에 불타고 말았습니다. 70년 포로 생활을 끝내고 돌아와 이스라엘이 가장 먼저 한 일이 스룹바벨 성전 건축입니다. 그 후 로마 통치 때에는 헤롯이 화려한 성전을 지었습니다. 그런데 성전이 화려하면 꼭 지도자들이 기복적인 신앙으로 갑니다. 하나님이 축복을 주시면 예배조차 기복으로, 형식으로 바뀌는 것을 봅니다.

로마는 식민지 관용 정책을 베풀어서 각 나라의 종교를 인정해 주었습니다. 당시 이스라엘은 B.C. 19년에 성전 건축을 시작해서 A.D. 63년에 완공했습니다. 80여 년의 공사 끝에 완공한 성전이 이름하여 '헤롯 성전'입니다. 얼마나 아름다운지 헤롯 성전을 보지 않고는 아름다운 건축물을 논하지 말라고 했을 정도입니다.

특히 하얀 대리석으로 지은 솔로몬 누각과 왕의 누각은 높이가 12m, 둘레는 어른 셋이 둘러도 손에 잡히지 않을 정도로 규모가 대단했습니다. 지붕에는 황금을 깔고 돌과 돌 사이에는 보석을 넣어서 해뜰 때부터 해질 때까지 그 찬란함과 황홀함이 이루 말할 수 없었습니다. 촌뜨기 제자들이 성전을 보고 입이 벌어질 만합니다. 더구나 예수님이 이 예언을 하신 때는 성전을 짓기 시작한 지 약 50년이 되던 무렵입니다. 한창 화려한 외벽 공사를 할 때였습니다. 완공을 앞둔 성전이었습니다. 그런데 무너진다고 하니 그 말이 이해될 리 없습니다. 눈에 보이는 것만 믿으려 하니 예수님의 말씀이 들리지 않습니다. 이때는 로마 총독과 히브리인의 관계가 더없이 좋았습니다. 그러니 로마가 성전을 무너뜨릴 이유도 전혀 없었습니다.

하지만 서기관과 바리새인들의 죄가 극에 달했습니다. 계속 무너진다는 예수님의 설교를 세리, 창녀, 나병환자, 귀신 들린 자들은 알아듣는데 서기관과 바리새인들은 못 알아들었습니다. 자기 노력, 자기 능력으로 모세의 자리에 앉은 사람들은 오직 자신만 믿기 때문에 말씀을 못 알아듣습니다. 하지만 그 성전이 언제 무너졌습니까? 그로부터 100년 후, 200년 후도 아닙니다. 고작 30년 후인 A.D. 70년에 무너졌습니다. 반란을 일으킨 유대인들에 대한 응징으로 로마가 돌 하나 남기지 않고 성전을 완전히 무너뜨렸습니다.

로마가 하나님의 뜻대로 살아서 이렇게 했습니까? 내가 무너지고 망한 게 로마 때문인 것 같습니까? 돈 많은 사장, 돈 많은 시부모 때문인 것 같습니까? 성경을 잘 봐야 합니다. 주님은 유대인들의 죄를 계속 언급하셨습니다. 성전에서 매매를 하고, 회칠을 하고, 백성을 현혹하고, 선지자를 죽이고, 주님을 올무에 넘어뜨리려고 획책하고…… 그때마다 주님은 유대인들을 향해 "무너진다, 무너진다" 계속 경고하셨습니다. 그럼에도 말씀을 듣지 않고, 돌이키지 않기에 세계의 강국 로마의 디도 장군을 사용하셔서 유대를 응징하고 성전을 무너뜨리신 것입니다. 그러니 이 성전이 무너진 게 누구 때문입니까? 바로 내 죄 때문입니다. 로마 때문에 무너진 게 아닙니다.

주님이 역시나 이 성전을 얼마나 아끼셨습니까? 이곳에서 얼마나 많은 가르침을 베푸셨습니까? 그런데 성전의 멸망으로 동물의 제사가 완전히 폐해졌습니다. 주님이 십자가 제물이 되어 주셔서 온 인류에게 구원의 길을 열어 놓으셨습니다. 그래서 성전은 무너져야 합니다.

내가 성전입니다. 내가 완전히 무너져야 합니다. 하나님은 "너희가 내게 대하여 제사장 나라가 되며 거룩한 백성이 되리라"(출 19:6)는 말씀을 성취하려고 이스라엘 백성을 애굽에서 꺼내셨습니다. 하지만 그렇게 살지 못했기에 하나님이 로마를 사용하셔서 이스라엘을 무너뜨렸습니다. 로마가 이스라엘 때문에 전쟁을 치르며 수고한 것입니다. 성경은 늘 내 얘기입니다. 성전이 무너질 이유가 없다고 하는데 무너질 이유가 있었던 겁니다.

> 대답하여 이르시되 너희가 이 모든 것을 보지 못하느냐 내가 진실로 너희에게 이르노니 돌 하나도 돌 위에 남지 않고 다 무너뜨려지리라_마 24:2

"내가 지금까지 수많은 강론을 하고 수많은 사건을 겪고 수많은 병자를 고쳐 주었는데, 이 모든 것을 보지 못하느냐, 아직도 깨닫지 못하느냐" 하고 주님이 물으십니다. 주님은 성전의 화려함 뒤에 숨은 파멸을 보라고 하십니다.

예루살렘 성전이 80년 동안 지어졌으나 8년 만에 무너졌습니다. 하루아침에 안 망합니다. 바벨론 포로로 끌려간 것도 3차에 걸쳐서 갔고 돌아올 때도 3차에 걸쳐서 왔습니다. 내가 망하는 것은 내 인생의 결론입니다. 아무리 경고해도 듣지 않으니까 할 수 없이 망하게 하시는 것입니다. 디도 장군이 무너뜨리려고 왔을 때 그 돌 사이의 보석을 꺼내려고 돌 하나도 남기지 않고 무너뜨렸습니다.

이 세상에서 절대 무너지지 않을 것은 없습니다. 재산을 모아 놓으면 자손들이 법정 투쟁을 합니다. 없으면 안 하지만 있어서 합니다. 아낌없이 지은 것은 아낌없이 무너집니다. 잘나가고 있을 때 무너질 수 있음을 보는 것이 겸손입니다. 아낌없이 지은 것일수록 아낌없이 무너진다는 것을 깨달아야 합니다.

그런데 제자들은 그걸 보지 못합니다. 그래서 주님은 더 자세히 보라고 하십니다. 성전이 완전히 무너질 때 예수님이 하신 예언을 기억하게 하기 위해서입니다. 예수 믿는 우리는 주님의 말씀이 옳음을 증명하기 위한 인생입니다. 지금 배우자가, 자녀가 말씀은 듣지 않고 딴소리한다고 슬퍼할 필요가 없습니다. 내가 죽은 뒤에라도 바뀔 것을 기대하면서 오늘 나는 주님의 대언자로 살면 됩니다. 저의 어머니는 새벽기도 다녀오시다가 한순간에 돌아가셨습니다. 하지만 그 어머니 덕분에 아버지가 그때 한순간에 바뀌어서 열심히 하나님을 섬기셨습니다.

그러니 우리는 내 가족, 내 이웃으로부터 "믿는다면서 왜 그 모양이냐"라는 소리를 들으면 안 됩니다. "나도 믿고 나서 보니 당신은 과연 참 잘 믿는 사람이었어" 하는 소리를 듣기 바랍니다.

중독에 관한 글을 쓴 제럴드 메이(Gerald May)는 이런 이야기를 했습니다.

"일반 심리학은 두 부류의 사람들에게만 마음의 평안을 약속한다. 완벽하게 순기능적인 가정과 역기능적인 가정이라도 현대 심리학의 도움을 받아 상처를 딛고 일어난 사람들만 평안하다. 하지만 우리 시대 가장 성공적인 삶을 살고 있는 사람들은 대부분 굴곡 있는 삶을 살았다. 그러므로 진정 순기능적인 가정은 없다는 것을 보여 주고 있다…… 우리는 절대 완전한 성취를 이루도록 만들어지지 않았다. 완전한 성취를 열망하며 자라가도록 만들어졌다…… 우리의 빈 공간과 열망을 채우고, 불완전함과 같은 불편한 단어들을 고치거나 부인하는 데 삶의 대부분을 보낸다……."

그렇습니다. 누구나 실연과 아픔, 건강의 상실 등의 빈 공간을 겪지 않고 이 세상을 살 수는 없습니다. 전쟁과 억압, 상실, 죽음도 빈 공간입니다. 예수 믿는 우리에게도 빈 공간이 있습니다. 죄와 수치, 부족함이 있습니다. 그러므로 온전함을 이루려면 성경을 통해서 나의 약점을 들여다보아야 합니다. 말씀으로 그 빈 공간을 채워 나가야 합니다. 우리가 봉사를 해도 그렇습니다. 내 죄를 보지 못하고 나의 수치와 약점을 보지 못하면서 어떻게 봉사하고 섬길 수 있습니까? 자기 죄를 보지 못하는 사람은 남을 불편하게만 할 뿐입니다.

빈 공간을 내버려 두면 내 의로움과 생색만 가득해집니다. 더 많은 죄만 쌓이는 것입니다. 잘나가고 있을 때 무너질 수 있음을 보는 것이 겸손이듯 내 인생에 빈 공간이 있음을 인정하는 것 또한 겸손입니다. 진정한 사랑도 마찬가지입니다. 나의 빈 공간을 보고 인정할 때 내 배우자, 내 자녀, 내 이웃을 온전히 사랑할 수 있습니다.

◆ 평생을 수고해서 바꾸고 싶고 고치고 싶은 것이 무엇입니까? 세상의 화려함에 압도되어 그 속에 숨은 파멸을 보지 못하는 것이 있습니까? 나의 빈 공간은 무엇입니까? 나는 성경을 통해 내 수치와 약점과 죄를 날마다 들여다봅니까?

진정한 때와 징조를 보아야 합니다

예수께서 감람 산 위에 앉으셨을 때에 제자들이 조용히 와서 이르되 우리에게 이르소서 어느 때에 이런 일이 있겠사오며 또 주의 임하심과 세상 끝에는 무슨 징조가 있사오리이까_마 24:3

예수님은 무너진다고 하시는데 제자들은 때와 기한에만 관심이 많습니다. 초림과 재림은 멀리서 보면 겹쳐져서 똑같아 보입니다. 이상한 종말론자들은 몇 월 며칠 날짜를 정해 놓고 예수님의 재림을 기다립니다. 제자들 역시나 그게 어느 때인가에만 관심이 있습니다.

하지만 예수님은 미래에 일어날 일을 가르친 것이 아니라 영적인 이스라엘이 될 것을 말씀하신 것입니다. 이때보다 700년 전에 활동했던 미가 선지자는 미가서 4장 1절에서 "끝날에 이르러는 여호와의 전의 산이 산들의 꼭대기에 굳게 서며 작은 산들 위에 뛰어나고 민족들이 그리로 몰려갈 것이라"고 하였습니다. 700년 후에 오실 주님을 예언하고, 끝날에 굳게 선 주님을 바라보라고 했습니다.

우리도 미가와 같이 오늘을 끝날처럼 살아야 합니다. 이 세상과 구별된 삶을 살아야 합니다. 미가는 "유다가 망하리라" 하였지만 끝날에 오실 예수님을 소망으로 주었습니다. 그 소망을 이루기 위해 유다가 망하지 않으면 안 되었습니다. 우리도 내가 우뚝 서려면 끝날이 있어야 합니다. 무너지는 것 자체가 내가 우뚝 서는 증거입니다. 그런데 우리는 이것이 믿어지지 않습니다. 내 속의 바리새인과 서기관적인 기질 때문에 안 믿어지는 것입니다.

우리에게 세상 끝은 무엇입니까? 나의 모든 것이 무너지는 때입니다. 한마디로 죽고 싶은 상황입니다. 암에 걸리고 부도가 나고 직장에서 쫓겨나고 자녀가 말썽을 피우고 딱 죽고 싶습니다. 그런데 이것이 내가 우뚝 설 징조라는 것입니다. 많은 사람이 그것을 몰라서 정말 끝인 줄 알고 딴 길을 선택합니다. 미성숙한 제자들처럼 때와 징조를 문자적으로 구합니다. 그래도 제자들이 훌륭한 점은 예수님께 물었다는 사실입니다. 묻는 게 중요합니다. 묻는 것이 인생을 달라지게 합니다.

황폐해진 이스라엘은 곧 영적 이스라엘을 의미합니다. 죽음에서 생명의 징조를 바라봐야 합니다.

믿지 않는 형제를 주님 앞으로 인도해서 양육까지 받게 한 다음 그 형제와 결혼한 자매가 있습니다. 그런데 결혼 후 그 믿음 좋던 자매가 변하기 시작했습니다. 남편을 주님께로 잘 이끌어야 하는데 남편의 돈이 너무 좋아서 오히려 남편에게 이끌려 다녔습니다. 또 이 자매와 결혼하려고 결혼 전에는 큐티도 열심히 하던 남편은 남편대로 직장 생활하며 세상에 물들더니 급기야 비자금을 모으고 결혼반지까지 팔아서 바람을 피웠습니다. 그러다 자매가 호흡 곤란으로 쓰러지니까 이 남편이 저한테 전화했습니다. 그래서 제가 아주 단호하고 따끔하게 말해 주었습니다.

"부인이 어려서 힘들게 산 것까지 교회에서 간증했고, 많은 사람 앞에서 결혼했는데, 두 사람의 결혼이 잘못된다면 주변의 모든 사람을 실족시키는 것이다. 그것은 유다가 예수님을 팔아먹은 것보다 더 나쁜 일이다. 두 사람을 쳐다보는 사람이 많다. 당장에 바람난 여인이 있는 직장을 그만두고 목장에서 오픈해라. 시부모님께 이야기하고 돈줄을 끊어라."

그러자 그동안 들은 말씀의 능력이 있어서 이 남편이 진짜 힘든 적용을 했습니다. 회사에 사표를 내고 부모님의 돈을 받지 않기로 손발을 찍는 적용을 한 것입니다. 이것 때문에 수치를 당해도 그로 인해 평생 겸손하다면 이것이 하나님의 사랑입니다. 예수 안에서 말씀 안에서 무너지는 것이 우뚝 서는 길이고, 살아나는 길입니다.

그러나 바리새인과 서기관들은 적용하지 못해서 예수님을 죽이려고 합니다. 만약에 이 남편도 제 말을 듣지 않고, 적용도 하지 않았더라면 그 가정 역시나 파국으로 치달았을 것입니다. 그래서 적용하는 사람이 최고입니다. 인생이 선한 게 없고 기다려 봤자 달라지지 않습니다. 그때그때 적용하여 십자가를 길로 놓고 가야 달라지는 겁니다.

이 자매는 이번 사건을 계기로 남편은 돈 중독이고 자신은 남편 중독임을 깨달았다고 합니다. 그러면서 우리 가정을 너무 사랑하셔서 사건을 허락하신 주님을 찬양한다고, 영적 이스라엘이 되는 징조를 본 것에 감사한다고 했습니다. 죽고 싶고 파탄이 나도 날마다 말씀을 들었기 때문에 이게 부끄럽지 않은 겁니다. 그래서 복음이 장차 받을 환난이지만, 그 복음 때문에 우리가 영생을 누리게 되는 것입니다.

앞서 말씀드렸듯이 어떤 무너짐에도 내 속의 빈 공간을 보게 되면 진정한 사랑도 이룰 수 있습니다. 남편을 예수 믿게 한다면서도 자신이 얼마나 돈 좋아하고 남편을 좋아하는지, 자매가 자신의 빈 공간을 깨달았습니다. 그렇게 깨달은 나의 빈 공간이 사랑이 되고 사랑이 삶이 되는 것을 믿습니다.

◆ 로마가 예루살렘을 초토화시킨 것은 유대인들이 황폐했기 때문입니다. 내가 무너지는 이유는 무엇입니까? 나의 모든 것이 무너지는 세상 끝을 경험했습니까? 그 속에서 생명의 징조를 발견했습니까?

무너지는 데서 그리스도를 보아야 합니다

4 예수께서 대답하여 이르시되 너희가 사람의 미혹을 받지 않도록 주의하라 5 많은 사람이 내 이름으로 와서 이르되 나는 그리스도라 하여 많은 사람을 미혹하리라_마 24:4~5

화려한 성전이 절대 무너지지 않는다고 믿는 것처럼 우리도 각자가 절대 무너지지 않는다고 생각한 그것에서 미혹받아 넘어집니다. 우리는 무너지지 않을 건강, 무너지지 않을 학벌, 무너지지 않을 돈과 지위를 절대적으로 믿고 살아갑니다. 그러다 암에 걸리고 입시에 실패하고 실직하면 미혹을 받게 됩니다.

'미혹'은 어원상 죄로 이끄는 일, 신앙을 떠나게 하는 것입니다. 당시 유대 백성이 메시아를 간절히 구하니까 거짓 그리스도가 많이 일어났습니다. 주님은 십자가를 지고 계속 죽으시겠다고 하는데 거짓 구세주는 살려 주겠다고 나섰습니다. 그러니 다들 살려 주겠다는 말에 너도나도 미혹되었습니다.

전 세계에 거짓 그리스도가 300여 명인데 한국에만 80여 명이 있다고 합니다. 앉으나 서나 이 세상에서 구원해 줄 돈과 지위를 간절히 바라다가 거짓 그리스도가 나타나면 그에게 돈도 몸도 다 내주고 망합니다. 이단에 가는 사람은 자기 욕심 때문에 가는 겁니다. 십자가를 길로 놓지 않고도 야망을 다 이룰 수 있다고 하니까 그 길로 가다가 다 낭떠러지로 가는 것입니다.

자녀 대학입시 합격을 위해 들키지 않는다면 어떠한 불법도 저지를 부모가 많을 겁니다. 불법이 구세주가 되고 미혹이 구세주가 됩니다. 어떤 사람은 돈이 구세주이고, 어떤 사람은 외모가 구세주입니다. 그런데 다 예쁘고 다 건강하고 다 부자라면 그것이 유토피아겠습니까? 다 똑같으면 그것은 이미 유토피아가 아닙니다. 유물론이 평등을 부르짖어도 물질의 평등은 결국 가난을 초래합니다. 공산주의가 그래서 몰락했습니다. 세상이 아무리 노력해도 이루지 못할 것이 평등입니다. 그런데 거짓 그리스도는 "모두가 평등한데 너만 왜 그러고 사냐"고 합니다. 그 미혹에 다 넘어갑니다.

아파도 복이고 건강해도 복이고 대학에 붙어도 복이고 떨어져도 복입니다. 하지만 주님은 주님만이 구세주라는 것을 알게 하시기 위해 우리에게 각자 다른 환경을 주셨습니다. 그러므로 우리는 각자 환경이 다를 수밖에 없음을 인정해야 합니다. 주님만이 구세주입니다. 배우자, 돈, 미모가 구세주가 아닙니다.

시편 51편에서 다윗은 자신이 죄악 중에 출생하였고, 어머니가 죄 중에서 자신을 잉태했다고 합니다(시 51:5). 부모의 죄가 자신에게 유전되었음을 고백합니다. 그런데 14, 15절에서 "하나님이여 나의 구원의 하나님이여 피 흘린 죄에서 나를 건지소서……. 내 입이 주를 찬송하여 전파하리이다"라고 했습니다. 부모의 죄를 물려받은 다윗이 주를 찬송하고 전파하는 전도자가 되기까지 그가 바라본 것은 오직 '구원의 하나님'이었습니다. 그리고 날마다 "피 흘린 죄에서 나를 건지소서" 하고 회개하였습니다.

한 목사님이 이런 이야기를 하셨습니다. 부모님에게 세상적으로 받은 것이 없답니다. 가난과 암, 무정함과 성급함을 유산으로 물려받았다고 합니다. 무정한 아버지가 성격마저 급해서 화를 잘 내셨는데 이걸 그대로 닮았다고 합니다. 그래서 가족은 저쪽에 놓고, 교회 섬기느라 가족과 여유 있는 생활을 못 했답니다. 조급하고 화를 잘 내는 바람에 때로는 교인들에게 오해를 받기도 했습니다. 그러다 암까지 걸렸습니다. 그러나 이런 것 때문에 하나님께 나아간다고 합니다. 훌륭한 주의 종들이 얼마나 성격이 이상한지 보십시오. 성격이 이상하기 때문에 날마다 주님 앞에 나오는 것입니다. 나의 무정함을 용서해 달라고 날마다 눈물로 기도하며 한 걸음 한 걸음 주님 앞으로 나아오는 것입니다.

내 욕심과 야망 때문에 미혹받는 부분에 대해 안타까이 기도하며, 우리의 무너진 데서 오직 그리스도를 볼 수 있기를 간절히 소원합니다.

- 절대로 무너지지 않을 것 같은 것이 무엇입니까? 내가 절대로 포기하지 못하는 것은 무엇입니까? 무너지는 것이 영적 이스라엘이 되는 징조인데 헛된 징조를 구하며 시간을 낭비하고 있지는 않습니까? 내게 온 죽음과 재앙과 질병에서 회복의 징조를 보고 있습니까? 내가 망하는 것이 모든 민족이 내게 몰려오는 징조라는 것을 믿습니까?

말씀으로 기도하기

화려한 예루살렘이 무너진 것은 “무너진다, 무너진다” 하신 주님의 경고를 듣고도 회개하지 않은 까닭입니다. 이처럼 주님은 무너짐의 징조를 보이시며 회개를 촉구하시는데, 저의 죄가 보이지 않아 남 탓만 하고 있습니다. 악하고 음란한 저의 죄가 돌 위에 돌 하나도 남김없이 무너져 내리게 하옵소서. 그 가운데서 생명의 주 예수 그리스도만 바라볼 수 있게 하옵소서.

성공하고도 망할 수 있음을 보아야 합니다(마 24:1~2).

탄탄대로를 걸을 때도 내가 언제든 무너질 수 있음을 기억하기 원합니다. 아무리 화려한 성전일지라도 주님이 그곳에 안 계시면 소망이 없다고 하십니다. 결혼도, 일터도, 건강도, 직분도 그 안에 주님이 안 계시면 다 소망 없이 무너질 뿐입니다. 예루살렘 성전이 돌 위에 돌 하나도 남지 않고 다 무너진 것처럼 죄로 가득한 내가 완전히 무너지는 것이 구원의 길임을 깨닫게 하옵소서.

진정한 때와 징조를 보아야 합니다(마 24:3).

나의 모든 것이 무너져 죽고 싶은 상황에서 생명의 징조를 바라보게 하옵소서. 내가 무너지는 것이 곧 내가 우뚝 서는 길이고, 살아나는 길이라고 하십니다. 어떤 무너짐에도 내 속의 빈 공간을 보고, 그것을 말씀으로 채워 진정한 사랑을 이루게 하옵소서.

무너지는 데서 그리스도를 보아야 합니다(마 24:4~5).

예수님은 십자가를 지고 죽어야 함을 계속 말씀하시는데, 욕심과 야망을 내려놓지 못하니 살려 주겠다는 거짓 그리스도의 말에 쉽게 미혹됩니다. 절대 무너지지 않으리라 여기는 배우자와 돈, 미모, 건강, 학벌 등이 구세주가 아니라 예수 그리스도만이 구세주이심을 온전히 고백하게 하옵소서.

우리들 묵상과 적용

작년에 제가 운영하는 회사에 흉년이 찾아왔습니다. 매출은 오르지 않는데 원자재 가격이 상승하니 회사 사정이 점점 어려워졌습니다. 그러나 이것은 재난의 시작일 뿐 돌 하나도 돌 위에 남지 않고 다 무너뜨려지는 것 같은 사건이 찾아왔습니다(마 24:2, 8). 회사에는 20년이 넘도록 근무한 직원이 있는데, 그가 제가 하는 일에 사사건건 반대하고 저를 대적하며 다른 직원들을 미혹하는 것이었습니다(마 24:4~7). 저는 그의 존재를 보는 것만으로도 미운 마음이 들었고, 여러 생각으로 요동치는 제 마음을 제어하기가 힘들었습니다. 그런데 매주 교회 소그룹 모임에서 그 직원에 대해 나눌 때마다 지체들은 그 직원을 설득하며 가라고 권면해 주었습니다. 저는 소그룹 리더로서 체면 때문에라도 그 직원을 미워하는 마음을 내려놓고 그를 퇴사시키지 않기로 했습니다.

그런데 얼마 후 그 직원의 아들이 교통사고를 크게 당하는 일이 발생했습니다. 그때 저는 비록 그를 사랑하는 마음은 식었지만 아들의 큰 사건 앞에 힘들어하는 그에게 다가갈 기회라는 생각이 들었습니다(마 24:12). 그래서 소그룹 지체들에게 하듯이 진심으로 위로해 주자 그가 조금씩 바뀌었습니다. 생산 현장도 개발 업무도 누구보다 잘 알기에 그가 자기 일처럼 맡아서 처리해 주니 막힌 업무들이 하나씩 해결되었습니다. 그리고 지금은 제게 큰 힘이 되어 주고 있습니다.

제 욕심과 죄의 돌무더기가 하나도 남지 않고 무너져야 함을 깨닫지 못하니, 하나님은 제게 물질과 관계 고난을 징조로 보여 주셨습니다(마

24:2~3). 그렇지만 재난의 시기에 말씀이 있는 공동체에서 힘든 마음을 나누고 제 죄와 사랑 없음을 보게 하심으로 끝까지 견딜 수 있게 하시니 감사합니다(마 24:13). 회사 사정은 여전히 어렵지만, 주위 사람들을 진심으로 이해하고 사랑하며 영혼 구원을 위해 제가 서 있어야 할 곳을 깨닫고 말씀의 증인으로 살아가겠습니다(마 24:14).

영혼의 기도

하나님 아버지, 로마를 들어서 저를 무너지게 하는 것은 제가 황폐하고 모세의 자리에 앉아서 외식과 위선과 회칠을 하기 때문이라고 정확히 말씀하시는데, 저는 로마를 부러워하고 두려워하니까 그 때를 물어봅니다.

저를 밟아 주는 로마가 남편이고 아내고 부모님이고 자식입니다. 그들이 의미 없는 전쟁을 하는데 어떻게 하면 좋겠습니까? 나의 죄성 때문에 무너지는 사건이 온 것을 알고 시인하는 것이 우리의 배우자, 자녀를 사랑하는 길이라고 하십니다. 이 무너짐 속에서 생명의 징조를 바라보게 하옵소서.

유대가 망하며 예수님이 오시면 모든 민족이 달려온다고 했는데 모든 사람을 주님께로 이끄는 사명을 무너짐 속에서 발견하게 하옵소서. 그 무너짐 속에서 다른 구세주를 보지 않게 하옵소서. 절대로 무너지지 않는다는 그것 때문에 미혹받지 않게 하시고 다른 구세주는 없다는 것을 알고 예수님의 이름으로 다른 구세주를 물리치게 하옵소서.

부모님을 찾아가고 친척들을 만날 때 그들의 구원을 미루지 않고 전할 수 있도록 지혜와 용기와 담대함을 주셔서 부러워도 말고 두려워도 말게 하옵소서. 교만한 그들을 말씀으로 해석하고 치유해 주는 우리가 되게 하시고 우리가 마땅히 봐야 할 것을 볼 수 있도록 은혜를 내려 주옵소서. 예수님 이름으로 기도하옵나이다. 아멘.

끝이 오리라

마태복음 24:6~14

하나님 아버지, 우리에게 끝이 오리라 하십니다.
이 끝을 위해 우리가 해야 할 일을
말씀하여 주옵소서. 듣겠습니다.

집회 인도를 위해 튀르키예의 안탈리아를 방문한 적이 있습니다. 그곳은 사도 바울이 1차 전도여행 때 들렀던 아름다운 항구 도시입니다. 이 안탈리아 가까이에 버가가 있는데, 버가는 3천 년 전에 건설된 고대 도시로 바울이 방문한 2천 년 전에 이미 인구가 50만 명인 대도시였습니다. 도시 전체가 대리석과 모자이크로 장식된 화려한 도시였다고 합니다. 그런데 2세기 때 로마에 정복당하면서 로마인들이 대리석을 모두 뜯어가 버리고 지금은 뜯긴 모습 그대로 폐허의 흔적만 남아 있습니다.

바울이 버가에서 설교할 당시에는 아무도 귀 기울여 듣지 않았지만, 그 폐허를 통해 역사는 우리에게 말하고 있습니다. "모든 것은 끝이 있다. 모든 국가와 도시와 개인에게는 종말이 있다"고 외치고 있습니다.

이 세상 모든 것에는 끝이 있습니다. 고통이 아무리 커도 끝이 있고, 기쁨이 아무리 커도 끝이 있습니다. 그러나 바울이 가져다준 복음은 영원합니다. 시작과 끝이 없는 것은 하나님뿐입니다. 2천 년이 지나는 동안 수많은 세상 권위와 영광은 사라졌지만, 하나님의 권위와 영광은 영원합니다. 내가 예수님 때문에 지나온 자취도 영원할 것입니다.

그런데 우리는 툭하면 "이젠 끝났다"라고 합니다. 어려운 일에 부딪히면 포기할 생각부터 먼저 합니다. "이젠 끝이야!" 하면서 스스로 삶을 끝내기도 합니다.

결혼생활도 마찬가지입니다. 갈등이 생기면 부부 가운데 있는 사탄의 세력을 인식하지 못한 채 상대를 비난하는 데 모든 초점을 맞춥니다. 그러다 "여기서 끝장내자" 합니다. 이혼만이 유일한 탈출구라 생각합니다.

삶이든 결혼생활이든 포기하고 싶은 유혹을 받을 때 우리가 믿기 쉬운 거짓말은 '이 관계는 더 이상 해결책이 없다'는 것입니다. 그러나 이것은 모두 함정입니다. 구원을 얻으려면 끝까지 견디라고 하십니다. 그렇다면 그 끝은 언제일까요? 구원을 얻기 위해 언제까지 견뎌야 할까요?

종말은 반드시 옵니다

난리와 난리 소문을 듣겠으나 너희는 삼가 두려워하지 말라 이런 일이 있어야 하되 아직 끝은 아니니라_마 24:6

난리 소문을 듣겠지만 두려워 말라고 하십니다. 왜냐하면 이 일이 있어야 하기 때문입니다. 다시 말해, 아직 끝은 아닌 것입니다.

7 민족이 민족을, 나라가 나라를 대적하여 일어나겠고 곳곳에 기근과 지진이 있으리니 8 이 모든 것은 재난의 시작이니라_마 24:7~8

곳곳에 기근과 지진이 있습니다. 그런데 이 모든 것이 재난의 시작이라고 하십니다. 끝도 아니고 시작입니다. 그런데 우리는 소문만 들어도 무섭습니다. 내가 자랑하는 예루살렘이 무너지게 생겼는데, 내 아들이 무너지게 생겼는데, 회사가 무너지게 생겼는데 두렵지 않겠습니까? 미혹을 안 받겠습니까?

하지만 전쟁의 소문을 들어도 아무렇지도 않고, 옆 나라에 지진이 일어나도 강 건너 불구경하듯 전혀 심각하지 않은 사람이 있습니다. 나에게 영향을 미치지 않기 때문에 '나와 무슨 상관이랴' 합니다.

그런데 이런 사람일수록 나한테 오는 사건 앞에서는 대성통곡을 합니다. 내 인생을 내 관점으로 해석하기 때문에 나에게 조금만 손해가 와도 두려워합니다. 결혼도 두려워서 못 합니다. 늘 돈 없어서 굶을까 봐 두렵습니다. 자식이 공부 못해서 나중에 못살까 봐 두려워합니다.

그 어떤 고난도 하나님이 허락하신, '있어야 할 일'로 여기지 않고 무조건 내 중심으로 생각하니까 두려운 것입니다. 하지만 이 세상 모든 기근과 지진과 전쟁까지도 '나와 상관있다' 여기는 사람은 내 앞에 어떤 사건이 와도 있어야 할 일이라고 생각합니다. 그러니 두려울 게 없습니다. 어떤 재앙도 '있어야 할 일'이라고 생각하면 끝이 아니고 구원의 시작입니다.

◆ 내 인생에 일어난 기근과 지진 같은 사건은 무엇입니까? 그 인생의 재난이 나의 구원을 위해 반드시 일어났어야 할 일이라는 것이 믿어집니까? 그럼에도 여전히 두려운 것은 무엇입니까? 지금 세상에서 일어나고 있는 전쟁과 지진과 기근의 사건을 나와 상관있다고 여깁니까, 강 건너 불구경하듯 합니까?

종말이 오면 사랑이 식습니다

그 때에 사람들이 너희를 환난에 넘겨 주겠으며 너희를 죽이리니 너희가 내 이름 때문에 모든 민족에게 미움을 받으리라_마 24:9

난리와 기근과 지진의 소문 때문에, 부도와 실직 때문에, 병 걸림 때문에, 돈 없음 때문에 환난이 시작됩니다. 이때 우리 믿는 사람들이 예수님의 이름 때문에 미움을 받고 죽임을 당한다고 합니다.

그 때에 많은 사람이 실족하게 되어 서로 잡아 주고 서로 미워하겠으며_마 24:10

시험에 빠져 자식이 아버지를 고소하고 배신하고 관계가 깨어집니다. 환난이 독이 되고 상처가 되어서 추해집니다. 난리가 나면 미움을 받을 것이라고 합니다. 만일 시집가자마자 시댁에 부도가 났다고 합시다. 그래서 시부모님이 "네가 잘못 들어와서 부도가 났다!"고 하면, "지진이 있으리니……" 하면 되는데 '왜 나 때문이야' 하면서 미워하면 상처가 되어 추해집니다.

그 집을 구원하기 위해 부도가 났으므로 내가 예수님을 위해 미움을 받아야 합니다. 난리가 나고 지진과 기근이 있을 때, 예수님의 이름 때문에 미움을 받는 사람이 있어야 합니다. 예수 이름을 위해 미움받는 공동체가 있어야 합니다. 혼자는 못 받습니다. 공동체가 필요합니다.

예수 이름을 위해 미움받는 우리에게 리더십이 있습니다. 내가 왜 미움을 받느냐고 따지지 않고 예수 이름을 위하여 미움을 받을 때 우리의 종말이 구원의 사건으로 이어집니다.

우리들교회 홈페이지에 이런 글이 올라왔습니다.

> 나보다 더 나를 잘 아신다는 주님이 내가 외로운 걸 싫어하는데 왜 외롭게 하시는가? 고난은 축복이 아니고 고통일 뿐이다. 교통사고로 허리 통증을 앓고 있는 재혼한 남편이 이혼을 요구했고, 데리고 들어간 딸은 카드 절도를 하고 가출을 했다. 남편에게 한 달만 우리들교회에 가 보자 해서 데려왔지만 여전히 이혼을 요구한다. 이혼하기로 최종 결정을 하고 이삿짐을 싸려니 외로움이 사무쳐서 부모님과 언니가 있는 하늘나라에 가고 싶은 마음뿐이다. 남편 대신 딸이라도 내 옆에 있으면 좋으련만 아무도 내 옆에 있기를 싫어한다. 하나님은 왜 다른 사람만 사랑하시는가? 왜 나는 사랑하지 않으시는가?

외로워서 결혼하면 안 됩니다. 내가 배우자를 도울 수 있을 때 결혼해야 합니다. 초혼과 달리 재혼은 둘이 같이 쌓은 추억의 박물관이 없기 때문에 수틀리면 내 돈 쓴다 싶어서 당장에 이혼을 결정합니다. 그래서 제가 재혼은 천 번 만 번 재고하라고 하는 겁니다. 되도록 안 하는 게 좋습니다.

에스겔 선지자는 여호와의 권능에 사로잡힌 가운데 하나님의 말씀이 임하고 하늘의 영광을 보았습니다. 이후 그는 벙어리가 되어 집 밖으로 나가지 못하는 고초를 겪었습니다. 하나님의 말씀을 전할 자로 쓰시고자 그를 훈련하신 겁니다. 그런데 에스겔서 4장에서 하나님이 급기야 인분에 떡을 구워 먹으라 하시니까 에스겔이 어찌하였습니까? "내가 가로되 오호라 주 여호와여 나는 영혼을 더럽힌 일이 없었나이다 어려서부터 지금까지 스스로 죽은 것이나 짐승에게 찢긴 것을 먹지 아니하였고 가증한 고기를 입에 넣지 아니하였나이다" 했습니다(겔 4:14, 개역한글).

"오호라, 하나님이 어떻게 나더러 인분에 떡을 구워 먹으라고 하시는가?" 싶어서 에스겔이 시험에 들었습니다. 내가 얼마나 잘했고 봉사했는지 조목조목 따지고 듭니다.

그런데 우리는 사랑을 해야지 봉사를 하면 안 됩니다. 예수 이름을 위해 미움을 받아야 상처가 안 됩니다. '내가 왜 이런 결혼을 해서 시련을 겪나?' 하지 말고 이것이 시작이라고 해석해야 합니다.

에스겔서는 48장까지인데 이제 겨우 4장 왔습니다. 행함이 많이 있는 것 같아도 에스겔도 키워 가시고 메시지도 키워 가신다고 했습니다. 8장에서 예루살렘 성전에 얼마나 우상이 가득한지 보여 주셨습니다. 70명 장로들은 못 보는데 이 훈련을 받은 에스겔은 봅니다. 담무스 신에게 애곡하면서 부녀들이 찬양을 하고 여호와의 전을 등지고 앉은 동쪽 태양에게 절을 하는 사람들이 성전에 가득합니다(겔 8:14~16). 백성이 아무리 부르짖고 기도해도 기도의 대상이 하나님이 아님을 보는 사람은 에스겔밖에 없습니다. 그걸 보게 하시려고 에스겔을 벙어리로 만들어 집 밖에도 못 나가게 하며 훈련을 시키신 겁니다.

우리는 미움도 안 받고 욕도 안 먹고 사랑도 여전한 채로 복음이 전해지길 바랍니다. 상사와 시부모, 남편에게 너무 잘했는데 그럼에도 인정받지 못하면 갑자기 폭발하여 소리를 지릅니다. 제가 5년 동안 시집살이 잘 하다가 집 나오기 전 3일 동안 방황을 했습니다. 5년 동안 책도 못 보고 시장도 못 가고 그렇게 살았는데 악 소리가 안 났겠습니까? 뭘 어떻게 해야 할지 몰랐습니다. 코트를 걸쳐 입고 나와 뚝방길을 왔다 갔다 하다가 다시 들어와 3일 동안 방에서 안 나갔습니다. 예수 이름 때문에 미움받는다는 생각이 없어서 앉아야 할지 서야 할지 모른 채 교양으로 미움을 참는 것은 정말 미련한 짓입니다. 어머니가 너무 기가 막혀서 동서를 불러다 제 방문을 두드리니까 제가 간섭하지 말라고 소리를 질렀습니다.

그런데 하나님은 제게 그것이 예수 이름 때문에 미움받는 것이라고 가르쳐 주셨습니다. 제가 에스겔처럼 주님의 계획 속에 있는 인생이었기 때문입니다. 에스겔도 난리 치니까 인분을 쇠똥으로 감해 주셨습니다. 처음부터 쇠똥으로 하셨으면 에스겔이 감사하지 못했을 텐데 인분에서 쇠똥으로 감해 주시니까 너무 감사한 겁니다. 저도 시댁에서 분가를 하니까 너무 감사했습니다. 아침저녁 문안을 가는 것도 문제가 되지 않았습니다.

잘 살다가 못 살겠다고 소리 질러도 주님은 그것도 예수 이름 때문에 미움받는 것으로 쳐주셨습니다. 그래서 가끔 소리도 질러야 합니다. 교양으로 참다가 병원에 갑니다. 지금 뭘 해야 할지 모르겠다면 아직 훈련이 남아 있다는 뜻입니다.

거짓 선지자가 많이 일어나 많은 사람을 미혹하겠으며_마 24:11

욕을 먹으면서 나로서는 아무것도 할 수 없다는 걸 깨달았다면 주님이 왕 노릇을 하시도록 말씀을 봐야 합니다. 어떤 경우에도 내 빈 공간을 보는 것이 예수 이름을 위해 미움을 받는 것입니다. 나의 빈 공간을 보지 못하고 내가 잘난 줄 알면 거짓 선지자가 미혹합니다.

불법이 성하므로 많은 사람의 사랑이 식어지리라_마 24:12

많은 사람이 거짓 선지자의 말에 속고 싶어 합니다. 노후가 걱정되고, 공부 못하는 자녀의 장래가 걱정되어 거짓 선지자의 말에 속아서 미혹되는 것입니다. 자녀가 공부 못하고 믿음도 없고 취직도 안 된다면, 하늘이 무너질 일이라고 걱정할 게 아니라 이 힘든 일이 '있어야 할 일'이라고 생각해야 합니다. 거짓 선지자에 미혹되어 '대학만 갈 수 있다면', '취직만 할 수 있다면' 하면서 불법을 저지르면 안 됩니다. 자녀를 위한다고 불법을 저지르면 그것이 진리가 아니기 때문에 부모 자식 간의 사랑이 식어 버립니다. 무서운 결과를 가져옵니다. 사랑이 식은 곳에는 파멸밖에 없습니다.

값싼 구원은 없습니다. 그런데 얼마든지 구원된다고, 취직한다고 합니다. 사랑의 희생을 치르지 않은 것은 어떤 것도 올바른 결과가 아닙니다. 사랑이 식으면 전하지 못하고 전하지 않으면 사랑이 식을 수밖에 없습니다. 복음을 전하지 않으면서 가족 사랑이 됩니까? 그런 사랑은 돈 떨어지고 지위 떨어지고 환경이 바뀌면 식고 맙니다.

복음을 전하고 희생을 치르고 남들을 도와주는 사랑만이 영원합니다. 내 식구밖에 모르는 사람은 쾌락을 위해 나가서 바람을 피우고 정욕대로 삽니다. 반드시 난리의 소문을 듣게 됩니다. '당신이 어떻게 그럴 수 있느냐'는 일이 오게 됩니다. 그런데 이 모든 것도 있어야 할 일입니다.

◆ 있어야 될 일로 여기지 않으면 사랑이 식어져서 시험에 빠져 잡아 죽이고 미움받을 일이 있습니다. 어떻게 이런 일이 생기는가 하는 일이 무엇입니까? 예수 이름을 위하여 기꺼이 미움을 받겠습니까? 나는 거짓 선지자에게 미혹당하여 불법을 저지른 적이 있습니까?

복음이 전파될 때 진정한 끝이 옵니다

그러나 끝까지 견디는 자는 구원을 얻으리라_마 24:13

사랑이 식어 버리고, 남이 나를 미워하고, 때리고 잡아 죽이려 할 때 여러분은 어떻게 끝까지 견디겠습니까? 어떤 믿음의 공동체도 모두가 거듭난 곳은 없습니다. 내 집안도 마찬가지입니다. 그래서 내가 누군가에게 미움을 받아도 믿음의 사람은 거듭난 모습을 보여 줄 의무가 있습니다. 내 배우자가 바람을 피우고 나를 미워하고, 부도나고 실직을 해도 내가 보여 줘야 할 얼굴이 있습니다. 이를 악물고 견디면 이만 빠집니다. 이를 악물고 견디는지, 구원을 얻으리라는 약속을 붙잡고 견디는지 상대방이 다 압니다. 영적 진실성의 결과는 인내라고 했습니다. 견디고 인내하는 것을 못 하면 구원이 이루어지지 않습니다.

이 천국 복음이 모든 민족에게 증언되기 위하여 온 세상에 전파되리니 그제야 끝이 오리라_마 24:14

천국 복음이 전파되는 게 끝입니다. 우리의 고난은 천국 복음이 전파되기 전에는 끝이 아닙니다. 하나님은 우리에게 천국 복음 전파의 사명을 주셨습니다. 천국 복음 전파를 위해 실직과 질병과 사랑이 식어지는 일들을 허락하셨습니다. 다 끝내고 이혼하라고, 자살하라고 난리와 기근과 지진을 주신 것이 아닙니다. 난리로 고난이 시작됐어도 그 고난을 통해 온 가족이 예수를 믿게 되면 그것이 고난의 끝입니다.

왜 천국 복음이 모든 민족에게 증언되어야 합니까? 복음이 능력이기 때문입니다. 하나님은 '아이라서 말할 줄 모른다'는 예레미야에게 이렇게 말씀하셨습니다. "보라 내가 오늘 너를 여러 나라와 여러 왕국 위에 세워 네가 그것들을 뽑고 파괴하며 파멸하고 넘어뜨리며 건설하고 심게 하였느니라"(렘 1:10).

망해 가는 나라의 보잘것없는 선지자인 예레미야에게 어떻게 이런 능력이 있습니까? 그것은 예레미야의 능력이 아니고 말씀의 능력입니다. 우리는 사명을 가진 이 땅의 그리스도인입니다. 하나님은 예레미야를 알았다 하시고 구별하였다 하셨습니다. 그리고 열방의 선지자로 세워 말씀을 그의 입에 두셨습니다. 그리고 명하십니다. 누구에게든지 보내는 곳으로 가라, 무엇을 명령하든지 말하라. 그것이 우리에게 주신 사명입니다.

폭풍우가 몰아친 다음 날 운전을 하고 가는데 신호등이 쓰러져 있습니다. 그냥 지나치려고 하는데 쓰러진 신호등에서 빨간불이 들어옵니다. 가야 합니까, 서야 합니까? 나도 모르게 섰는데 조금 있다가 파란불이 들어왔습니다. 그제야 갔습니다. 넘어진 신호등은 누워서도 사명을 다합니다. 우리는 병이 걸리고 실직을 해도 사명을 다할 수 있습니다. 심지어 이혼을 했어도 사명을 다할 수 있습니다. 우리가 사명을 위해서 무엇을 하고 있습니까? 그렇게 살면 삼십 배, 육십 배, 백 배의 결실을 맺는다고 약속하셨습니다.

감자 한 알을 심으면 열다섯에서 스무 알을 거둔다고 합니다. 옥수수 한 알을 심으면 한 자루가 300알쯤 됩니다. 두 자루가 나오면 600알, 세 자루는 900알입니다. 한 알을 심고 천 배를 거두는 겁니다. 참깨는 만 개에서 1만 2,000개, 조는 1만 5,000~2만 개가 나옵니다. 만 배의 축복은 성경적입니다. 제가 남편 한 사람을 구원하기 위해 13년을 집에 있었는데 지금 만 사람보다 더한 사람들에게 복음을 전했습니다.

한번은 제가 해외 선교사님들 앞에서 잘난 척을 했습니다.

"좋은 선교지, 나쁜 선교지가 어디 있습니까? 저는 13년 동안 한 사람도 구원 못 했습니다! 더구나 믿는 집입니다. 외국은 인정이나 받지 저는 모두가 인정하는 예수 믿는 집에 가서 정말 한 사람도 구원 못 했습니다. 좋은 선교지, 나쁜 선교지는 없습니다. 어떤 선교지에서든 자신의 빈 공간만 보면 됩니다."

그랬더니 모두 "맞다"고 수긍해 주었습니다. 여러분은 사명을 위해 무엇을 합니까? 시작은 온 난리였지만 고난당하다 온 가족이 예수 믿으면 죽어도 됩니다. 그런데 아직까지 우리 집안에 복음이 전파되지 않았으면 죽을 수가 없습니다. 아직 끝이 오지 않았습니다. 나 죽으면 누가 이 역할 합니까? 누가 미움받는데 독 없는 얼굴을 보이겠습니까? 그런데 부도나고 바람피운다고 이혼하면 말이 됩니까? 너무 좋은 역할을 주셨는데요.

예레미야 1장 10절의 말씀처럼 건설하고 심기 위해서는 먼저 뽑고 파괴하고 파멸하고 넘어뜨리는 과정이 필요합니다. 난리와 지진은 나를 건설하고 심기 위해 있어야 할 일입니다. 예수 그리스도가 내 인생에 우뚝 서기 위해, 내 가정이 우뚝 서기 위해 성전의 무너짐은 일어나야 할 일입니다. 내가 심기기 위해, 우리의 가정을 건설하기 위해 끝까지 견뎌야 할 일은 무엇입니까? 견뎌야 천국 복음이 전파됩니다. 천국 복음을 위해 헌신해야 할 일이 무엇입니까?

어느 튀르키예 선교사는 6년 반 기도해서 한 명의 성도를 얻었다고 합니다. 튀르키예에는 선교사가 250명가량 있는데, 사도행전에 의하면, 2천 년 전에는 여덟아홉 명이 있었습니다. 주님은 바울만 데리고 일하시는 게 아니라 250명을 데리고 일하십니다.

복음이 전파되어야 내가 죽을 수 있습니다. '너 결혼만 시키면 내가 죽어도 돼', '네가 학교만 마치면 내가 죽어도 돼' 하십니까? 결혼과 공부는 하나님이 다 시키십니다. 내가 죽지 못할 이유는 복음이 전파되지 않았기 때문입니다. 우리의 기도 제목도 이렇게 달라져야 합니다.

안탈리아의 아스펜도스 경기장은 2천 년 전에 세워진 1만 5,000석 규모의 경기장입니다. 그런 곳에서 제가 집회를 했습니다. 그날 뇌성벽력을 동반한 비가 억수로 쏟아지는 것을 뚫고 갔는데 예배 시작 직전에 비가 딱 멈췄습니다. 이런 기가 막힌 경기장에서 히브리인들을 데려다가 굶주린 사자 앞에 세우고 가이사를 인정하고 하나님을 부인하면 사자의 밥이 되지 않고 황금마차를 태워 준다고 위협을 했습니다. 그러나 단 한 명도 황금마차를 선택하지 않았다고 합니다. "하나님의 씨가 그의 속에 거함이요 그도 범죄하지 못하는 것은 하나님께로부터 났음이라" 했습니다(요일 3:9).

다음은 우리들교회 한 자매의 나눔입니다.

아침에 자고 있는 저를 오빠가 장난으로 툭 하고 건드렸는데, 제가 오빠한테 발길질을 했습니다. 평상시에도 자주 일어나는 장난질이지만 오늘 아침 오빠는 이상하게 혈기를 부리며 밥상을 엎었습니다. 저는 순간 너무 놀랐고, 가만히 이불 속에서 '나의 십자가다. 나의 십자가다'를 반복하며 눈물을 삼켰습니다. 예전 같으면 벌써 오빠한테 소리 지르고 악을 쓰며 덤볐을 텐데…… 제가 하나님 안에서 정말 잘 죽어진 줄 알았습니다.
그런데 엎어진 밥상을 치우는 엄마의 모습이 너무 애처로워 보였습니다. 시집가서는 남편이 엎은 밥상을 치우고 이제는 아들이 엎은 밥상까지 치우는 엄마의 모습에 정말 한숨이 나왔습니다. 그리고 엄마의 인생이 너무 구질구질해 보였습니다. '그걸 왜 엄마가 치워? 밥상을 엎은 사람이 치워야지' 하면서 오빠가 미워서 엄마를 거들어 주지도 않았습니다. 전 아직도 죽지 않았고 십자가에서 기절한 것도 아니고 그냥 아주 멀쩡히 살아 있었습니다.
엄마와 오빠가 출근하고 혼자 남은 집에서 미친 듯이 울고 또 울었습니다. 서러워서 울고, 속상해서 울고, 울고 또 울었습니다.
그리고 처음으로 오빠의 옷을 끌어안고 울며 기도했습니다. 오빠를 사랑하게 해 달라고, 오빠를 이해하게 해 달라고, 그렇게 눈물 콧물 다 쏟으며 기도하고 나니 마음이 편안해졌습니다. 그러다 문득 오빠가 지금까지 받은 고난과 상처에 대해서 생각하니 너무 미안한 마음이 들었습니다. 지금까지 저는 단 한 번도 오빠의 고난과 오빠가 받았을 상처와 아픔에 대해서 생각해 본 적이 없습니다. 아빠를 그대로 닮은 오빠는 제 삶의 고난 그 자체였으니까요.
어릴 때 저는 아빠의 사랑을 독차지하고 자랐습니다. 반면에 오빠는 아빠한테 맞으며 자랐죠. 알코올의존자였던 아빠는 항상 만취해 들어오셨고, 그런 아빠한테 오빠는 항상 맞았습니다. 맞고 또 맞고 그러다 발로 밟히고…… 욕실에 갇혀서 밟히고, 안방에서 밟히고 거실에서 밟혔습니다. 그리고 아빠는 눈에 보이는 것은 잡히는 대로 다 집어 던졌고 현관문의 두꺼운 유리도 주먹으로 깨부쉈습니다.
그런 아빠로 인해 우리 가족은 항상 부들부들 떨어야 했고, 만취한 아빠가 잠이 들 때까지 옆집, 아랫집으로 피해 다니다가 아빠가 잠이 들면 몰래 집으로 들어오곤 했습니다.
아빠의 혈기가 잠잠한 날에는 오빠가 저를 때렸습니다. 오빠는 제 교과서를 찢고, 낙서하고, 학용품을 집어 던지고, 그래도 분이 안 풀리면 아빠가 오빠를 때리듯이 저를 때렸습니다. 그런 생활은 계속 이어졌습니다. 그러다 오빠가 중학교 때 가출했습니다. 오빠는 동네에서도 알아주는 사고뭉

치였습니다. 엄마 아빠는 오빠의 뒤치다꺼리하느라 법원을 들락거려야 했습니다.
동네에서 질 안 좋기로 소문난 사람들은 죄다 오빠가 아는 사람들이었고, 저는 그런 오빠가 너무 싫었고 창피했습니다. 동네에서 유명한 알코올의 존자의 딸이자 유명한 사고뭉치의 동생⋯⋯ 너무너무 싫었습니다. 창피해서 죽을 지경이었고, 정말 지긋지긋했습니다.
저와 엄마는 8년 전 가출함으로써 잠시 해방되었습니다. 그런데 그것이 오빠에게는 독약보다 쓴 고통의 사건이었다는 것을 몰랐습니다. 엄마와 저의 가출로 아빠는 더 자주 술을 드셨고 오빠는 혼자서 그런 아빠를 섬겨야 했습니다. 그리고 몇 년 후 갑작스러운 아빠의 죽음으로 오빠는 더 힘들어했습니다. 아빠의 얼마 안 되는 재산도 큰엄마가 가로채 버렸습니다. 오빠는 엄마한테 버림받았다는 상처와 큰집으로부터 받은 상처가 컸습니다. 더구나 자기를 무시하는 동생까지⋯⋯.
저는 하나님 안에서 오빠를 많이 사랑하고 있다고 생각했습니다. 오빠의 구원을 위해 제가 애통해하고 있는 줄 알았습니다. 그러나 제 안에 아직도 오빠를 미워하는 죄가 있고 오빠의 잘못만 눈에 보입니다. 제가 아직도 어둠 속에 거하고 있습니다.
이제는 주님 안에서 오빠를 진실로 사랑하길 원한다고, 오빠의 구원을 위해서 애통하길 원한다고, 주님 안에서 오빠가 받은 상처가 치유되길 원한다고, 혼자서 아파했을 오빠가 이제는 주님 안에서 회복되길 원한다고 간절히 기도합니다.
날 위해 수고하는 오빠한테 너무 미안한 맘뿐입니다. 오빠의 아픔을 조금이라도 깨닫게 해 주시는 주님, 너무 감사하고 사랑합니다. 이제는 주님의 십자가 위에서 완전히 죽어지길 기도합니다. 오늘 사건을 통해 저의 신앙고백을 다시 바로 세우시는 주님께 감사드립니다.

이 아이가 예수 이름을 위해 미움을 받기 때문에 이 사건이 해석되기 시작했습니다. 예수 그리스도가 이 가정에 우뚝 서는 사건이 될 것입니다. 아무리 미움을 받아도 상처가 독이 되지 않고 자꾸 씻겨 갈 것입니다. 이제 시작된 겁니다.

중학생인 한 아이는 엄마와 아빠에게 온 가족이 함께 같은 교회에 다녔으면 좋겠다고 했답니다. 그동안 이 아이는 아빠 때문에, 그것도 성경을 많이 알고 있는 아빠 때문에 너무 힘들었습니다. 그랬더니 아빠가 그게 좋겠다면서 기뻐하며 말씀을 함께 나눴답니다. 너무 좋아서 아빠에게 사랑한다고 문자를 보냈더니 아빠가 답장을 연달아 보냈습니다.

"딸 미안, 고맙다. 딸 덕분에 아빠가 힘이 난다. 너도 파이팅! 승리하는 하루 보내라."

"그동안 많이 힘들었지? 아빠가 미안해. 아빠를 용서해 줘. 많이 사랑한다. 언제나 기도와 말씀과 순종으로 승리하는 하루 보내자."

그걸 보니까 눈물이 났다고 합니다. 아빠가 해야 할 말을 중학교 딸이 먼저 했습니다. 먼저 예수 믿은 사람은 이런 역할을 해야 합니다.

우리들교회 목장보고서에도 이런 나눔이 있습니다. 친구와 함께 새벽기도에 다녔는데, 친구의 남편은 늘 술에 빠져 살며 폭력도 휘둘러 친구를 많이 힘들게 했답니다. 그런데 그 남편이 암에 걸렸습니다. 암에 걸려서도 여전히 폭력을 휘두르고 집안 살림을 부숩니다. 이 친구는 남편이 그래도 술을 마시지 않으니 살 것 같다고 했습니다. 그렇게 힘든 남편이지만 그 남편을 내가 품지 않으면 누가 품어 주고 구원으로 이끌까 하는 마음에 이혼을 못 하겠다고 합니다.

이런 이야기를 들으면 살맛이 나지 않습니까? 이게 나와 무슨 상관인가 한다면 악한 겁니다. 미움을 혼자 받아서 상처를 뽐내고 있는 겁니다. 예수 이름 때문에 미움을 받으시기 바랍니다.

◆ 복음이 전파되기 위해 무엇이 무너지고 뽑히고 파멸되었습니까? 내가 심기 위해, 우리 가정을 건설하기 위해 끝까지 견뎌야 할 일은 무엇입니까? 천국 복음이 전파될 때까지 헌신해야 할 일이 무엇입니까?

말씀으로 기도하기

우리는 힘들고 어려운 문제 앞에서 툭하면 "이젠 끝이야!"를 부르짖습니다. 그러나 그것이 끝이 아니라 시작일 뿐이라고 하십니다. 진정한 끝은 천국 복음이 전파되는 때입니다. 내가 속한 공동체에 천국 복음이 온전히 전파될 때까지 예수 이름 때문에 당하는 미움과 박해를 잘 견디고 인내할 때 구원이 이루어집니다.

종말은 반드시 옵니다(마 24:6~8).

난리와 난리 소문은 언제나 두렵습니다. 그러나 주님은 그것이 끝이 아니기에 두려워하지 말라고 하십니다. 그 어떤 고난도 하나님이 허락하신 것임을 인정하며 '있어야 할 일'로 여길 수 있는 믿음을 허락해 주옵소서. 그 고난이 끝이 아니라 구원의 시작임을 기억하게 하옵소서.

종말이 오면 사랑이 식습니다(마 24:9~12).

예수님은 "너희가 내 이름 때문에 미움을 받고 죽임을 당하리라"라고 말씀하시는데, 저는 미움을 받기도, 욕먹기도 싫습니다. 아무 대가 없이 쉽게 복음이 전해지기를 바라는 마음이 큽니다. 그러나 값싼 구원은 없음을 깨닫고, 복음을 전하고자 기꺼이 사랑의 희생을 치를 수 있도록 저를 붙들어 주옵소서.

복음이 전파될 때 진정한 끝이 옵니다(마 24:13~14).

천국 복음이 전파되어야 끝이 나는데, 그저 고난이 어서 끝나기만을 바라는 저의 연약함을 불쌍히 여겨 주옵소서. 내 인생에 예수 그리스도께서 우뚝 서시고, 내 가정에 천국 복음이 온전히 전파되기까지 지금 당하는 고난을 잘 견디고 인내할 수 있게 도와주옵소서.

우리들 묵상과 적용

결혼 전 아내는 아이 셋을 낳고 싶다며 제게 빨리 결혼하자고 했습니다. 하지만 당시 직장도 없고 미래도 불투명했던 저는 결혼은 하고 싶었지만 차마 용기를 낼 수 없었습니다. 우여곡절 끝에 결혼했지만 1년 만에 아내에게 '다발성근염'이 발병하면서 저는 24시간 아내 옆을 지키며 치료에만 집중했습니다. "돌 하나도 돌 위에 남지 않고 다 무너뜨린다"는 말씀처럼(마 24:2) 저희 가정은 환난의 시간을 보내야만 했습니다. 병든 아내가 아이 셋은커녕 하나라도 낳을 수 있을지에 대한 의문도 생겼습니다. 그래서 '입양할 수도 있겠다'고 혼자 생각한 적도 있습니다. 하지만 하나님은 기적적으로 아내가 완치되도록 해 주셨고 결혼 5년 뒤에는 첫째 아이까지 주셨습니다. 그리고 작년 11월에는 셋째 아이가 태어났습니다. 근육에 힘이 없어 움직일 수도 없던 아내가 세 딸아이를 모두 자연분만으로 출산하고, 아이들 모두 건강하게 태어날 수 있게 하심에 정말 감사한 나날을 보내고 있습니다.

저희 부부는 경제적으로 넉넉지 않기도 하지만, '최대한 늦게 아이를 어린이집이나 유치원에 보내자'는 생각으로 5살과 3살 된 두 딸을 어린이집에 보내지 않고 있습니다. 그러다 보니 아내는 이제 두 살 된 막내까지 세 아이를 집에서 혼자 양육하고 있습니다. 그런데 힘든 아내를 도와 제가 집안일을 하려고 해도 아내는 제게 일을 잘 맡기지를 못합니다. 제가 하면 꼭 아내가 다시 해야 하기 때문입니다. 저는 설거지도 대충 하고, 청소도 대충 합니다. 장난감 정리는 거실에 있는 장난감을 아이들 방에 갖다 놓는 정도로 끝냅니다. 그러니 아내가 이런 저 때문에 쉴 틈 없이 움직여야 하는 날이 많습니다.

또 아내는 아이들이 늘 집에서 뛰어놀기에 집 안에 먼지가 정말 많다고 걱정합니다. 그래서 환기도 자주 하고 방도 깨끗이 쓸고 닦아야 한다고 하는데, 저는 너무 깨끗하게 해 놓으면 면역력이 더 떨어진다는 핑계를 대며 잘 치우지 않습니다. 아내가 앓았던 병은 스트레스와 피로도가 큰 원인입니다. 그 사실을 알고 나서 그 원인이 바로 저라는 것이 인정되어 아내에게 늘 미안한 마음이 들었습니다. 하지만 예전보다 환경이 좀 나아지니 또다시 아내를 힘들게 하고 있었던 것입니다. 이런 저로 인해 또다시 환난이 시작되지 않도록(마 24:8~9) 이제라도 아내를 잘 돕고 저의 부족함을 인정하며 가겠습니다. 그리고 하나님을 전파하는 일을 쉬지 말고 구원을 위해 끝까지 견딜 때 천국 복음이 전파된다고 하신 말씀대로(마 24:13~14) 저희 부부가 겪은 환난이 어려움 가운데 있는 지체들에게 위로와 힘이 되기를 기도합니다. 저희 가정을 환난에서 건져 주신 하나님의 사랑을 기억하며 항상 말씀을 가까이하는 부모가 되어 세 아이를 믿음으로 양육할 것을 다짐합니다.

영혼의 기도

아버지 하나님, 온 난리와 곳곳의 기근과 지진이 있어야 할 일이라고 하십니다. 너무 두려워 부르짖는데 있어야 할 일이라고, 구원을 위해 마지막으로 주신 선물이라고 하십니다. 있어야 할 일을 없어야 한다고 두려워하는 저희를 불쌍히 여기시고, 미움을 받을 때 시험에 빠져서 잡아 죽이고 상처받고 추해지는 것을 불쌍히 여겨 주옵소서.

예수의 이름을 위하여 미움받는 역할을 감당하는 공동체가 되기를 원합니다. 천국 복음이 전파되는 것이 끝이라고 하셨는데 내가 미움을 잘 받아서 우리 가정에 복음이 전파되기를 원합니다. 나의 자녀, 배우자에게 복음이 전파되도록 미움을 잘 받도록, 사랑의 모습으로 할 수 있도록 역사하여 주옵소서.

끝은 오직 복음 전파밖에 없사오니 복음이 전파되기 전에는 죽을 수도 이혼할 수도 없다는 걸 알고 진정한 끝을 향해 가는 우리가 되게 은혜를 내려 주옵소서. 예수님 이름으로 기도하옵나이다. 아멘.

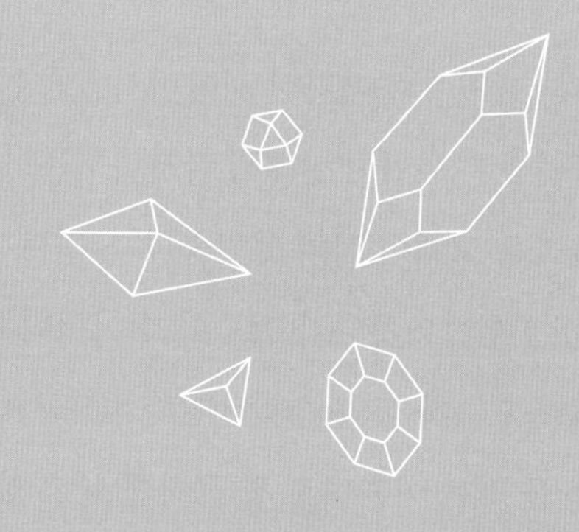

14

환난들을 감하시리라

마태복음 24:15~28

하나님 아버지, 환난의 날들을 감한다고 하십니다.
많은 환난 가운데 이 자리에 왔습니다.
말씀이 들리고 깨닫게 하옵소서.
말씀하여 주옵소서. 듣겠습니다.

어느 집사님이 우연히 남편이 돌아가신 시아버지에게 쓴 편지를 보게 됐습니다. 편지에는 물려받은 사업이 잘돼서 감사하다는 것과 결혼 13년 만에 바람이 났다는 놀라운 고백이 적혀 있었습니다. 집보다 시댁에서 살다시피 하는 남편 때문에 힘들어하다가 시누이가 어머니를 모시면서 이제 겨우 남편이 집에 돌아오는가 싶었는데 남편의 외도 사건이 찾아온 것입니다. 상대는 아이가 둘 있는 이혼녀로 집 근처에 살고 있었습니다. '내 남편은 절대 바람 못 피울 사람'이라고 생각했던 집사님에게 창세로부터 경험하지 못한 큰 환난이 찾아왔습니다.

마태복음 24장은 종말에 관한 말씀입니다. 이단들이 이 본문을 이상하게 해석하는데 저는 삶에 비추어서 이 말씀을 해석하고자 합니다. 난리는 있어야 할 일이라는데 우리는 갖은 방법을 다 동원해서 난리를 피해 보려고 합니다. 그런데 환난 중에서도 가장 큰 환난, 대환난은 무엇입니까?

멸망의 가증한 것이 거룩한 곳에 선 것입니다

> 그러므로 너희가 선지자 다니엘이 말한 바 멸망의 가증한 것이 거룩한 곳에 선 것을 보거든 (읽는 자는 깨달을진저)_마 24:15

선지자 다니엘이 말한 바가 무엇입니까? 다니엘서 9장 27절에 "또 포악하여 가증한 것이 날개를 의지하여 설 것이며", 그리고 12장 11절에서는 "멸망하게 할 가증한 것을 세울 때"라고 하였습니다. 한마디로 성전에 이상한 것을 갖다 놓았다는 것입니다. 그러면 멸망입니다. 그런데 실제로 안티오쿠스 에피파네스(B.C. 175~B.C. 163년)가 성전에 우상을 갖다 놓고 돼지의 피를 제물로 드린 일이 일어났습니다. 그리고 예수님이 예루살렘 성전이 돌 하나도 남기지 않고 무너지리라 예언하신 후 로마 군대에 의해 성전이 초토화됐습니다(A.D. 70년). 110만 명이 학살되고 10만여 명이 포로로 잡혀갔습니다. 예루살렘 성전이 강도의 소굴로 바뀐 것입니다.

성경을 읽는 자는 깨달아야 하는데 성령이 임해야 깨달을 수 있습니다. 성경 읽고 큐티한 결과는 멸망의 가증한 것이 거룩한 곳에 서는 것을 보는 것입니다. 사탄은 군대의 세력으로 끊임없이 우리를 공격하고 있습니다. 멸망의 가증한 것이 거룩한 곳에 서는 것은 한순간입니다. 목사도 장로도 예외가 아닙니다.

성공적인 목회를 하던 어느 목사님이 중년의 공허함을 느끼면서 자유분방한 성관계를 꿈꾸게 되었다고 합니다. 그로 인해 그 목사님은 우울증까지 걸렸습니다. 멸망의 가증한 것이 거룩한 곳에 서는 일은 순식간에 일어납니다. 목사도, 직분자도 예외가 없습니다. 교회에서 학벌과 지위가 판을 치고, 하나님의 성전인 내 속이 음란과 거짓으로 채워졌다면 멸망의 가증한 것이 거룩한 곳에 선 것입니다. 그러면 대비책이 없을까요?

◆ 내 속에 있는 멸망의 가증한 것들, 교회를 다니고 직분을 가졌어도 냄새나는 가증한 것들이 무엇입니까?

환난 가운데에는 반드시 구원의 길이 있습니다

"읽는 자는 깨달을진저." 성경을 읽어야 합니다. 환난 가운데서도 성경을 읽고 깨달은 자는 구원의 길을 볼 수 있고, 또 보여 줄 수 있습니다. 그런데 우리는 난리가 있다는 말만 들으면 시기를 따지느라 바쁩니다. 주님은 산으로 도망가라고 명령하십니다.

그 때에 유대에 있는 자들은 산으로 도망할지어다_마 24:16

도망은 급히 가는 것입니다. 그냥 있으면 안 됩니다. 아무리 큰 환난이 있어도 예배로, 목장으로, 큐티로 경건한 사람들과 만나기 위해 급히 산으로 가야 합니다. 여전히 촌과 성읍에 있으면 세상이 보이기 때문입니다. 그래서 남편이 바람을 피워도 산으로 가라는 겁니다. 믿음이 성숙할수록 심플 라이프입니다. 점점 산으로 오다 보니까 외식할 시간도 없고 쇼핑할 시간도 없습니다. 경건하게 살면 필요한 게 점점 없어집니다.

그러나 우리는 자기 열심이 하늘을 찔러서 소중한 게 많고, 그래서 예배와 목장에 못 올 이유가 너무 많습니다. 산으로 도망가지 않으면 가정 문제를 해결할 수 없습니다. 내가 도망가야 할 교만은 무엇입니까? 게

으름과 욕심은 무엇입니까?

지붕 위에 있는 자는 집 안에 있는 물건을 가지러 내려 가지 말며
_마 24:17

산에 못 간 자는 지붕에라도 올라가서 기도해야 합니다. 유대인의 지붕은 평평한데, 이스라엘 사람들은 가족끼리 지붕에 올라가 놀기도 하고 자기도 하며 기도도 했습니다. 바빠서 기도를 못 하고, 직장 때문에 예배 참석을 못 한다고 핑계 대지 말고 가정과 직장에서 기도처를 만들고 기도해야 합니다. 양육을 못 받아도 큐티는 하라는 겁니다.

적군이 쳐들어오면 집 안으로 내려가지 말고 밖으로 이어진 외부 계단으로 빨리 도망가야 합니다. 집 안으로 내려가면 물건 때문에 도망 못 갑니다. 조금이라도 멀리 있어야 되는데 세상과 가까이에 있기 때문에 기도하다 힘들면 금세 세상으로 내려갑니다.

나에게 급한 것은 물건입니까, 생명입니까? 내 속의 더러움을 물리치는 것입니까, 생명을 보존하는 것입니까?

밭에 있는 자는 겉옷을 가지러 뒤로 돌이키지 말지어다_마 24:18

밤에 겉옷이 없으면 추워서 꽁꽁 업니다. 그런데 그것도 돌이키지 말라고 합니다. 환난이 와서 도망가는 주제에 옷 사 입고 체면 따지지 말라는 겁니다. 망했으면 망한 대로 사는 게 주께 합당히 행하는 겁니다. 체면과 합리화의 겉옷에 연연하지 말고 예배와 목장 모임의 산으로, 기도의 지붕으로 올라가야 합니다. 하지 말아야 할 것은 겉옷을 가지러 집으로

내려가는 것이고, 해야 할 것은 급히 도망가는 것입니다. '좀 더 자자, 좀 더 졸자' 할 시간이 없습니다.

그 날에는 아이 밴 자들과 젖 먹이는 자들에게 화가 있으리로다_마 24:19

젖먹이를 데리고 도망가기가 어렵습니다. 하지만 이 본문을 읽고 임신하지 말자고 적용하면 안 됩니다. 아이를 뱄다는 것은 잉태했으나 해산하지 못한 것이고, 젖먹이는 태어났으나 아직 양육이 안 된 것입니다. 태어나지 못한 것은 구원의 확신이 없는 것이고, 젖먹이는 구원의 확신은 있는데 양육이 안 된 것입니다. 그래서 환난이 오면 구원의 확신이 없는 가족, 양육되지 않은 자녀 때문에 화가 있는 겁니다. 자식 때문에 가장 큰 화를 당합니다.

육영사업을 하던 이사장이 엘리트 교수인 아들에게 참혹하게 죽임을 당했습니다. 아들은 최후 진술에서 40년을 참았는데 더 이상 못 참겠어서 아버지를 죽였다고 했습니다. 그 많은 돈을 벌고 아들을 명문대와 유학을 보내 교수까지 시켰어도 아들에게 참혹하게 죽임을 당했습니다. 세상은 그 아들을 욕하지만 우리는 우리 자녀의 믿음은 어떤지 돌아봐야 합니다.

심리학적으로 아버지가 엄마를 무섭게 때리는 걸 보면 아이들이 두려워하다가 나중에는 살의를 느낀다고 합니다. 그런 다음 살의를 느낀 것 때문에 죄책감을 느낀다고 합니다. 그런 감정이 표출되지 못한 채 억압되면 속에서 상하기 시작합니다. 음식을 냉장고에 넣어 두고 잊어버리는 것처럼, 나는 잊어버렸는데 억압된 감정이 속에서 썩고 변질됩니다. 그렇게 쌓이다가 그 교수처럼 40년 만에 폭발합니다. 쌓이고 변질된 것들은 털어놓아야 하는데 한 번도 털어놓지 않았기 때문에 터진 겁니다.

우리가 말하는 '오픈'을 '셀프컨트롤 디스클로저'(Selfcontrol Disclosure)라고 합니다. 더러운 것들이 쌓여 있다가 한 번에 폭발하면 다 죽습니다. 그런데 성경을 보면서 하나씩 오픈하면 조금씩 압력이 빠집니다. 사람들은 저마다 멸망의 가증한 것을 쌓아 놓고 있는데 그것을 누가 하나라도 드러내면 공감이 됩니다. 그 기막힌 것을 오픈했을 때 치유가 되고 시원해집니다. 그래서 오픈만 해도 치유가 일어나고 건강해집니다.

선교를 많이 하고 주의 일을 많이 하는 존경받는 어머니가 집에만 오면 허리띠로 온 식구를 때리고 유리를 부수고 한답니다. 한 집사님이 처음으로 그것을 오픈했는데 그 교회에서 아무도 그 말을 안 믿었다고 합니다. 내 자녀들은 "엄마만 없으면 살겠다"고 하는데 아무도 안 믿습니다. 이런 이야기를 못 하면 그것이 병이 됩니다. 아이들을 잘 키우려면 잘 살아야 합니다. 잘 살려면 구원의 확신을 주며 양육해야 합니다. 어떤 환난이 와도 그것만 해 놓으면 걱정할 필요가 없습니다.

너희가 도망하는 일이 겨울에나 안식일에 되지 않도록 기도하라
_마 24:20

도망하는 일도 때를 맞춰야 하는데 때에 맞게 준비를 못 하는 사람은 힘든 겨울이나 안식일에 당합니다. 날마다 구원을 위해 희생하고 말씀으로 양육을 잘 받고 있으면 하나님이 때를 맞춰 주십니다. 아무 잘못 없이 당하는 환난에도 대비해야 합니다. 도망가는 것도 때가 있으니 아무 때나 아파서도 안 됩니다.

저는 어려서부터 감기를 달고 살 만큼 약골이었습니다. 초등학교 때

는 1년에 한 달가량을 학교에 못 갔습니다. 지금도 종종 아픈데 놀랍게도 주일에는 안 아픕니다. 아파도 말씀은 전하게 하십니다. 내가 다른 사람의 구원을 향해 나갈 때 아픈 것도 날짜를 정해 주십니다. 다른 사람을 사랑하니까 아플 수가 없습니다. 자녀들한테 엄마는 늘 안 아픈 사람이고 배가 안 고픈 사람입니다. 사랑은 정말 희생입니다.

주님은 멸망의 가증한 것을 멀리하고 산으로 도망가게 역사하도록 기도하라고 하십니다. 환난이 구원이 되기 위해 날짜를 정해 아프도록 기도해야 합니다.

> 이는 그 때에 큰 환난이 있겠음이라 창세로부터 지금까지 이런 환난이 없었고 후에도 없으리라_마 24:21

주님이 40년 후에 일어날 일을 미리 알려 주셨는데도 유대인들은 환난의 날에 도망가지 않았습니다. 성전이 무너진다고 하셨는데도 유월절이 가까웠던지라 화려한 성전에 많이 모여들어서 피해가 더 컸습니다. 예수님이 부활하신 지 40년이 지났어도 믿는 사람이 없고 월삭과 절기, 안식일 지키는 것에 혈안이 됐습니다. 멸망의 가증한 것이 거룩한 곳에 선다는데 예수 열심히 믿는 사람이 제일 무섭습니다. 결국 그 성안에서 많은 사람이 굶어 죽었습니다. 로마는 별로 전쟁도 안 하고 이겼습니다. 110만 명이 굶어 죽고 자식까지 잡아먹다가 항복을 했습니다. 10만 명이 포로로 끌려갔습니다.

이 환난이 왜 일어났습니까? 대제사장과 서기관, 백성의 장로들이 예수님의 말씀에 귀 기울이지 않고 오히려 조롱하고 핍박했기 때문입니다. 그러니 이 환난은 유대인들의 삶의 결론입니다. 인생에서 우연히 일어나는 일은 없습니다. 내가 믿음의 자손인데 안 믿는 자가 내 옆에 있으면 그자에게 밟히고 그자가 돌아올 때까지 환난을 겪을 수밖에 없습니다. 그때 산으로 도망가야지 환난에서 도망가면 안 됩니다.

서두에서 말한 바람난 남편을 둔 집사님이 우리 교회 홈페이지에 이런 글을 올리셨습니다.

> 그 여자의 차를 타고 퇴근하며 딸애의 휴대폰을 사 들고 온 남편에게 "탁월한 선택이다. 엄마가 안 사고 아빠가 사길 정말 잘했다. 안목이 있다"고 잘해 주라는 목장 식구들의 권면에 행동으로 반응했습니다. 알면서도 모르는 척하며 순간순간 치밀어 오르는 분을 추스르며 부드럽게 남편을 대했지만, 그날은 정말이지 치열한, 지금까지 한 번도 경험해 보지 못한, 십자가에서 죽어져야만 제가 살 수 있다는 말씀을 실감하는 그런 날이었습니다. 그래도 순간순간 사건이 묵상되었고, 그때마다 큐티책과 목사님의 골로새서 설교를 들으며, 그리고 지체들에게 전화를 하며, 잘 견뎌 내고 있습니다.

내가 기도하고 있는데 하나님이 왜 모른 척하시겠습니까? 그러므로 택한 자는 환난을 감해 주십니다.

◆ 환난 중에 구원받기 위해 빨리 산으로 도망갑니까? 세상에 미련이 있어서 촌과 성읍에 머물고 있습니까? 바빠서 기도를 못 하고, 직장 때문에 예배에 못 간다고 핑계를 대며 기도를 소홀히 하지는 않습니까? 큰 환난이 오기 전에 가족의 구원과 양육에 힘쓰고 있습니까?

택한 자에게는 환난을 감하십니다

그 날들을 감하지 아니하면 모든 육체가 구원을 얻지 못할 것이나 그러나 택하신 자들을 위하여 그 날들을 감하시리라_마 24:22

예수님 때문에 당하는 고난은 주님이 고통을 당해 주시기에 우리는 순교도 할 수 있습니다. 육에 속한 자는 감할 수 없으나 성령에 속한 자는 감해 주십니다. 죽음의 세력에서 해방되었기 때문에 고통이 감해집니다. 환난의 기간과 대상과 강도를 정하시는 분은 하나님입니다. 환난의 대상이 나를 괴롭게 하는 '그 사람'이 아닙니다. 남편이 그 여자를 택한 게 아닙니다. 남편이 고난이 아니고 재물이 없어서 고난이 아닙니다.

에스겔, 다니엘이 똑같이 포로로 끌려갔습니다. 에스겔은 쇠똥으로 떡을 구워 먹고 집 밖으로 못 나갔습니다. 그러나 말씀이 임한 사람은 여호와의 권능이 있기 때문에 예루살렘 성이 불타도 불사름을 당하지 않습니다. 실제로 로마에 의해 성전이 처참하게 불태워졌을 때 예수를 믿은 나병환자, 창녀 등은 한 사람도 죽지 않았다고 합니다. 예수님이 하신 말씀을 듣고 기억하여 로마군이 진격하자 어떤 소유에도 미련을 보이지 않고 요단을 건너 헤르몬산으로 도망을 갔기 때문입니다. 말씀을 믿은 사람은 다 도망갔기 때문에 믿는 사람은 한 명도 죽지 않은 것입니다. 하나님 말씀을 귀담아듣는 것이 살길입니다. 내 환난이 감해지려면 빨리 순종해야 합니다.

그 때에 사람이 너희에게 말하되 보라 그리스도가 여기 있다 혹은 저기 있다 하여도 믿지 말라_마 24:23

환난을 감해 주셨음에도 정신을 못 차리고 이 고통만 피하겠다고 거짓 가르침도 좋고 이단도 좋다고 합니다. 산으로 가라니까 말 안 듣고 지붕으로 갑니다. 또 말 안 듣고 밭으로 가고, 또 말 안 듣고 겨울에 도망가고, 안식일에 도망가고…… 열심이 하늘을 찌르는데 때를 못 맞춥니다. 그러면서 "나는 왜 되는 일이 없느냐"고 합니다. 환난이 뭔지 모른 채 바리새인들처럼 처참하게 죽을 길을 가기 때문입니다. 바람이 나고 부도났으나 돈이 생기고 주식이 잘되는 것이 감해 주시는 사건이 아닙니다. 내 환난의 날들이 감해지려면 당장 경건하게 살아야 합니다. 빨리 예배드리고 목장에 가고 큐티를 시작하면 눈에 띄게 감해집니다. 환경으로 절대 감해지는 게 아닙니다.

남편이 바람난 그 집사님도 한잠도 잘 수 없었지만 당장 큐티 본문으로 깨달았습니다.

> 목사님과 공동체에게 도움을 요청했고, 모두에게서 한결같은 목소리를 듣게 해 주셨습니다. "구원의 사건이 시작되었습니다. 끝까지 인내하세요. 매일의 양식(말씀)을 잘 받아먹으세요. 공동체와 말씀으로 새 힘을 얻지 않으면 끝까지 갈 수 없습니다."
> 어느 한 사람이라도 다른 말을 해 주었다면 저는 완악함으로 그 한 사람의 말을 따랐을 것입니다. 오늘이라도 이 괴로운 상황을 끝내고 싶다는 혈기가 저를 꽉 채우고 있었기 때문입니다. 하지만 모두가 같은 대답을 해 주셨고, 힘겹지만 지금도 잘 따라가고 있습니다. 사실을 알게 된 날엔 한숨도 잘 수가 없어 뒤척이다가 새벽기도에 나오라는 목자님의 권면이 생각나서 집을 뛰쳐나와 교회로 향했습니다. 그리고 목사님이 그날 큐티 본문(골 2:16~23) 으로 설교하면서 "부부간에도 에로스적 사랑이 아닌 온전한 아

가페적 사랑을 하라. 그 사랑은 두려움이 없다"고 말씀을 해 주셨습니다. 그 말씀을 통해 제 안에 주님의 사랑이 거하길 원하신다는 것을 조금이나마 깨닫게 되었습니다. 말씀이 저를 살렸습니다.

남편이 인상을 쓰면서 "도대체 왜 새벽기도를 다니는 거야?"라고 물었을 때, 저는 목자님께 코치받은 대로 "내 인생에 아주 중요한 문제가 생겨서 응답받을 때까지 다녀야 해"라고 단호하게 말했습니다. 그러자 남편은 놀라며 텔레비전을 끄고는 방으로 들어가 버렸습니다.

오늘 아침 대뜸 1박 2일로 해남 출장을 간다기에 뭐 타고 가냐, 왜 가냐, 어제는 왜 차를 두고 왔느냐 등을 묻자 신경질적으로 "난 당신한테 전혀 미련 없거든! 나한테 관심 갖지 마! 며칠 전부터 왜 이러는 거야?" 합니다. 제가 "당신한테 어떻게 관심을 안 가질 수 있겠어요? 그리고 내가 관심 갖는 것에 미련이 없다는 말은 왜 하는 거죠?" 했더니 약간 당황하며 "당신한테 바라는 게 없다고!" 합니다. 집을 나서는 남편에게, 전에 알던 사람의 남편이 이혼녀랑 바람나서 집안이 말이 아니라고 했더니, 이혼녀라는 말에 소스라치게 놀라면서 엘리베이터 앞에서 "나도 바람났어" 하는 것입니다. 제가 "뭐라고?" 하자 남편은 "나도 바람났어!" 하며 엘리베이터를 타고 내려갔습니다.

하루하루 말씀으로 사니까 하나님이 환난을 감해 주십니다. '내가 어떻게 하면 거룩을 이룰까?' 하면 사랑이 솟고 언행이 부드러워지며 신비한 표정을 짓게 됩니다. 불 가운데, 물 가운데로 지나가도 사르지 않는 표정을 지을 수 있습니다. 이게 환난이 감해지는 것이지 남편이 돌아오는 게 감해지는 게 아닙니다. 내가 이렇게 기도하고 있으니까 하나님이 꼼짝 못 하고 돌아오게 하십니다. 이렇게 문제를 해결해 가야 하는데 많은 사람이 거짓 그리스도와 선지자들을 따릅니다.

거짓 그리스도들과 거짓 선지자들이 일어나 큰 표적과 기사를 보여 할 수만 있으면 택하신 자들도 미혹하리라_마 24:24

나의 기가 막힌 문제에 똑 떨어지는 해답을 주는 사람이 있다면 그 뒤를 따르지 않겠습니까? 남유다의 아하스 왕도 미가 선지자가 옳은 말을 하니까 듣기 싫어서 슬쩍 십자가를 치우는 선지자를 찾았습니다. 아무리 좋아도 힘든 이야기는 듣기 싫은 겁니다. 이 집사님도 모두가 같은 말을 해 주니까 한순간에 엎드려져서 남편의 영혼에 대해 애통하는 마음이 생기고 전혀 다른 마음을 경험하게 된 것입니다. 그래서 제가 남편이 수고한다는 말을 하는 겁니다.

보라 내가 너희에게 미리 말하였노라_마 24:25

복음은 장차 받을 환난이라고 미리 예방주사를 놓았기 때문에 조금 아프고 말 수 있습니다. 그런데 그냥 넘어지면 대형 사고가 납니다. 예고 없이 그냥 넘어지면 죽는 겁니다. 큐티는 장차 받을 환난을 예비하는 예방주사입니다. 주어진 일상에서 최선을 다하며 미리 하신 말씀으로 예방주사를 맞고 갈 때 환난이 감해집니다.

그러면 사람들이 너희에게 말하되 보라 그리스도가 광야에 있다 하여도 나가지 말고 보라 골방에 있다 하여도 믿지 말라_마 24:26

성경을 꾸준히 잘 읽으면 기적과 환상 이야기를 해도 분별이 됩니다. 광야에 그리스도가 있다고 해도 골방에 있다고 해도 믿지 않습니다. 믿어야 할 것과 나가야 할 것이 분별된 것입니다.

남자는 재혼이고 여자는 초혼인 예비부부가 저에게 주례를 부탁하러 왔습니다. 그런데 재혼인 남자가 몇 년 동안 교회를 다녔으면서 수요예배도 안 오고 목장도 안 가고 양육도 받은 적이 없다고 했습니다. 제가 너무 안타까워서 도대체 어쩌려고 그러느냐고 했습니다. 그분은 기분이 나빴겠지만 그만큼 결혼생활이 쉽지 않을 것이기 때문에 미리 예방주사를 찔러 준 것입니다.

우리 교회 전도사님의 결혼식은 그야말로 부흥 집회였습니다. 온 교회 교인들이 가서 통성기도를 하고 청년부 지체들이 찬양을 하고 양가 부모님이 다 적용했습니다. 우리의 결혼식이 이렇게 쓰여야 하지 않겠습니까? 돈이 없고 가난해도 믿음으로 결혼하니까 결혼을 통해 오히려 부자가 됐습니다.

> 번개가 동편에서 나서 서편까지 번쩍임 같이 인자의 임함도 그러하리라_마 24:27

인자, 즉 사람의 아들로 오신 주님의 임함은 집에 있어도 볼 수 있습니다. 예수님은 공개적으로 오십니다. 광야와 골방에서 오라고 할 때 가면 환난의 날이 감해질 수 없습니다. 이단들은 비밀스럽게 테이프도 너만 들으라면서 줍니다. 교회 이름도 잘 안 밝힙니다. 우리가 복음을 파는 세일즈맨인데 뭐가 비밀입니까? 투명하게 오픈되어야 합니다. 남들이 오픈할 때 내 속의 더러운 것이 공감되어 나도 오픈하면 치유되는 것입니다.

투명하다는 것은 힘들어도 나를 건강하게 하는 겁니다. 남들 때문이 아니라 내가 살기 위해서 오픈을 하는 겁니다.

번개의 번쩍임같이 나의 평범한 생활은 어느 한순간 번쩍임을 위해 예비되는 것입니다. 오늘 주님이 올림픽 경기장에 오신다고 해도 안 가도 됩니다. 번개의 번쩍임같이 다 보일 것이기 때문입니다. 제 남편의 죽음도 한순간에 번쩍이는 사건이었는데 남편의 구원을 전 세계가 알게 하셨습니다. 구원받은 것을 어떻게 압니까? 구원받으면 한 성령이기 때문에 알게 하십니다. 주님의 재림은 장소와 시간을 초월해서 누구나 알 수 있습니다.

주검이 있는 곳에는 독수리들이 모일 것이니라_마 24:28

죄로 죽은 유대인들에게 로마 군대가 심판의 대언자로서 독수리 깃발을 들고 왔습니다. 주님의 최후 심판은 반드시 이루어집니다. 그러나 아무리 심판을 하고 주검이 있는 곳에 모여들어도 생명은 생명끼리, 사망은 사망끼리 모입니다. 아무리 환난이 와도 택한 자들은 살아날 것을 믿습니다.

다음은 데이비드 제러마이어(David Jeremiah)의 책 『어메이징 그레이스』에서 발췌한 내용입니다.

헬렌 로즈비어는 아프리카 콩고에서 사역한 영국의 의료 선교사다. 1964년 콩고 역사상 최악의 혼란기가 찾아와 많은 서구인들이 콩고를 떠났을 때도 그녀는 자신의 자리를 지켰다. 그녀는 자신을 위해 최고의 희생을 치르신 구주를 위하여 어떤 희생도 기꺼이 치러야 한다고 믿었기 때문이다.

누군가 헬렌을 독살하려 했지만 키우던 개가 그 음식을 먹는 바람에 실패했다. 여성 선교사들과 의료진들이 종종 반군에게 강간을 당했음에도 그녀는 떠나지 않았다. 자신의 집에 있는 모든 물건이 다 약탈당했을 때도 그녀는 떠나지 않았다.

헬렌은 겁이 없었던 것이 아니다. 어느 순간 누군가가 집에 들어와 자신을 죽일지도 모른다는 두려움에 거의 잠을 자지 못했다. 그러나 그녀는 하나님을 더 신뢰하는 데 집중했다.

1964년 8월 15일 토요일, 트럭을 탄 군인들이 그녀의 병원에 들이닥쳤다. 나중에 그녀는 이렇게 회상했다.

"그들은 거칠고 잔인했으며 완악하고 위압적이었다. 그들의 언어는 위협적이고 차마 입에 주워 담을 수 없는 것들이었다. 우리 모두는 겁에 질렸다. 우리는 거의 아무런 반항 없이 그들이 시키는 대로 다 했다."

그들은 그 지방의 추장을 잡아 산 채로 가죽을 벗겨 그 인육을 먹었다. 헬렌은 두들겨 맞고 강간과 온갖 굴욕을 당했다. 간신히 살아남은 그녀는 결국 그 나라를 떠나지 않을 수 없었다. 고통스런 오랜 회복기 동안 그녀는 자신이 과거보다 더 하나님께 가까이 있음을 발견했다. 심지어 전보다 더 깊이 콩고를 사랑하게 되었다. 말할 수 없이 잔혹한 악을 경험했음에도 그녀 안에는 어떤 원한도 남아 있지 않았다. 그렇게 충성스럽게 하나님을 섬겼는데 왜 자신에게 그런 폭력을 허락하셨는지 하나님께 그 이유를 따졌을 법도 하지만 그녀는 마음 깊숙한 곳에서 하나님의 말씀이 들려오는 것을 느꼈다.

"내가 네게 이유를 설명하지 않더라도 이 일에 대하여 너를 믿고 있던 내게 감사할 수 있겠느냐?"

환난 가운데서 하나님이 여러분을 믿는다고 하십니다. 하나님이 환난을 주셨는데 나를 믿는다고 하십니다. 울고불고하며 "나는 못 살아. 이혼해. 네가 인간이냐?" 하시겠습니까? 하나님의 사랑이 놀랍지 않습니까? 환난의 강도와 기간과 대상을 정하신 분은 배우자도 자녀도 이웃도 아닌 하나님입니다. 그 하나님이 나를 믿는다고 하십니다. 이것이 믿어지면 환난의 날들이 감해질 줄 믿습니다.

큰 환난이 와서 도망가는 게 문제가 아니라 내가 너무 완악하기에 나한테 환난을 허락하신 것이 얼마나 큰 사랑인지 아십니까? 헬렌 선교사가 당한 환난이 얼마나 큽니까? 그 고통 중에도 그녀는 하나님을 신뢰한다고 했습니다. 눈으로 나타나는 환난이 큰 게 아닙니다. 어떤 환난이라도 환난을 넘어서고 그것이 감해져서 모든 사람에게 증거가 되는 인생이기를 바랍니다.

◆ 말씀이 안 들리게 미혹하는 광야의 그리스도, 골방의 그리스도가 무엇입니까? 나는 사람의 아들로 오신 인격적인 예수님을 만났습니까? 나는 말씀으로 예방주사를 맞고 가고 있습니까?

말씀으로 기도하기

하나님이 환난의 날들을 감하지 않으시면 구원받을 자가 없을 것이기에 주님은 택하신 자들을 위해 환난을 감해 주십니다. 멸망의 가증한 것이 거룩한 곳에 서게 되는 가장 큰 환난 속에서도 내가 구원받으려면, 세상 것을 뒤돌아보지 말고 예배와 말씀과 교회 공동체의 산으로 도망해야 합니다. 매일 큐티하며 말씀대로 순종하는 경건한 삶을 유지해야 합니다.

멸망의 가증한 것이 거룩한 곳에 선 것입니다(마 24:15).

끊임없이 우리를 공격하는 사탄을 대적하고자 늘 성경 읽고 큐티하며 깨어 있게 하옵소서. 하나님의 성전인 내 속이 음란과 거짓으로 채워지는 것이 곧 멸망의 가증한 것이 거룩한 곳에 서는 것임을 깨닫고, 말씀으로 제 욕심을 가지치기하게 하옵소서.

환난 가운데에는 반드시 구원의 길이 있습니다(마 24:16~21).

감당하기 벅찬 큰 환난이 내게 찾아오면 급히 예배의 산, 큐티의 산, 교회 공동체의 산으로 도망하고, 기도의 지붕으로 올라가게 하옵소서. 세상에 미련이 남아 물건을 가지러 집 안으로 들어가려고 뒤돌아서는 어리석음을 범하지 않게 하옵소서.

택한 자에게는 환난을 감하십니다(마 24:22~28).

환난의 기간과 대상과 강도를 정하시는 분은 오직 하나님임을 기억하게 하옵소서. 내가 빨리 순종하고 당장 경건하게 살아갈 때 환난이 감해진다고 하시니 매일 큐티하며 하루하루 말씀대로 살아감으로 환난이 감해지는 은혜를 경험하게 하옵소서.

우리들 묵상과 적용

저는 어릴 때부터 어머니를 따라 교회에 다녔습니다. 그런데 중학생이 되자 어머니는 제게 "교회는 내가 갈 테니 넌 공부만 해"라고 하셨습니다. 그 후로 저는 교회와 멀어졌습니다. 어머니의 기대에 부응해 수석으로 고등학교에 진학했지만 첫 시험에서 전교 16등을 하자, 어머니는 모든 것이 망한 것처럼 저를 대하셨습니다. 그런 어머니를 보며 '난 그저 엄마의 장식품에 불과하구나'라는 생각으로 방황했습니다. 나의 외로움과 마음의 허기를 알아 달라고 자살 시도를 했습니다. 고3 때, 어머니와 다툰 후 자살하겠다는 친구와 함께 아파트 15층에 올라갔다가 친구의 죽음을 목도하게 되었습니다. 이후 자살을 방조한 저 같은 아이와는 자녀를 같은 학교에 보낼 수 없다는 학부모들의 원성에 저는 강제 전학을 갔습니다.

큰 정죄감 속에 살던 저는 어머니의 강압에 못 이겨 사랑 없이 결혼했다가 곧 이혼했습니다. 그리고 내 상처를 이해해 줄 것 같은 지금의 남편과 재혼했습니다. 그러다 남편의 외도가 드러나는 환난이 임하고 나서야 비로소 하나님을 생각하게 되었습니다(마 24:21). 이후 저는 믿음의 공동체로 인도되어 말씀을 들으면서, 하나님의 성전인 내가 모든 잘못을 어머니 탓으로 돌리며 세상 성공의 야망을 좇아 사는 것이 멸망의 가증한 것이 거룩한 곳에 선 것임을 깨달았습니다(마 24:15). 주님이 제게 참된 구원을 주시려고 이 모든 환난을 허락하심이 말씀으로 해석되었습니다. 그러니 체면과 합리화의 겉옷에 연연하지 않고 예배의 산으로 도망하며 기도의 지붕으로 올라가게 되었습니다(마 24:16~18).

그러자 함께 교회에 가자고 하면 차라리 이혼하자던 남편도 어느새 같은 공동체에 속해 소그룹 리더의 사명을 감당하고 있습니다. 원망과 미움, 정죄의 환난 날을 감하여 구원을 얻게 하신 하나님께 감사드립니다(마 24:22). 미혹을 분별하는 것이 내 힘으로는 안 됨을 알고 믿음의 공동체에 잘 속해 가길 기도합니다(마 24:24).

영혼의 기도

아버지 하나님, 제 속에 멸망의 가증한 것들이 가득합니다. 산으로 도망가라고 하시는데, 지붕 위에서 기도하다가 세상이 보여 겉옷을 가지러 갑니다. 자식은 양육시키지도 못하고 젖먹이를 데리고 도망가지도 못하는 저희를 불쌍히 여겨 주옵소서.

도망을 간다고 겨울에, 안식일에 가면 내가 무엇이든 열심히 하는 것 같아도 때를 못 맞춘 것입니다. 내가 때를 못 맞추면서 나는 왜 되는 일이 없느냐고 원망하는 것을 불쌍히 여겨 주옵소서. 내 육신의 정욕과 안목의 정욕, 이생의 자랑 때문에 날마다 더 자자, 더 졸자 하면서 주님의 명령을 지체하는 악을 보게 하옵소서.

창세로부터 이 같은 환난이 없다 할 때 주님이 내게 나오라고 하시는 사랑의 편지임을 알게 하옵소서. 그리고 환난 중에 택하신 자가 되어서 내가 너를 믿는다고 하시는 주님의 음성을 듣기 원합니다. 광야의 그리스도, 골방의 그리스도를 찾아 나가지 않고 내 환경에서 주님을 찬양하며 주만 사모하게 하옵소서. 어떤 환난이 와도 반드시 감해 주시는 주님의 역사를 증거하는 우리가 되도록 은혜를 내려 주옵소서. 예수님 이름으로 기도하옵나이다. 아멘.

인자가 가까이 온 줄 알라

마태복음 24:29~39

하나님 아버지, 인자가 가까이 온 줄을 알라고 하십니다.
저희의 악하고 패역한 마음으로 주님이
가까이 오신 날을 어찌 사모할 수 있겠습니까?
오늘도 말씀을 듣고 순종하기 원합니다.
말씀하여 주옵소서. 듣겠습니다.

미국에서 목회를 하시는 목사님이 한국에 왔다가 꿩 목장을 구경했다고 합니다. 울타리 안에서 꿩을 키우는데 가까이 가서 보니 꿩들이 전부 챙 달린 모자를 쓰고 있더랍니다. 그 모습이 신기해서 왜 저런 걸 씌우는지 물었더니 꿩들의 시야를 가리기 위해서라고 합니다. 모자를 벗고 하늘이 보이면 꿩들이 모두 날아가 버린다는 겁니다.

시대의 징조를 분별하기 위해서는 모자를 벗고 멀리 내다봐야 합니다. 모자를 씌우면 두려움과 염려 때문에 절대 도망을 못 갑니다. 모자를 벗고 비상해야 합니다.

헨리 나우웬(Henri Nouwen)은 "가장 영적인 삶은 존재 이전과 이후 그 너머의 삶도 아니고 지금 여기, 이 땅의 기쁨과 슬픔과 아픔의 한복판에서 사는 삶"이라고 했습니다. '가까이하기엔 너무나 거룩한 여호와'가 아니라 '나와 같은 인자', 즉 목수의 아들로 오셔서 고난을 받고 순종을 배우신 주님이 우리에게 임하시는 것을 어떻게 알까요?

해와 달과 별이 떨어지는 때가 종말의 때입니다

주님은 번개의 번쩍임같이 모든 사람이 알아보도록 오신다고 했습니다.

> 그 날 환난 후에 즉시 해가 어두워지며 달이 빛을 내지 아니하며 별들이 하늘에서 떨어지며 하늘의 권능들이 흔들리리라_마 24:29

주님이 재림하실 때 우주적 종말이 있을 것입니다. 그러나 더욱 중요한 것은 나의 해와 달과 별이 떨어지는 개인의 종말입니다. 그렇다면 해와 달과 별이 무엇입니까? 영광 중에 가장 큰 영광일 겁니다. 자기가 최고로 생각하는 영광이 무너지면 그 사람의 종말입니다. 나에게 최고인 나라, 아들딸, 돈, 명예, 건강, 직장이 무너지면 그것이 종말입니다.

오래전의 인기 드라마 〈하얀거탑〉의 외과 의사 장준혁은 야망으로 성공하였으나 암에 걸리고 말았습니다. 인생의 성공이 무슨 소용입니까? 암 선고는 그에게는 천지가 흔들리는 사건이고 앞이 캄캄하고 모든 소망이 흔들리는 사건이었을 겁니다.

> 그 때에 인자의 징조가 하늘에서 보이겠고 그 때에 땅의 모든 족속들이 통곡하며 그들이 인자가 구름을 타고 능력과 큰 영광으로 오는 것을 보리라_마 24:30

"그때에 인자의 징조가" 보일 때 통곡하고 애통하는 사람은 능력과 큰 영광으로 오시는 주님을 볼 수 있습니다. 그는 심판이 구원으로 바뀔 확

률이 있는 사람입니다. 이 땅에서 해와 달과 별이 떨어지는 사람은 구름 타고 능력으로 오실 주님을 만나게 될 줄 믿습니다. 그런데 해와 달과 별이 떨어져도 주님의 능력을 보지 못하는 사람이 많습니다.

어떤 집사님은 10여 년간 남편과 시어머니에게 예수 믿는다고 핍박을 받았지만 자녀의 일류 대학을 우상으로 삼은 탓에 아무도 살리지 못했습니다. 아무리 난리 소문을 들어도 그 집사님에겐 소문에 불과한 것입니다. 그러니까 해와 달과 별이 떨어져서 일류 대학에 들어간 딸이 가출을 하고 도저히 용납할 수 없는 남자와 연애를 하는 사건이 벌어졌습니다. 딸이 태양이던 남편에게 태양이 떨어지니까 주님의 징조가 나타났습니다. 10년 동안 핍박하던 남편이 교회에 와서 주님을 만난 것입니다. 지금은 얼마나 열심히 전도하는지 모릅니다. 윗집 아줌마, 제자, 몇십 년 된 친구도 전도하고 확실히 구름 타고 능력으로 오신 주님을 만났습니다.

자신에게 맞는 환난이 오는가, 안 오는가가 중요합니다. 남편은 딸을 사랑하기 때문에 환난인데 어떤 사람은 의지가 강해서 환난인 줄도 모릅니다. 어떤 분은 딸과 돈 중에 택하라면 돈을 택할 수밖에 없는 것이 비참하다고 했습니다. 애굽의 바로가 열 가지 재앙이 와도 고집을 부리다가 장자가 죽는 사건이 왔는데도 안 돌아왔습니다. 그 왕위가 뭐라고, 능력으로 오시는 인자에 비하면 아무것도 아닌 왕위 때문에 자녀와 배우자가 주님을 만나지 못한다면 얼마나 안타깝습니까? 여러분의 해와 달과 별은 무엇입니까?

◆ 나의 해와 달과 별이 떨어진 사건이 있습니까? 그때 어떤 적용을 했습니까? 열 가지 재앙이 와도 주님의 징조인지 구별하지 못해 지금도 주님께 돌아오지 못하는 것이 있습니까?

말씀이 임하는 때가 종말의 때입니다

그가 큰 나팔소리와 함께 천사들을 보내리니 그들이 그의 택하신 자들을 하늘 이 끝에서 저 끝까지 사방에서 모으리라_마 24:31

인자가 임하면 지금까지 들리지 않던 말씀이 들리기 시작합니다. 고난이 축복이라는 말을 잘 모르겠다는 분이 많습니다. 기복에 젖어 있다가 고난이 축복이라니까 혼동이 오는 것입니다. 그러다가도 해와 달과 별이 떨어지면 나팔 소리처럼 말씀이 들립니다. 전 세계 어디서나 내가 회개만 하면 하나님이 택한 자를 모으십니다. 아프리카, 중동, 홍콩, 미국 등 전 세계에서 들어옵니다. 숨겨 두었던 죄들을 전 세계에 쏟아 내면 회개의 봇물이 터집니다.

죽었다가 깨어나도 못할 적용을 하는 게 중요한데 남편이 바람피우는 이야기는 수도 없이 했습니다. 그런데 남자가 바람피우면 상대 여자가 있을 텐데 여자들은 적용을 안 합니다. 그런데 한 여집사님이 적용을 했습니다. 기러기 가족으로 해외에 있는데 그곳 교회에서 누군가와 사랑에 빠졌다고 합니다. 그분이 말씀을 듣고 죄에 대해 민감해졌습니다. 오늘 주님이 오신다면 회개하고 천국 가는 것이 얼마나 은혜입니까? 하나님께서 최고의 자리에 올려 주실 줄 믿습니다. 해도 되고 안 해도 되는 것이 아니라 오픈과 회개로 인해 우리들교회가 성장했고 그것으로 무시하는 사람이 없습니다.

남편의 바람 사건을 당한 한 여집사님은 이런 나눔을 했습니다.

오늘은 운동을 함께하는 또래 주부들에게 저의 나눔을 읽어 보라고 교회 홈페이지 주소를 적어 주었습니다. 그들은 마치 제가 자랑할 것이 있어 읽어 보라는 것으로 받아들이길래, 수치를 드러내는 거라고 말하자, 굳이 수치를 왜 드러내냐고 물었습니다. 그래서 그 이유는 읽어 보면 알 수 있을 거라 했습니다. 그리고 나눔을 읽고 중보자로 기도해 줄 것을 부탁했습니다. 그 자매들은 그런 오픈을 하는 저를 보며 놀라워했습니다. 그리고 그런 나눔이 소화되는 우리들교회 분위기와 '살아남'에 놀라워했습니다.

같이 취미로 운동하는 엄마들에게 그런 말을 할 자신이 있습니까? 이것이 전도의 재료가 되어 다른 사람을 살립니다.

제가 시집살이하면서 학부모 모임에서 간증을 하니까 사람들의 반응이 '별 이야기 다한다'였습니다. 그러나 그들에게 진짜 어려운 일이 생기니까 저에게 전화했고, 그때부터 성경공부가 시작되어 10년 동안 인도하게 되었습니다. 그래서 말씀으로 자신이 생겼습니다. 말씀이 나팔 소리처럼 들리니까 엄청난 사건을 당해도 다른 사람을 살리고 나도 살아납니다.

이 집사님이 또래 주부들에게 읽어 보라고 한 나눔은 다음과 같습니다.

외도 사실을 안 바로 다음 날부터 주님은 제가 피할 산을 예비해 주셨고 새벽기도가 시작된 첫날에 저를 그곳으로 불러 주셨습니다. 제가 피할 바로 그곳으로요. 다음 날부터 남편의 외도 외엔 아무것도 생각할 수도, 생각나지도 않았습니다. 너무 심한 충격을 받아서인지 육체마저 무기력해졌습니다. '내가 부모님이 돌아가셨다고 해도 이 정도일까' 자문해 보기도 하고, 앞으로 어떻게 살아야 할지, 이 사건을 어떻게 감당해야 할지, 당장 남편의 얼굴을 어떻게 봐야 할지, 무슨 말을 해야 할지 그저 눈앞이 깜

깜했습니다.

다른 지체들의 남편이 바람을 피웠다고 할 때 제가 체휼되었다고 했던 그런 감정과는 비교도 안 되는 충격 그 자체였습니다. 정말 당해 보지 않으면 결코 체휼이 될 수 없는 그런 충격이었습니다.

죽을 것 같은 암흑의 상황에서 붙들 것은 오직 말씀밖에 없다는 생각이 들어 여전한 방식으로 말씀을 읽기 위해 두렵고 떨리는 마음으로 말씀을 펼쳤습니다. 이 사건이 왜 와야 했고, 이 사건을 통해 하나님이 기대하시는 게 무엇인지, 앞으로 어떻게 살기를 원하시는지 말씀을 통해 듣고 싶었습니다. 마침내 신실하신 주님은 말씀을 통해 주의 음성을 들려주셨습니다.

주일 설교 중 목사님은 "내게 온 사건은 꼭 있어야 할 일이다. 끝까지 견디는 자가 구원을 얻으리라"라고 하셨습니다. 제가 남편의 외도 사실을 알게 될 줄 알고 미리 그날 아침 말씀의 예방주사를 맞게 하신 주님의 세심한 배려에 전율을 느꼈습니다.

하나님은 마태복음 24장 6~14절을 통해 두려워 말라고, 이것이 끝이 아니라고, 예수님의 이름을 위하여 미움을 받고 끝까지 견디는 자가 구원을 얻을 것이라고, 천국 복음이 모든 민족에게 증언되기 위해 온 세상에 전파되면, 그제야 죽을 것 같은 이 사건의 끝이 올 것이라고 제게 약속해 주셨습니다. 제가 이 말씀으로 미리 무장하지 않았다면 제가 무슨 일을 저질렀을지 상상만 해도 아찔해집니다.

그래서 우리는 말씀이 들리기 시작하면 무화과나무의 비유를 배워야 합니다.

무화과나무의 비유를 배우라 그 가지가 연하여지고 잎사귀를 내면 여름이 가까운 줄을 아나니_마 24:32

예수님은 알라고 하지 않고 배우라고 하셨습니다. 우리는 아는 게 너무 많습니다. 모태신앙에다 성경도 읽었습니다. 그래서 겸손하게 배우라고 하십니다. 여름이 가까운 줄 알면서 왜 시대의 징조는 분별하지 못하느냐고, 구원이 임하려고 해와 달과 별이 떨어졌는데 그것 때문에 슬퍼하고 무서워만 하면 어떡하냐면서 알지 말고 배우라고 하십니다.

곳곳에 기근과 지진이 있고 환난이 와도 하나님 나라의 일은 하나님이 아시기 때문에 해와 달과 별이 떨어지면 '주님이 오시는구나, 하나님이 책임지시겠구나' 생각해야 합니다. 다 안다고 하지 말고 겸손하게 배워야 합니다.

이와 같이 너희도 이 모든 일을 보거든 인자가 가까이 곧 문 앞에 이른 줄 알라_마 24:33

하나님 나라가 가시적으로 보이는 것이 '너희' 공동체라고 했습니다. 해와 달과 별이 떨어졌을 때 '너희 공동체'가 있는 것이 축복입니다. 예수 믿고 알아야 할 것이 하나님 나라입니다.

앞의 집사님처럼 해와 달과 별이 떨어졌습니까? 배우자와 자녀가 속 썩이고 부도가 났습니까? 그럴 때가 무화과나무 가지가 연하여지는 것이기 때문에 다른 목원, 성도들에게도 인자가 임하는 사건입니다. 다 같이 보는 사건에서 하나님 나라의 일을 알게 되고 우리가 하나님의 자녀이기 때문에, 같은 집안이기 때문에 저절로 알게 됩니다.

"너희도 이 모든 일을 보거든"이라고 했습니다. 공동체에서 이런 일을 나누고 지체들끼리 인도함을 받는 것이 우리가 주님께로 가는 통로가 됩니다. 저는 지나간 남편 이야기, 시집살이 이야기를 하는데, 앞서 말한 집사님은 우리들교회뿐 아니라 전 세계가 보는 홈페이지에 남편이 바람피운 그 순간부터 실시간으로 생생하게 보여 주고 있습니다. 엄청난 증인의 역할을 합니다.

나의 해와 달과 별이 떨어지는 사건은 이방인에게든 믿는 사람에게든 이렇게 주님을 전하는 축복의 통로가 됩니다. 나만 당한다고 생각하고 입 다물고 죽으면 된다고 생각하는 것은 사탄의 속임수입니다. 이 땅은 악하고 음란하기 때문에 틈나는 대로 나의 악하고 음란한 것을 내놓고 가는 것이 예수를 따르는 인생입니다.

나의 이야기를 나눌 때 모두의 일이 되고, 모두가 격려할 때 이미 이긴 싸움이 됩니다. 가장 영적인 삶을 살게 되는 것입니다. 이것이야말로 자기 빈 공간인 수치와 약점을 보는 것이고, 가장 많은 사람에게 가장 탁월한 일을 하는 것입니다. 이 집사님이 꿩 모자를 벗고 독수리처럼 비상하고 있습니다. 가장 보람 있는 삶입니다.

우리들교회를 축복하시는 것은 목사인 저 혼자 설교하는 것이 아니라 모두가 동참하고 있기 때문입니다. 한 사람의 해와 달과 별이 떨어져도 같이 눈물 흘리고 기도하기 때문에 우리들교회가 영적인 리더십을 갖게 되는 것입니다.

> 내가 진실로 너희에게 말하노니 이 세대가 지나가기 전에 이 일이 다 일어나리라_마 24:34

이 세대가 지나기 전에 우리는 다 죽을 인생입니다. 이 말씀 이후 2천 년 동안 우주적 종말이 없었지만 그 세대는 그 세대가 지나기 전에 죽고 이 세대는 이 세대가 지나기 전에 다 죽습니다.

원어로 해석하면 이 세대가 지나기 전에는 모든 일이 이루어지지 않는다는 것인데, 택한 자는 죽기 전에 이 일이, 구원이 반드시 이루어진다는 것입니다. 남편이 돌아오고 안 돌아오고가 문제가 아니라 이 일로 집사님의 구원이 확실해진다는 것입니다.

천지는 없어질지언정 내 말은 없어지지 아니하리라_마 24:35

구원이 확실해지면 내가 목매고 있던 천지인 배우자와 자녀가 없어져도, 없어지지 않는 말씀을 붙잡게 되고 회개하게 되고 구원을 위해 눈물을 흘리게 됩니다. 내가 없어지지 않을 말씀을 붙들면 내려놓았던 배우자와 자녀가 같이 말씀을 붙들고 가게 됩니다. 그것이 사랑입니다. 이 땅에서 나의 생일을 챙겨 주는 게 사랑이 아니라 천국에서 만날 인생이 되는 것이 사랑입니다.

◆ 해와 달과 별이 떨어지는 사건을 통해 나팔 소리 같은 말씀을 들었습니까? 나의 사건을 오픈하여 내 가족도 살리고 공동체도 살리는 통로로 쓰임받고 있습니까?

그 날과 그 때는 아버지만 아십니다

그러나 그 날과 그 때는 아무도 모르나니 하늘의 천사들도, 아들도 모르고 오직 아버지만 아시느니라_마 24:36

천지를 지으신 주님이 그 날과 그 때를 모른다고 하신 것은 자발적으로 인간의 한계를 인정하신 것입니다. 인자로 오신 예수님, 처녀 마리아와 목수의 아들로 오신 예수님을 믿는 것이 축복입니다. 주님은 우리가 그 날과 그 때는 모르게 하셨습니다. 우리가 알아야 할 것만 알게 하십니다. 하나님은 우리가 모르는 '때'를 가지고 우리를 훈련하십니다. 제가 만일 하나님처럼 다 안다고 생각해 보십시오. 집사님의 남편이 언제 돌아온다는 걸 안다면 그 집사님을 붙들고 같이 기도하고 눈물 흘리고 공감하고 격려하고 아파하겠습니까? 모르는 것은 모르는 채로 남겨 두십시오. 주님도 모르시는 것을 알려고 하면 안 됩니다.

아버지는 다 아셔도 연약한 인간은 모릅니다. 그래서 늘 궁금합니다. 그런데 아버지가 아시기 때문에 아버지만 신뢰하면 안심입니다. 하나님은 모든 이의 구원의 때를 알고 계십니다. 그러니까 하나님과 친하게 지내면 천국 생활입니다. 이 땅에서 천국 생활에 적응하지 못하면 나중에 천국에 못 갑니다. 반드시 적응 훈련이 필요합니다.

37 노아의 때와 같이 인자의 임함도 그러하리라 38 홍수 전에 노아가 방주에 들어가던 날까지 사람들이 먹고 마시고 장가 들고 시집 가고 있으면서 39 홍수가 나서 그들을 다 멸하기까지 깨닫지 못하였으니 인자의 임함도 이와 같으리라_마 24:37~39

그런데 아무리 이야기해도 인생은 시집 장가 가고 먹고 마시는 것이 전부입니다. 시집 장가를 잘 보내려고 예쁘게 키우고 가르치고 그래서 잘 가면 먹고 마시고 파티하는 게 일입니다. 잘 먹고 잘사느라 멸하기까지 깨닫지 못하는 게 인생입니다.

우리는 너무 바빠서 하나님의 뜻을 놓치고 멸하기까지 깨닫지 못합니다. 바쁜 그리스도인은 나쁜 그리스도인이라고 합니다. 병원장에 취임한 어느 집사님은 주일예배, 수요예배, 목장모임, 양육을 다 참석하고 병원장이 됐습니다. 그래서 바빠서 예배에 못 오고, 바빠서 말씀 못 본다는 건 다 핑계입니다. 그분은 병상이 700동이나 되어도 교회에서 할 일 다 했습니다. 우리는 연애하고 먹고 마시고 할 것 다 하면서 바빠서 못하고, 못 간다고 하는 건 아닌지 돌아봐야 합니다. 말씀이 있어야 자기 사건을 해석할 수 있기에 말씀에 붙들려 살아야 합니다.

마지막으로, 앞의 집사님의 이야기입니다.

> 이 사건을 통해 부르심에 합당한 자로 여겨 주신 것에 감사가 나왔습니다. 그리고 모든 선을 기뻐함과 믿음의 역사를 능력으로 이루게 하실 주님을 끝까지 신뢰하겠다는 고백을 또 새롭게 합니다. 그리고 제가 당하는 이 고난이, 구원을 통한 주님 나라의 확장을 위한 것임을 다시 일깨워 주시며 힘을 주심에 감사드립니다.
> "너희로 하여금 하나님의 나라에 합당한 자로 여김을 받게 하려 함이니 그 나라를 위하여 너희가 또한 고난을 받느니라"(살후 1:5).
> 기한도 연한도 알지 못하는 지금의 환난의 끝은 악인에게는 영원한 멸망의 형벌과 성도들에게는 영광을 얻게 함이고 모든 믿는 자들에게서 놀랍게 여김을 얻게 하려 하심이라고 말씀해 주십니다(살후 1:9~10).

"저는 도저히 할 수 없지만, 오직 주만 바라보며 제가 행하고 있는, 남편을 향한 선을 기뻐하신다고 하니 모든 견딤으로 끝까지 행하겠습니다. 우리 가정의 믿음의 역사를 저의 힘이 아닌 주의 능력으로 이루게 하시고 우리 하나님과 주 예수 그리스도의 은혜대로 우리 주 예수의 이름이 우리 가정 가운데 영광으로 임하시게 될 날을 기대합니다. 그 안에서 제가 얻게 될 영광을 소망하며 가겠으니 연약하여 넘어질 수밖에 없는 저를 도우소서!"

이 집사님이 얼마나 멋집니까? 이분은 패자가 아닙니다. 해와 달과 별이 떨어지니까 우뚝 서서 모든 사람을 살리는 인생이 됐습니다. 어떤 사건에서도 말씀만 있으면 우뚝 서서 다른 사람을 살릴 수 있습니다. 날마다 들었기 때문에 '너희 공동체' 가운데서 승리한 것입니다. 그런데도 "나는 안 된다"고 하면 강퍅한 분입니다. 그런 분은 열 가지 재앙이 와도, 장자가 죽어도 깨닫지 못하는 바로입니다.

먹고 마시고 장가들고 시집가느라 깨닫지 못하는 사람들에게 주님의 임하심을 보여 주십시오. 혼자 하는 것이 아니라 고난받는 증인의 역할을 잘하여 복된 인생이 되길 소망합니다.

◆ 때를 모르기 때문에 조바심 내고 거짓 선지자의 말에 현혹된 적이 있습니까? 때를 아시는 주님께서 내 삶을 책임져 주실 것을 믿습니까? 너무 바빠도 내 할 일은 다하면서 말씀 듣는 데는 소홀하지 않습니까?

말씀으로 기도하기

주님의 재림을 기다리며 살아가는 우리는 주님이 언제 오실지 '그 날과 그 때'를 궁금해하면서도 바쁘다는 핑계로 정작 주님이 오시는 그날을 사모하며 준비하지는 않습니다. 그러다가 해와 달과 별이 떨어지는 개인의 종말을 맞이하고서야 통곡하고 애통하며 말씀을 찾습니다. 언제 주님이 오신다 해도 기쁨으로 주님을 맞이할 수 있도록 늘 믿음의 공동체에 속해 말씀을 가까이하며 살아가게 하옵소서.

해와 달과 별이 떨어지는 때가 종말의 때입니다(마 24:29~30).

내가 가장 귀히 여기는 아들딸, 돈, 명예, 건강, 직장, 나라가 무너지는 것이 개인의 종말이라고 하십니다. 그런 사건이 찾아와도 애굽의 바로처럼 의지가 강하니 주님의 능력을 보지 못합니다. 해와 달과 별이 떨어지는 사건 앞에서 내 힘을 빼고 통곡하고 애통하며 주님을 의지함으로 능력과 큰 영광으로 오시는 예수님을 보게 하옵소서.

말씀이 임하는 때가 종말의 때입니다(마 24:31~35).

해와 달과 별이 떨어지는 사건 앞에서조차 "나도 다 알아" 하며 배우려고 하지 않는 저의 교만을 회개합니다. 믿음의 공동체에 속해 나의 이야기를 나누고 공동체의 격려를 받으며 '이기는 싸움'을 하기 원합니다. 악하고 음란한 저의 죄를 솔직히 드러내고 회개하며 예수님을 따르게 하옵소서.

그 날과 그 때는 아버지만 아십니다(마 24:36~39).

주님은 내가 모르는 '그 날과 그 때'를 가지고 나를 훈련한다고 하십니다. 그 날과 그 때를 알고 계시는 아버지만 신뢰하고 가면 안심하며 천국을 누릴 수 있음에도 그것이 언제일지 궁금해서 늘 노심초사하는 저를 불쌍히 여겨 주옵소서. 바쁘다는 핑계를 내려놓고, 예배드리며 큐티하는 것을 가장 우선할 수 있게 도와주옵소서.

우리들 묵상과 적용

어릴 때부터 저는 무능하면서도 생색이 많고 부부 싸움까지 잦던 부모님이 싫어서 속으로 무시하며 살았습니다. 그런 태도가 남에 대한 무관심과 무정함으로 굳어진 탓인지 저는 이제껏 주변을 잘 돌아보지 않고 저 자신만 생각하며 살아온 것 같습니다. 제가 치과대학에 들어갈 무렵 외삼촌이 미국에 있는 신학대학에 입학했는데, 이를 계기로 불교 신자였던 어머니와 함께 저도 교회에 나가게 되었고, 지금의 아내를 만나 결혼도 교회에서 했습니다. 그러나 이후 시댁과의 갈등으로 아내가 힘들어하는 것을 전혀 체휼하지 못하고, 아내가 그런 문제로 대화를 원할 때도 "다음에, 다음에"라며 상황을 피하기 일쑤였습니다. 저도 '이건 아닌데……' 싶었지만 마땅한 방법이 없기에 그냥 넘어갔습니다. 반면, 저는 힘들 때마다 밤 문화에 빠져 음란을 즐기며 살았습니다. 결국 아내는 속으로 병들어 갔습니다.

이런 저에게 인자의 징조가 하늘에서 보이고 이 땅에서 통곡하는 사건이 찾아왔습니다(마 24:30). 운영하던 병원의 아래층에 불이 나 위층까지 옮겨붙는 바람에 큰 손실을 입게 된 것입니다. 그 후 친구 아내의 소개로 새로운 교회로 인도되었지만, 말씀이 전혀 깨달아지지 않기에 주일예배도 제대로 드리지 않고 제 소견대로 살았습니다. 그러자 하나님은 또다시 해·달·별이 떨어지는 사건을 주셨습니다(마 24:29). 아내가 난소암에 걸린 것입니다. 아내는 항암 치료를 받으며 힘든 가운데서도 교회의 소그룹 모임에 참석하기를 원했습니다. 차마 거절할 수 없어 모임에 같이 나갔지만, 말씀으로 나눔을 하는 것이 도무지 이해되지 않았습니다. 그러던 중

무리하게 투자한 치과의 운영이 어려워지면서 '그만 접어야 하나' 하는 고민이 생겼고, 그 고민을 소그룹 모임에서 털어놓으면서 조금씩 공동체에 마음이 열렸습니다. 그러나 결국 치과는 문을 닫았습니다.

그런데 얼마 후에는 딸아이가 대장암에 걸리는 사건이 일어났습니다. 하나님께 분도 나고 원망도 많이 했지만, 주께 엎드릴 수밖에 없었습니다. 그때부터 미루고 있던 양육을 받으면서 말씀이 큰 나팔 소리로 들리고 저의 죄가 조금씩 깨달아지면서 아무도 몰랐던 외도의 죄를 소그룹 모임에서 고백했습니다(마 24:31). 그러자 지체들의 나눔을 들으며 속으로 지질하다고 무시했던 소그룹 모임이 지금까지 저를 위해 중보해 주는 천사임을 알게 되었습니다(마 24:31). 인자가 비록 심판의 모습으로 오셨지만 궁극적으로는 저를 구원하고자 오셨음을 알게 되었습니다. 이제는 구원받은 자로서 소그룹 모임 리더의 사명을 감당하게 하시니 감사합니다. 딸도 이제 건강해져서 저와 함께 주일학교에서 봉사하고 있습니다. 앞으로도 저의 죄 고백이 믿지 않는 가족과 주변 사람들의 구원에 쓰임받기를 간절히 소망합니다.

영혼의 기도

아버지 하나님, 인생의 해와 달과 별이 떨어졌습니다. 인자가 가까운 줄 알라고 하십니다. 나에게 아직 복음이 나팔 소리로 들리지 않아서 해와 달과 별이 떨어진 것을 감사합니다. 주님의 음성이 나팔 소리처럼 들리기 원합니다.

많은 간증을 들으며 다 아는 것 같아도 사실은 아는 것이 없어서 힘이 듭니다. 겸손히 배우라고 하셨사오니 목장과 양육과 예배에 참석하면서 믿음의 공동체에서 겸손히 듣고 배우기 원합니다. 문 앞에 이르신 주님을 받아들이고 없어질 천지를 내려놓으며 없어지지 않을 말씀을 붙들도록 도와주옵소서. 하나님께서 우리가 모르는 때를 가지고 훈련하시는 것에 순종하기를 원합니다. 시집 장가 가고 먹고 마시다가 멸하기까지 깨닫지 못한다고 했는데 인생의 목적이 행복이 아니고 거룩임을 잊지 말게 하옵소서.

해와 달과 별이 떨어진 지체를 위해 기도하오니 그들이 말씀으로 우뚝 서기를 원합니다. 나눠 줄 것만 있는 인생이 되기를 원합니다. 건강한 공동체에서 힘든 사연을 다 듣고 서로 살아나게 하시고 모든 사건 가운데 인자가 가까이 온 줄 아는 우리가 되길 원합니다. 예수님 이름으로 기도하옵나이다. 아멘.

그러므로 깨어 있으라

마태복음 24:40~51

하나님 아버지, 주님 때문에 깨어 있기를 원합니다.
주님이 오실 때 데려감을 당하는 인생들이 되도록
말씀하여 주옵소서. 듣겠습니다.

예수님의 재림을 기다린다고 평생 잠옷을 안 입고 와이셔츠에 넥타이를 매고 양복 윗도리를 옆에 두고 주무신 목사님이 있다고 합니다. 참 순진하고 착한 분이지만 어린아이도 아니고 목사님이 그러시면 안 된다고 생각합니다. 잘 때 잠옷을 입지 않고 정장 차림을 한다고 그것이 깨어 있는 것일까요? 과연 깨어 있는 것이 무엇일까 생각해 보겠습니다.

주님 때문에 깨어 있어야 합니다

여러분은 밤새 깨어서 뭐 하십니까. 술 마시느라 깨어 있고 인터넷 채팅, 게임 중독 때문에 깨어 있습니까? 누구는 슬퍼서, 이를 갈고 미워하느라, 질병으로 아파서 깨어 있습니다. 깨어 있는 목적이 다 다른데 주님은 주님의 뜻을 이루기 위해서, 주인을 기다리기 위해서 깨어 있으라고 하십니다.

40 그 때에 두 사람이 밭에 있으매 한 사람은 데려가고 한 사람은 버려둠을 당할 것이요 41 두 여자가 맷돌질을 하고 있으매 한 사람은 데려가고 한 사람은 버려둠을 당할 것이니라_마 24:40~41

두 사람이 밭에 있습니다. 또 두 여자가 맷돌질을 하고 있습니다. 밭일과 맷돌질을 둘이 같이 하려면 서로 마음이 맞아야 합니다. 누가복음에서는 자다가 데려감을 얻는다고 했으니까(눅 17:34~35) 같이 일을 하고 같이 잠을 자는 죽고 못 사는 친한 관계임을 알 수 있습니다.

그런데 하나는 데려가고 하나는 버려둠을 당했습니다. 부부간에 누구는 버려둠을 당하고 누구는 데려감을 얻으면 어쩝니까?

주님이 오실 때 구원의 역사는 밭에 있고 맷돌질하는 생업의 현장에서 이루어진다는 교훈을 깨달아야 합니다. 주님이 오신다고 짐 싸서 산으로 들어가선 안 됩니다. 기도원도 수도원도 아니고 생업의 현장에서 주님을 맞아야 합니다.

그런데 그보다 더 중요한 것은 생업의 현장에서 열심히 살다가 하나는 데려감을 얻고 하나는 버려진다는 사실입니다. 아무리 친하고 가까워도 치마꼬리 잡고 갈 수 없습니다. 교회 와서 큐티하고 목장예배 가고 단기선교를 갔다 와도 구원에 있어서는 갈라질 수 있습니다. 똑같은 일상생활, 경건 생활을 해도 갈라집니다.

구원과 심판은 수동태입니다. 얻는 것입니다. 구원은 외적 조건과 무관합니다. 같은 학벌에 같은 일을 하고 같은 환경에 있어도 데려감을 얻고 버려둠을 당합니다. 그러므로 천국 때문에 환경을 바꿔 달라고 해서는 안 됩니다. 천국 가는 것은 환경과는 아무런 상관이 없습니다.

아직 복음을 전하지 않은 배우자나 친척, 형제가 있습니까? 같은 집안이라도 믿음으로 하나 되지 않으면 때가 되면 갈립니다. 이 이야기를 듣고도 가슴이 서늘하지 않다면 버려둠을 당할 것입니다. 버려둠을 당하는 사람이 내 배우자와 자녀, 부모이면 어쩝니까?

◆ 내가 깨어 있는 목적이 주님 때문입니까? 슬퍼서 아파서 불면증으로 채팅으로 술로 게임으로 깨어 있습니까? 나는 한 이불을 덮고 자는 식구들이 구원의 확신이 없는 것을 보고도 '더디 오리라' 합니까? '언젠가 예수 믿겠지' 하면서 복음을 전하지 않은 가족, 친척, 동료는 없습니까?

언제 올지 모르므로 깨어 있어야 합니다

> 42 그러므로 깨어 있으라 어느 날에 너희 주가 임할는지 너희가 알지 못함이니라 43 너희도 아는 바니 만일 집 주인이 도둑이 어느 시각에 올 줄을 알았더라면 깨어 있어 그 집을 뚫지 못하게 하였으리라_마 24:42~43

주님이 언제 오시는지 그 때를 아는 것보다 더 중요한 것이 '깨어 있는' 것입니다. "깨어 있으라"는 계속된 명령입니다. 영적으로 빈틈이 없어서 어떤 상황에서도 맞설 수 있는 능력을 가지는 것입니다. 데일 카네기는 "눈앞에 기회가 왔을 때 그것을 붙잡는 사람은 십중팔구 성공합니다. 그러나 뜻하지 않은 사고를 당하고도 이를 극복해 자신의 힘으로 기회를 만들어 내는 사람은 100% 성공합니다"라고 말했습니다.

때와 기한은 아버지의 권한인데 그 때를 모르기 때문에 깨어 있어야 합니다. 언제 오시는지 그 '때'에만 관심을 두는 것은 이단입니다. 여호와의 증인은 1993년에, 다미선교회는 1992년에 주님이 오신다고 했습니다. 생각하지 못한 때에 오신다고 했는데 언제라고 하는 것이 이단입니다. 때를 모르는 것이 깨어 있는 비결입니다.

> 이러므로 너희도 준비하고 있으라 생각하지 않은 때에 인자가 오리라
> _마 24:44

이 세상 사람들은 생각하지 않은 때에 실연당하고 배신당하고 사기당합니다. 그것도 배우자와 친구, 동업자에게 당합니다. 세상 사람들은 홀연히 갑자기 당하기 때문에 감당을 못 합니다. 그러나 "너희는 다 빛의 아들"(살전 5:5)이기 때문에 어떤 일을 당해도 홀연히 당하는 일이 없습니다. 어둠에 있지 않기 때문입니다. 같은 일을 당해도 빛의 아들은 "나는 몰랐어. 이런 일은 있을 수 없어" 하지 않습니다. 어떤 일도 일어날 수 있다고 생각하고 예비하기 때문에 놀라지 않습니다.

2007년 2월 27일 아프가니스탄에서 폭탄 테러로 숨진 윤장호 하사는 중1 때 미국으로 유학을 가서 유학생들을 섬기고 행정도 도와줘서 그의 도움을 받지 않은 사람이 없다고 합니다. 신앙생활도 열심히 해서 전공한 경영학을 살려 교회 재정도 관리했다고 합니다. 눈 오는 밤이면 아르바이트를 마치고 집에 들렀다가 새벽같이 교회 앞의 눈을 치우기도 했습니다. 신앙생활, 인간관계, 학업, 실력을 모두 갖춘 귀한 인재였습니다.

미국에서 취직하면 군대 안 가도 되는데 한국 사람으로서 국방의 의무를 다하겠다고 입대해 제대 9개월을 앞두고 통역병으로 아프가니스탄에 지원했습니다. 영어로 나라를 돕겠다는 생각으로 간 것입니다. 또한 유학 생활을 하는 동안 고생하신 아버지의 수고를 덜어 드리고 싶은 마음

도 있었습니다. 그날도 어머니 장례를 치르러 간 병사 대신 섰다가 테러를 당했습니다. 형도 호주 선교사로서 좋은 모범을 보여 주고 있습니다. 번개의 번쩍임처럼 윤 하사의 죽음이 하나님께 영광을 끼쳤습니다. 어떤 사건도 영적으로 빈틈이 없으면 기회가 됩니다. 미국과 한국에서 그의 장례식을 치렀는데 모두가 가족처럼 슬퍼했습니다.

제 남편이 평소와 다름없이 건강한 모습으로 출근했다가 급성간암으로 쓰러져 그다음 날 세상을 떠났으니 '홀연히'가 아니겠습니까? 제가 삼십 대에 그랬으니 세상으로 보면 멸망입니다. 교통사고도, 피치 못할 사고도 아니었는데 하루 만에 데려가셨습니다.

하지만 그때도 성경 보고 적용했기 때문에 하나님께서 그것을 기회로 사용하셨습니다. 이 땅에서 생로병사는 다 겪는 것이고 어차피 죽음은 왔을 것인데 그 사건을 계기로 제가 성경 보고 양육하는 시간이 늘었습니다. 100% 깨어 있을 수는 없지만 깨어 있는 부분이 안 깨어 있는 부분보다 많아서 이렇게 인도하셨습니다.

삶이 여러분을 속일지라도 슬퍼하거나 노하지 말고 어떤 사건도 기회로 삼으시기 바랍니다.

◆ 나는 영적으로 빈틈이 없어서 어떤 상황에서도 맞설 수 있는 능력이 있습니까? 나는 매 순간 깨어서 주님과 교제하여 홀연히 닥친 시련도 너끈히 이길 수 있습니까? 어떤 사건도 기회로 삼고 있습니까?

직분에 충성하는 것이 깨어 있는 것입니다

충성되고 지혜 있는 종이 되어 주인에게 그 집 사람들을 맡아 때를 따라 양식을 나눠 줄 자가 누구냐_마 24:45

인자가 오실 때 한 사람은 구원되고 한 사람은 심판을 받는데, 구원으로 예비시키기 위해 충성되고 지혜 있는 종이 필요합니다. 때를 따라 양식을 나눠 주어야 합니다. 우리는 모두 청지기로 부름받았습니다. 남편으로, 아내로, 부모로, 자녀로 어떤 역할이든 청지기로서 때를 따라 나눠 주어야 할 것이 있습니다.

그런데 부지런하게 나눠 주어야 합니다. 목자는 목원에게, 목원들은 식구들에게 부지런하지 않으면 나누지 못합니다. 부지런한 것 중에서도 몸으로 돕는 것을 사람들이 좋아합니다.

팀 라헤이(Tim LaHaye) 목사님의 책에 소개된 이야기입니다.

내가 첫 교회를 담임할 때 나는 교회 옆에 있는 사택에서 살았습니다. 내가 부임한 다음 날 잔디 한 트럭이 배달되었습니다. 나 혼자 그 많은 잔디를 깔아야 하는 상황이었습니다. 설상가상으로 바로 그날 벽돌을 쌓는 사람이 와서 교회의 새 간판을 세우는 공사를 해야 했습니다. 그 벽돌공은 목사들에 대해서 부정적인 견해를 가지고 있는 사람이었습니다. 왜냐하면 목사들은 다 게으르고 별로 하는 일도 없는 사람이라고 생각했기 때문입니다.

그는 벽돌을 쌓고 공사를 하면서 나를 주시하고 있었습니다. 물론 나는 그때 그가 나를 그렇게 주시하고 있다는 것을 몰랐습니다. 우리 둘은 아침 7시 30분부터 일을 시작했습니다. 일을 시작하기 전에 나는 그에게 새로 부임한 목사라고 나를 소개하고 아침에 회의가 있어서 가 보아야겠다고 말했습니다. 아마도 그는 내가 다시 돌아오지 않으리라고 생각했을지도 모릅니다. 그렇지만 아침에 회의가 끝나자마자, 나는 곧바로 작업복으로 갈아입고 잔디를 깔기 시작했습니다. 그런데 갑자기 나를 만나자는 전화가 몇 번씩 울려서 나는 중간중간에 계속 왔다 갔다 할 수밖에 없었습니다. 벽돌공과 내가 오후 5시에 일을 마칠 때까지 나는 여섯 번이나 옷을 갈아입어야 했습니다.

그런데 놀랍게도 그 주일에 벽돌공은 자기 가족을 이끌고 교회에 출석했습니다. 한 달 뒤에 그는 예수님을 구세주로 영접했습니다. 진실한 육체노동을 하는 건전한 그리스도인의 생활 방식이라는 단순한 본보기를 통해서 그의 영혼이 건져졌다고 나는 생각합니다. 그는 목사에 대한 자신의 견해를 바꾸었을 뿐만 아니라, 믿는 자들에게 진실하게 일하도록 영감을 불러일으키시는 우리 구세주 예수님에 대한 새로운 견해를 얻게 된 것입니다. 이러한 삶의 방식은 중요합니다. 왜냐하면 누군가 우리를 항상 지켜보고 있기 때문입니다.

육체적으로 일하는 사람이 은혜를 끼칩니다. 어디서든 엉덩이가 무거운 사람은 환영을 받지 못합니다. 육체노동은 정신적으로 힘들 때 치유가 되기도 합니다. 회사에 사표를 쓴 형제가 직장 때문에 힘들어하니까 목자가 육체노동을 하면 인생을 많이 알게 된다면서 몸 쓰는 직업을 택해 보라고 했습니다. 밥하고 빨래하고 청소하면 정신이 건강해집니다. 하나님이 공평하셔서 육체노동 하는 사람에게 건강을 주셨습니다.

46 주인이 올 때에 그 종이 이렇게 하는 것을 보면 그 종이 복이 있으리로다 47 내가 진실로 너희에게 이르노니 주인이 그의 모든 소유를 그에게 맡기리라_마 24:46~47

때를 따라 잘 나누어 주면 모든 소유를 맡기십니다. 사람에게 능력보다는 신실함이 중요합니다. 어떤 말에도 "맞아요, 맞아" 하고 부족함을 인정하며, 허세 부리지 않고 투명한 사람에게 소유를 맡기십니다. 하나님께서 맡기신 소유를 사랑과 지혜를 가지고 때로는 마음으로, 때로는 몸으로, 물질과 위로와 권고로 나눠 주는 것이 충성된 종의 역할입니다.

저는 남편의 구원을 위해 기도로 나눠 주고 순종으로 나눠 주고 화를 내면 입을 다물고 기분 좋으면 말씀을 넣어 주고 구원 때문에 매일 노심초사했습니다. 남편이 갑자기 쓰러졌을 때 기도해 달라기에 크지도 작지도 않게 기도했습니다. 큰 소리로 했다가 그만두라고 할까 봐 조심스럽게 그러나 간절히 기도했습니다.

사랑의 말도 아무 때나 하면 배탈 납니다. 내가 사랑을 베풀어도 상대가 오랫동안 오해한다면 내가 진실로 사랑을 베풀었는지 확인해야 합니다. 우리는 그날그날의 말씀을 받아먹으며 살아야 합니다. 재갈 물라고 하면 재갈 물고 용기 있게 이야기하라 할 때 이야기하면 주님께서 지혜를 주십니다. 내 의대로, 용기대로 하는 게 아닙니다.

영국의 위상을 살리고 포클랜드 전쟁을 승리로 이끈 마거릿 대처 수상은 포클랜드 전쟁 20주년에 귀빈으로 오라는 초대를 받았지만 남편이 아파서 거절했습니다. 철의 여인 같아도 남편 식사를 항상 자신이 차렸습니다. 딸이 이사 간 집의 도배도 자기가 해 줬습니다. 자기 역할에 충성한 수상이었습니다.

주님의 마음을 알아야 이때는 이걸 하고 저 때는 저걸 할 수 있습니다.

남편이 저에게 돈을 못 쓰게 하고 교회 못 가게 하면서 "너한테는 돈 한 푼 안 준다"는 말을 입에 달고 살았습니다. 차도 못 쓰게 하고 돈 만 원도 안 주면서 친척들이 오면 용돈에 선물에 열심히 챙겨 줍니다. 그런데 왜 저한테는 돈을 안 줬을까요? 내가 도망갈까 봐 그랬을까, 생각해 봤습니다. 그런데 그렇게 아끼고 아껴서 마련한 집이 지금 저한테 왔습니다. 상상도 못한 일입니다. 건강한 남편이 90년을 살고 저는 골골해서 먼저 갈 줄 알았습니다. 제가 쫓겨나서 이혼해도 예고 강사로 돈 벌 자신이 있어서 돈에 연연해하지 않았는데 오히려 남편이 돈에 연연했습니다.

그런데 인격적으로 주님을 만나고 나니까 제가 돈을 좋아하기 때문에 남편이 돈을 안 준다는 걸 깨달았습니다. 남편이 가난했으면 제가 결혼을 했을까요? 안 했을 것 같다는 생각이 듭니다.

자꾸 저 자신을 보니까 점점 충성되고 지혜 있는 종이 되게 하셨습니다. 말씀을 들을 때마다 돈을 내려놓게 되고 대신에 사랑하게 하셨습니다. 1~2년도 아니고 13년을 그렇게 살았기 때문에 지금 이렇게 섬기는 자리에 있는 것입니다. 돈이 있어도 안 쓰는 훈련을 하고 나와 상관없는 돈으로 여기기까지 13년이 걸렸습니다.

주님은 때를 따라 양식을 나눠 줄 사람에게 소유를 넘기십니다.

30대 한창인 나이에 남편이 하루 만에 간 것은 남들이 보면 저주라고 할 만한 정말 기막힌 일입니다. 바람피운 것과 비교도 안 됩니다. 스트레스 지수로 따지면 사별이 200이고, 이혼은 100이라고 했습니다. 남편이 좋든 나쁘든 과부가 되면 울타리가 없어서 무시받게 마련입니다. 제가 과부가 되어 보니 주님을 신랑으로 모시지 않은 영적 과부가 가장 불쌍한 것을 알게 됐습니다.

48 만일 그 악한 종이 마음에 생각하기를 주인이 더디 오리라 하여 49 동료들을 때리며 술친구들과 더불어 먹고 마시게 되면 50 생각하지 않은 날 알지 못하는 시각에 그 종의 주인이 이르러 51 엄히 때리고 외식하는 자가 받는 벌에 처하리니 거기서 슬피 울며 이를 갈리라_마 24:48~51

나를 충성되게 하는 것은 내 옆의 악한 종입니다. 악한 종의 특징이 첫째 더디 오리라 하고, 둘째 때리고, 셋째 술 마시고 더불어 먹고 마십니다. 그런데 이 중에서 '더디 오리라'가 가장 무섭습니다. '더디 오리라' 하는 남편과 아내 때문에 온 집안이 지옥에 갑니다.

나를 때리고 괴롭혀서 더욱 주님을 사모하게 만든다면 악한 사람이 아닙니다. 친절하게 잘해 주면서 주일마다 여행 가고 회식하고, 그래서 온 식구가 교회에 못 가게 만드는 사람이 악한 종입니다.

악한 종과 더불어 먹고 마시고 있으면 사건이 왔을 때 슬피 울며 이를 갈 수밖에 없습니다. 악한 종은 생각하지 않은, 알지 못하는 시각에 사건이 터지자 엄히 형벌을 받고 슬피 울며 이를 갑니다. 악한 종의 특징은 외식하는 자의 율법을 좇는 것인데 없어도 있는 척, 경건한 척 회칠을 합니다.

충성되고 지혜 있는 자가 가장 지켜야 할 것이 가정입니다. "교회의 지도력은 가정에 합당한 것이 최고"라고 존 오스본(John Osborne)이 말했습니다. 충성되고 지혜로워서 악한 종을 지켜야 합니다. 내 옆에 버려둠을 당하는 사람이 내 배우자, 자녀인데 어떻게 안 지킵니까? 때리면 맞고 술 마시면 옆에 앉아 있어야 합니다.

인생의 목적이 행복이 아닙니다. 내 옆의 악한 종을 충성되게 하고 데려감을 얻게 하는 것이 내 인생의 목적입니다. 아내는 같이 이불을 덮고 사는 내 남편이 믿는지 안 믿는지, 데려가실지 버려둠을 당할지 압니다. 강도짓을 하고 각종 죄를 지어도 부모는 자식을 버리지 않습니다. 내가 잘나서가 아니라 부모에게서 태어났기 때문에 사랑받는 겁니다. 하나님의 자녀이기 때문에 내가 죄를 지었어도 회개하면 천국에 갈 확신이 있습니다.

그런데 잘난 사람들이 천국에 관심이 없습니다. 그런 사람들이 버려둠을 당합니다. 부족하니까 아버지를 찾아가야 하는데 맏아들처럼 아버지에게 다가가지 못하고 혼자 잘났습니다. 그런 사람이 막상 사건이 오면 이를 갈고 슬퍼하면서 욕합니다. 사건이 오기 전에는 죽어도 못 깨닫기 때문에 사건이 와야 합니다.

한 집사님의 간증입니다.

> 저는 가진 것이 정말 없습니다. 돈도 없고, 집도 없고, 배경도 없고, 아이도 없고, 건강하지도 못하고 변변하게 내세울 수 있는 것이 아무것도 없습니다. 이렇게 없는데, 하나님은 저에게 많은 것을 붙여 놓으셨습니다.
> 경제적인 능력이 없는 동생, 두 번이나 이혼한데다 직장암에 걸려 오갈 데 없는 엄마, 오매불망 우리에게 자식이 생기기를 바라며 홀로 지내시는 시어머니, 장남이지만 힘든 일이 생길 때마다 가족을 원망하는 오빠, 이 모든 책임을 나 몰라라 하고 있는 정말 이해할 수 없는 아빠…….
> 저는 정말 사랑할 수 없었습니다. 나 걱정하기 바쁜데 왜 이렇게 저한테 덕지덕지 붙어서 나 걱정할 틈도 안 주는가! 도무지 감사할 것이 없었습니다. 그런데 목사님은 이 고난 때문에 내가 하나님을 만나고 그래서 구원받은 인생이 된 것이 축복이라고 하셨습니다. 무엇보다 주님이 나를 찾아와 만나 주시고 구원해 주신 것에 감사해야 한다고 하셨습니다. 엉망진

창인 이 상황이 예수가 나시는 사건이라고 하셨습니다. 구원의 징조를 분별하라고 하십니다. 그래서 도무지 이해할 수 없지만 사랑하려고 애썼습니다. 하나님께 기도도 했습니다.

"저는 도저히 사랑할 수 없습니다. 손해 보는 것도 싫습니다. 저는 요만큼의 사랑도 나올 수 없는 형편없는 인간입니다. 저를 도와주세요. 저는 할 수 없지만 하나님이 주시는 힘으로 할 수 있습니다."

그래서 정말 마음을 다하고, 목숨을 다하고, 뜻을 다하고 힘을 다해서야 조금 사랑할 수 있었습니다. 아무것도 결론지을 수 없는 사건들 속에서 제가 한 것은 인연을 끊지 않은 것, 안고 있어야 할 사건이려니 하고 반항하지 않으며 손해 보고 견딘 것뿐입니다.

그런데 하나님은 정말로 말씀을 이루시는 분입니다.

얼마 전 오빠에게 사건이 찾아왔습니다. 너무도 아끼는 딸이 개에게 물려 얼굴이 찢어졌고 성형수술까지 받아야 했습니다. 게다가 운영하는 치킨 가게가 장사가 잘 안되어서 빚을 내야 하는 상황까지 갔습니다. 정말 상심했습니다.

남편의 일이 잘 안돼 거의 두 달을 쉬고 있는 중이라 기름값조차 아까운 상황인데, 오빠가 와 줄 수 없느냐고, 곁에 있어 줄 수 없느냐고 부탁해서 하는 수 없이 조카가 수술하는 병원에 갔습니다. 무슨 일만 있으면 이렇게 징징대는 오빠입니다. 나도 죽겠는데, 또 사랑해 달라고 합니다. 좀 도와 달라고 합니다.

그런데 오빠가 기도를 해 달라고 합니다. 힘들고 짜증스러운 내색을 하지 않고 그저 위로하고 안아 주고, 둘째 조카를 데려와 봐주며 손해 보았습니다. 힘들어서 결국 눈물을 보이는 오빠에게 드디어 때가 찬 것이라고, 오빠가 도저히 하나님을 못 보니까 이렇게 해와 달과 별을 떨어뜨려서 오빠를 부르시는 것이라고, 이제는 믿음을 회복해야 한다고 전했습니다. 전에는 워낙에 집요하게 따지고 싫어해서 말조차 꺼내기 힘들었는데 오빠는 어쩐 일로 고개를 끄덕이며 그런 것 같다고 합니다.

정말 자기 뜻대로만 하는 아빠를 꼭 닮은 오빠, 그 오빠 때문에 너무 힘들어하는 새언니도 위로했습니다. 아이들 때문에 이혼은 못하겠다는 언니, 오죽하면 저런 맘을 먹었을까 생각하니 가슴이 아팠습니다.

얼마나 힘드냐며, 언니 아니면 저 성격을 누가 받아 주냐며 편들어 주고 같이 울어 주었습니다. 그리고 우리 부부의 형편없음과 하나님이 우리에게 어떻게 하셨는지, 왜 하나님이 필요한지를 이야기했습니다. 마음이 곤고하니 제 얘기에 귀를 기울입니다. 기도하겠다는 말에 위안도 받습니다.

언제까지 참아야 하는지 묻는 동생에게 할 말이 생겼습니다. 정말로 하나님은 하나님의 할 일을 하고 계신가 봅니다. 사랑하는 것이 옳소이다, 그 말씀이 참이니이다, 조금씩 하나님 나라에 가까이 가는 것 같습니다.

세상적으로 볼 때 죽은 것 같은 우리 가족입니다. 그런데 예수님 안에서 볼 때는 이렇게 살아나고 있습니다. 살려 주시는 하나님이 너무 감사합니다.

끝없이 주는 것이 너무 배 아프고 힘들었습니다. 그런데 그 사랑에 감동하고 있는 영혼이 있음을 보게 하셔서, 그 수고가 헛된 것이 아님을 확증하여 주셔서 감사합니다. 정말로 가진 것이 없는 저를 줄 것만 있는 인생으로 만들어 주셔서 감사합니다.

오늘의 사건은 악한 종으로 있는 식구들이 버려둠을 당하지 않게 하시는 구원의 기회입니다. 그 기회를 놓치지 말고 복음과 섬김을 나눠 주십시오. 그래서 지금 주님이 오신다고 해도 부끄럽지 않은 충성된 종으로 살아가기를 간절히 소망합니다.

◆ 내가 충성되고 지혜 있는 종이 되라고 붙여 주신 악한 종이 누구입니까? 그들을 위해 온유로 순종으로 말씀으로 나눠 주고 있습니까? 주님이 주신 동산에서 땀 흘리고 씨 뿌리며 주님 뵙기를 소망하고 있습니까?

때를 모르는 것이 깨어 있는 비결이라고 하십니다. 주님이 더디 오시리라는 생각에 동료들을 때리고 술친구들과 더불어 먹고 마시는 악한 종이 되지 않기 원합니다. 그러기 위하여 주님이 임하시는 그때를 사모하고 기다리며 늘 말씀 안에서 깨어 있게 하옵소서.

주님 때문에 깨어 있어야 합니다(마 24:40~41).

주님이 오심을 기다리며 늘 깨어 있어야 함에도 술 마시고 게임하며 인터넷 채팅하느라, 슬피 울며 이를 가느라, 질병으로 아파하느라 밤새 깨어 있는 것이 우리의 실상입니다. 주님이 오실 때 버려둠을 당하지 않고 데려감을 얻도록 늘 주님의 뜻을 이루기 위해 깨어 있게 하시고, 생업의 현장에서도 열심을 내게 하옵소서.

언제 올지 모르므로 깨어 있어야 합니다(마 24:42~44).

생각하지 않은 때에 홀연히 어려움이 찾아오면 감당하기 힘들어 놀라고 슬퍼할 때가 많습니다. '깨어 있다'는 것은 영적으로 빈틈이 없어 어떤 상황에서도 맞설 수 있는 능력을 가지는 것이라고 하십니다. 말씀으로 무장하고 늘 깨어 있어서 어떤 사건도 구원의 기회로 삼을 수 있게 하옵소서.

직분에 충성하는 것이 깨어 있는 것입니다(마 24:45~51).

하나님은 우리 모두를 청지기로 부르셨습니다. 남편으로, 아내로, 부모로, 자녀로 어떤 역할이든 내가 청지기임을 기억하며, 하나님이 제게 맡기신 것을 때에 맞게 나눌 수 있기 원합니다. 주님이 주시는 사랑과 지혜를 가지고 몸과 마음을 다해 재물을 나누고 위로하고 권면함으로 하나님께 충성되고 지혜 있는 종이라는 칭찬을 듣게 하옵소서.

우리들 묵상과 적용

저의 아버지는 가난한 시골 농부의 5남매 중 넷째로 태어나셨습니다. 학비 조달도 어려웠던 환경에서 서울의 명문 대학을 졸업하고 대학교와 대기업에 근무하며 임원까지 역임하다가 정년퇴직하셨습니다. 그야말로 '자수성가'하신 분입니다. 세상에서 다른 사람의 도움을 받지 않고 홀로 성공하셔서 그런지 '남에게 해를 끼치지 않고 남도 나에게 해를 끼치지 않게 살자!'라는 가치관으로 지금까지 살아오셨습니다. 그러니 남에게 아쉬운 소리 한 번 한 적이 없으셨습니다.

저와 여동생 또한 모범생으로 큰 말썽 없이 부모님 말씀에 비교적 순종하며 살아왔습니다. 저는 15년 전 큰 빚을 지는 사건과 가정불화로 인해 교회에 다니게 되었는데, 그동안 부모님께 신앙 서적을 선물해 드리고 복음도 전하였지만, 아버지는 인간이 100% 죄인임을 모르시기에 제가 다니는 교회에 적응이 잘 안되시는지 몇 번 와 보시고는 지금껏 아예 출석하지 않고 계십니다.

저는 교회를 다녀도 여태껏 인본주의에 사로잡혀 부모님께는 제가 과거에 겪은 '빚과 가정불화' 사건들을 자세히 말씀드리지도 못하고 있습니다. 얼마 전에는 아버지의 팔순 생신이셨는데, 아버지를 비롯한 믿지 않는 가족에게 복음을 전하지도 못하고 헤어졌습니다.

본문 말씀에서 예수님은 "충성되고 지혜 있는 종은 그 집 사람들을 맡아 때를 따라 양식을 나눠 준다"고 하십니다(마 24:45). 그러나 요즘 저는 아버지께 복음을 전하지 않고 예배를 같이 드리자는 말을 거의 못하고 있습니다. 교회에서 온종일 섬겨야 하는 일들이 있고, 연세 드신 아버지가 이제는 운전을 잘 못하셔서 부모님을 제가 모셔 오고 모셔다드려야 한다는 부담 때문입니다. 그뿐만 아니라 어머니의 거동이 불편하시고 안면 마비로 인해 대인 기피증이 있다는 등 여러 가지 이유를 핑계로 삼고 있습니다. 또 "주인이 더디 오리라"는 말씀처럼(마 24:48) 연세에 비해 건강하신 아버지를 보며 '때가 되면 복음을 받아들이시겠지. 조금 더 연세가 들면 기회가 올 거야'라는 게으른 생각을 하며, 간절하고 애통한 마음으로 복음을 전하지 못하고 있습니다. 이렇듯 하나님 앞에 충성되고 지혜 있는 종의 역할을 못하고 있어 회개가 됩니다.

하나님은 "때를 따라 가진 양식을 나눠 주는 것이 충성된 종의 역할"이라고 하십니다. 그러나 저는 '더디 오리라'고 생각하며 가족, 친구, 직장 동료, 교회 지체들을 제대로 섬기지 못함으로 충성된 종의 역할을 잘하지 못하고 있습니다. 본문 말씀을 통해 게으른 종 같은 저의 모습을 보여 주시는 것 같아 회개가 됩니다. '충성되고 지혜 있는 종'으로 살 수 있는 믿음을 허락해 주시길 기도합니다.

영혼의 기도

아버지 하나님, 그러므로 깨어 있으라고 하십니다. 주님 때문에 깨어 있어야 하는데 아직도 염려와 불안과 두려움과 외로움에 술과 게임과 여러 가지 중독에 빠져서 깨어 있습니다. 하나는 데려가고 하나는 버려둠을 당하는데 내 식구들이 버려둠을 당하는 것 때문에 염려가 되어서 겉으로는 영적인 것 같아도 내 식구가 우상이 되어서 깨어 있습니다. 하나님께 맡기기를 원합니다.

생각하지 않은 때에 인자가 오시는데 영적으로 빈틈이 없어서 어떤 사건이 와도 그것이 하나님께 쓰임받도록 준비하게 하옵소서.

나를 충성되게 하시려고 내 옆의 악한 종이 수고하고 있습니다. 더디 오리라 하면서 때리고 먹고 마시는 악한 종이 있고, 돈이 많아서 쾌락을 즐기며 더디 오리라 하는 배우자도 있습니다. 구원을 위해 가족으로 묶어 주신 그들이 버려지면 어쩝니까? 구원의 확신이 없는 그들을 불쌍히 여겨 주시고 더디 오리라 하는 악에서 건져 주옵소서. 급히 산으로 말씀으로 도망하며 인격적으로 주님을 만나도록 역사하여 주옵소서. 술과 폭력에 빠진 그들이 외로움과 두려움에서 빠져나오기를 원합니다.

더 충성된 종이 되어서 내 옆의 악한 종도 충성으로 온유로 섬기며 마침내 주님이 맞아 주시는 인생이 되기를 원합니다. 예수님 이름으로 기도하옵나이다. 아멘.

나를 살리는 회개

초판 발행일 | 2006년 10월 11일
개정증보판 발행일 | 2023년 12월 11일
지은이 | 김양재

발행인 | 김양재
편집인 | 김태훈
편집장 | 정지현
편집 | 김윤현 진민지 고윤희
디자인 | 디브로㈜

발행한 곳 | 큐티엠
주소 | 경기도 성남시 분당구 판교공원로2길 22, 4층 큐티엠 (우)13477
편집 문의 | 070-4635-5318 **구입 문의** | 031-707-8781
팩스 | 031-8016-3193
홈페이지 | www.qtm.or.kr **이메일** | books@qtm.or.kr
인쇄 | ㈜정현씨앤피
총판 | ㈜사랑플러스 02-3489-4300

ISBN | 979-11-92205-63-2

큐티엠(QTM, Quiet Time Movement)은 '날마다 큐티'하는 말씀 묵상 운동을 통해
영혼을 구원하고, 가정을 중수하고, 교회를 새롭게 하는 일에 헌신합니다.